Roberto De Zerbi

92 Combinaisons de Constructions, de Passes et d'Offensives Directement Tirées des Séances de De Zerbi

Publié par

Roberto De Zerbi

92 Combinaisons de Constructions, de Passes et d'Offensives Directement Tirées des Séances de De Zerbi

Publié pour la première fois en anglais en janvier 2024 par SoccerTutor.com
Publié pour la première fois en français en octobre 2024 par SoccerTutor.com

info@soccertutor.com | www.SoccerTutor.com

UK: 0208 1234 007 | **US:** (305) 767 4443 | **ROTW:** +44 208 1234 007
ISBN: 978-1-910491-75-1

Copyright: SoccerTutor.com Limited © 2024. Tous droits réservés.

Aucune partie de cette publication ne peut être reproduite, stockée dans un système de récupération ou transmise sous quelque forme ou par quelque moyen que ce soit, électronique, mécanique, photocopie, enregistrement ou autre, sans l'autorisation écrite préalable du titulaire des droits d'auteur. Il ne peut pas non plus être diffusé sous une quelconque forme de reliure ou de couverture autre que celle dans laquelle il est publié et sans condition similaire, y compris cette condition étant imposée à un acheteur ultérieur.

Edité par:
Alex Fitzgerald - SoccerTutor.com

Contribution au contenu par:
Allenatore.net

Diagrammes:
Diagrammes conçus par SoccerTutor.com. Tous les diagrammes de ce livre ont été créés à l'aide du logiciel SoccerTutor.com Tactics Manager disponible sur www.SoccerTutor.com

Remarque : Bien que tout ait été fait pour garantir l'exactitude technique du contenu de ce livre, ni l'auteur ni les éditeurs ne peuvent accepter aucune blessure ou perte subie à la suite de l'utilisation de ce matériel.

CONTENUS

Le Coach : Roberto De Zerbi 8
Légende 10
Format des Exercices 10

Toros 11

1. 5v2 Toro pour Garder la Possession avec des Passes Courtes et Pressing par Pairs pour Récupérer le Ballon. 13
2. 4v2 +1 Toro avec Joueur Flottant pour Créer Angles de Passes et Presser par Paires pour Récupérer le Ballon. 14
3. 6v2 +1 Toro avec Joueur Flottant pour Créer Angles de Passes et Presser par Paires pour Récupérer le Ballon. 15
4. 8v2 Toro pour Garder la Possession avec des Passes Courtes et Pressing par Pairs pour Récupérer le Ballon. 16
5. 8v2 +1 Toro avec Joueur Flottant pour Créer Angles de Passes et Presser par Paires pour Récupérer le Ballon. 17

Combinaisons de Passes 18

1. Combinaisons à 4 joueurs et Jeu en Soutien avec Rotations et Timing du Mouvement (2 Variations). 20
2. Circuit de Passes Rapides pour Création d'Angles et Recevoir de 3/4 (2 Variations) 22
3a. Passes en Diamant à Vitesse Elevée avec 2 Ballons et des Réactions Rapides pour Changer de Direction 24
3b. Circuit de Passes en Diamant avec Une-Deux, Passe, Remise, Renversement et Passe & Va 25
4. Circuit de Passes en Diamant avec Une-Deux, Passe, Remise, Renversement et Passe & Va 26
5. Circuit de Passes en Diamant avec Joueurs Centraux, Remise et Mouvements Opposés pour Recevoir de 3/4 (2 Variations). 27
6. Circuit de Passes Hexagonal avec 2 Ballons, s'ouvrir pour Recevoir et Passe dans Petits Buts (2 Variations). 29
7. Circuit de Passe Hexagonal, s'ouvrir pour Recevoir "Hors du Poteau" (5 Variations) 31
8. Circuit de Passes Continu à 2 Touches, Intérieur et Extérieur, Recevoir en Angles 36
9. Circuit de Passes avec Joueurs Centraux, Jeu en Soutien, s'orienter avec les Angles Corrects ... 37
10. Circuit de Passe Recevoir en Angles des Passes Diagonales avec Jeu en Soutien Intérieur/Extérieur 38
11. Circuit de Passes Verticales en Double Triangle avec Combinaisons en Une-Deux (Échauffement avant Match). 39
12. Circuit de Passe Jeu en Soutien et Recevoir en Angles pour Construire à Travers les Lignes (2 Variations) 40
13. Circuit de Passes avec Mouvements pour Jeu en Soutien, Positionnement, et Réception 42

14. Construction du Jeu, Combinaisons et Mouvements (3 Variations) 43
15. Double Circuit de Passes avec Carré au Milieu, Combinaisons en 1 Touche, Casser les Lignes. . . 46

Construction du Jeu et Philosophie Offensive de Roberto De Zerbi 47

Les Principes Clés de Roberto De Zerbi pour Construire depuis l'Arrière 48
La Forme Tactique de De Zerbi pour la Construction depuis l'Arrière 50
Construction du Jeu du Brighton de Roberto De Zerbi à Partir des 6 mètres 56
Style de Jeu basé sur la Possession de Roberto De Zerbi 61
Tactiques Offensives et Principes de Jeu de Roberto De Zerbi 63
Rôles et Positions dans la Construction du Jeu et la Philosophie Offensive de De Zerbi 69
Tactiques de Pressing Haut et de Récupération de Roberto De Zerbi 71

Jeux de Possession en Position 72

1. 3v3 (+4) Jeu de Possession en Position avec Joueurs de Soutien Extérieurs 74
2. 5v5 (+4) Jeu de Possession en Position avec Joueurs de Soutien au Milieu et aux Opposés 75
3. 4v4 (+3) Jeu de Possession Positionnelle au Centre du Terrain. 76
4. 4v4 (+4) Jeu de Possession en Position au Centre du Terrain 77
5. 6v6 (+4) Jeu de Possession en Position pour Construire au Centre du Terrain 78
6. 7v7 (+2) Jeu de Possession en Position pour Construire au Centre du Terrain + GB aux Opposés. 79

Construction du Jeu 80

1. Construction Verticale des Centraux par le Centre + Passe Diagonale Finale dans la Profondeur (5+GB v1) 82
2. Construction Verticale des Centraux par le Centre + Passe Verticale Finale dans la Profondeur (5+GB v1) 83
3a. Mouvements de Pressing + Réinitialiser le Positionnement pour Construire depuis le GB (5+GB v2) 84
3b (1). Attirer le Pressing et Progresser la Construction au Bon Moment face au Pressing Haut d'Attaquant (5+GB v2) 85
3b (2). Attirer le Pressing et Progresser la Construction au Bon Moment face l'Attaquant qui Décroche (5+GB v2) 86
4. Schémas Spécifiques de De Zerbi pour Jouer de l'Arrière à Travers les 1ère et 2e Lignes de Pression (8+GB v6) 87
5. Construction du GB vers l'Attaquant avec Remise pour le MD en 3e Homme pour Casser la Ligne du Milieu (8+GB v6) 88
6. Construire du GB à l'Attaquant sur le Côté Droit avec la Course du Milieu Central en 3e Homme (8+GB v6) 89
7. Construire depuis le GB et Patience pour Casser les Lignes avec Double Permutation et Jeu en Soutien Rapide (8+GB v6) 90

8. Construire depuis le GB avec Une-Deux pour Casser la Ligne du Milieu et Jouer dans la Course de l'Attaquant (8+GB v6) 91

9. Construire depuis Touche sur le Côté Gauche avec Défenseur Central qui Reçoit dans l'Espace et Avance (8+GB v6) 92

10. Construire depuis Touche sur le Côté Droit avec Défenseur Central qui Reçoit dans l'Espace et Avance (8+GB v6) 93

11. Construire au Centre du Terrain à 5v3 pour Jouer à Travers le Milieu et Finir dans les Petites Cages 94

12. Possession, Renversement, et Jeu sur les Ailes en 10v6 (+4) Construire puis Finir 95

13. Exercice de Construction pour Casser les Lignes et Finir dans un 10v6 96

14. Construire à Travers les 3 Zones avec Surnombres dans un Jeu à 10v9 97

Schémas de Jeu Offensif 98

Formation en 4-3-3 du Sassuolo de Roberto De Zerbi 100
Formation en phase d'attaque 2-3-2-3 de Roberto De Zerbi 101
SCHEMAS DE JEU MISE EN PLACE 1 FORME PHASE OFFENSIVE EN 3-2-3 102
1. Renversement de Jeu vers l'Ailier et Course de Dédoublement du Latéral dans la Surface 104
2. Renversement vers l'Ailier et Dédoublement du Latéral dans la Profondeur et dans la Surface .. 105
3. Renversement vers l'Ailier, Course dans la Profondeur du Milieu Central pour Recevoir + Centre en Retrait 106
4. Renversement avec Milieu Central qui Décroche pour Recevoir quand 2 Lignes de Passes sont Bloquées 107
5. Combinaison au Centre avec Courses de Soutien, et Passe en Profondeur vers l'Allier 108
6. Jeu Combiné sur le Côté Central Gauche avec Remise de l'Attaquant qui se Tourne pour Marquer (Passe & Va) 109
7. Jeu Combiné sur le Côté Central Droit avec Remise de l'Attaquant qui se Tourne pour Marquer (Passe & Va) 110
SCHEMAS DE JEU MISE EN PLACE 2 (FORME PHASE OFFENSIVE EN 3-2-3) 111
1. Possession sur Côté Fort Avant de Renverser l'Attaque vers l'Ailier avec Course de Dédoublement du Latéral 112
2. Possession sur Côté Fort Avant de Renverser l'Attaque vers l'Ailier avec Course de Dédoublement du Milieu Central 113
3. Possession sur le Côté Fort + Renverser l'Attaque avec Remise et Course de Dédoublement du Latéral 114
4. Possession au Centre + Remise de l'Attaquant pour Passe en Profondeur du Milieu Central vers l'Ailier sur Côté Fort 115
5. Possession au Centre + Remise de l'Attaquant pour Passe en Profondeur du Milieu Central vers l'Ailier sur Côté Faible 116
6. Possession au Centre + Attaquant se Retourne et Passe en Profondeur pour l'Ailier Derrière la Défense 117
7. Combinaison, Casser la Ligne, Remise de l'Attaquant, Passe en Profondeur du Milieu Central et Centre en Retrait de l'Allier 118

8. Renversement vers le Latéral qui Dédouble, Retour quand bloqué + Passe & Va du MC pour Recevoir en Profondeur 119

9. Renversement vers le Latéral Droit qui Dédouble, Retour, et Passe Lobée du Milieu Central dans la Surface 120

10. Renverser vers le Latéral Gauche qui Dédouble, Retour quand bloqué, et Passe Lobée du Milieu Central dans la Surface 121

SCHEMAS DE JEU MISE EN PLACE 3 (FORME PHASE OFFENSIVE EN 2-3-2-3) 122

1. Jeu Combiné au Large, Retour au Défenseur Central, et Attaque par le Côté 124

2. Jeu Combiné au Large, Retour au Défenseur Central, et Attaque par le Centre avec Attaquant Joueur Cible 125

3. Repartir du Défenseur Central et Attaquer par le Centre avec Passe en Profondeur du Milieu Central à l'Ailier 126

4. Combiner Rapidement et Renverser le Jeu via les 2 Défenseurs Centraux sur l'Ailier avec Dédoublement du Latéral. 127

5. Combiner Rapidement et Renverser le Jeu via le Défenseur Central vers l'Ailier avec Dédoublement du Latéral. 128

6. Combiner Rapidement et Renverser le Jeu via le Milieu Défensif vers l'Ailier avec Dédoublement du Latéral. 129

SCHEMAS DE JEU MISE EN PLACE 4 (FORME PHASE OFFENSIVE EN 2-3-2-3) 130

1. Double Renversement via le Défenseur Central et le Milieu Défensif avec 5v2 sur les Ailes 132

2. Jeu de Possession sur le Côté Droit (Zone 5v2) et Finir l'Attaque avec Passe en Profondeur pour l'Attaquant Derrière la Défense 133

3. Jeu de Possession sur le Côté Gauche (Zone à 5v2) et Finir l'Attaque avec Passe en Profondeur à l'Attaquant Derrière la Défense 134

4. Jeu de Possession sur le Côté Droit (Zone 5v2) et Attaque par le Centre avec Passe & Va de l'Attaquant 135

5. Jeu de Possession sur le Côté Gauche (Zone à 5v2) et Attaque par le Centre avec Déviation de l'Attaquant 136

6. Jeu de Possession sur le Côté Gauche (Zone à 5v2) et Renversement pour que le Latéral Droit Reçoive en Dédoublant 137

7. Passer à Travers la Ligne Défensive Attaquer par le Centre avec des Attaquants Intérieurs (Formation en 3-4-3) 138

Combinaisons Offensives et Finition 139

1. Combinaison à 3 sur le Côté, Passe en Profondeur pour la Course du Latéral en 3e Homme, Centre en Retrait + Finition 141

2. Combinaison de Jeu d'Attaque au large avec Dédoublement du Latéral, Centre en Retrait + Fintion (1) 142

3. Combinaison de Jeu d'Attaque au large avec Dédoublement du Latéral, Centre en Retrait + Fintion (2) 143

4. Combinaison Offensive avec Une-Deux, Prise de Profondeur du Latéral en 3e Homme, Centre en Retrait + Finition 144

5. Passe au Large, Remise, Passe en Profondeur pour la Course du Latéral en 3e Homme, Centre au Sol + Finition 145

6. Jouer par le Centre avec Remise de l'Attaquant Dos au But, Passe Profonde pour l'Ailier, Centre en Retrait et Finition 146

7. Jouer par le Centre, Passe en Profondeur dans la Course du Milieu Central en 3e Homme + Finition 147

8. Circuit de Combinaisons de Jeu de Passes Courtes et 3 Stations de Finition 148

LE COACH : ROBERTO DE ZERBI

POSTES DE COACH

- **Brighton** (2022 - Présent)
- **Shakhtar Donetsk** (2021-2022)
- **Sassuolo** (2018-2021)
- **Benevento** (2017-2018)
- **Palermo** (2016)
- **Foggia** (2014-2016)
- **Darfo Boario** (2013-2014)

- **Entraineur de Brighton en Premier League & Europa League:** Lors de sa première saison, De Zerbi a mené Brighton à son meilleur classement en Premier League (6e) et à sa première qualification pour une compétition européenne. Ils ont ensuite poursuivi sur leur lancée en atteignant es huitièmes de finale de l'Europa League en ayant terminé en tête de leur groupe. L'impact impressionnant de De Zerbi l'a établi comme l'un des meilleurs jeunes entraîneurs du football mondial.

- **Entraineur de Sassuolo en Serie A:** Il a pris en charge Sassuolo en Série A et a dépassé les objectifs en terminant deux fois à la 8e place, en jouant un football offensif attrayant tout au long de son passage. Il a également aidé à développer et à intégrer des jeunes joueurs.

- **Succès en Coupe d'Italie:** Sassuolo a atteint les demi-finales de la Coupe d'Italie lors de la saison 2018-2019, un exploit notable pour le club dans une grande compétition nationale.

- **Super Coupe d'Ukraine:** Il a connu un passage réussi au Shakhtar Donetsk avant d'être écourté en raison de la guerre en Ukraine. De Zerbi a remporté la Supercoupe d'Ukraine en 2021 et a laissé le Shakhtar en tête du championnat avant l'annulation de la saison.

- **Passage à Benevento:** Il a dirigé le club lors de la toute première saison en Serie A, et son travail avec l'équipe lui a valu des éloges et une reconnaissance pour son style de jeu offensif basé sur la possession, ce qui lui a permis d'être nommé par Sassuolo pour la saison suivante.

- **Promotion en Série B avec Foggia:** A été reconnu en tant qu'entraîneur en guidant Foggia vers la promotion de la Serie C à la Serie B lors de la saison 2016-2017. Il s'agit d'une réalisation importante pour le club.

"Faites attention à ce que je vais dire car je suis assez convaincu d'avoir raison – Roberto De Zerbi est l'un des managers les plus influents de ces 20 dernières années."

Pep Guardiola

LEGENDE

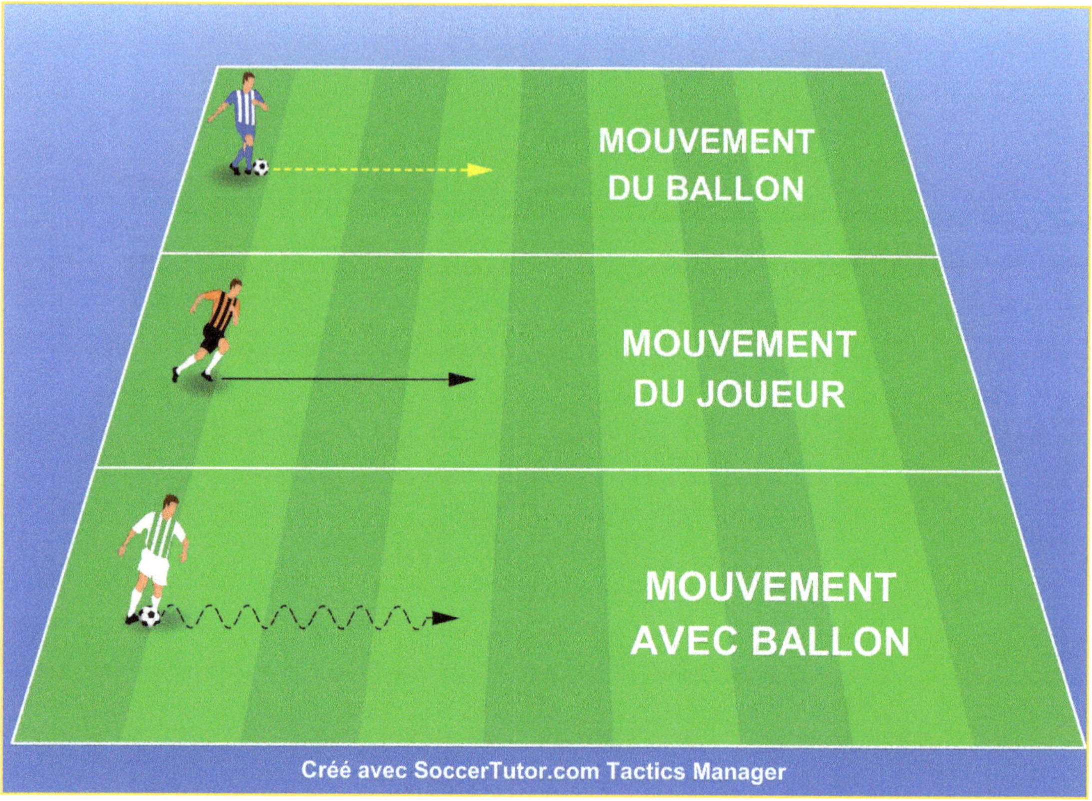

- MOUVEMENT DU BALLON
- MOUVEMENT DU JOUEUR
- MOUVEMENT AVEC BALLON

Créé avec SoccerTutor.com Tactics Manager

FORMAT DES EXERCICES

- Les exercices de ce livre sont directement tirées des séances d'entraînement de Roberto De Zerbi à Brighton, au Shakhtar Donetsk et à Sassuolo entre 2018 et 2023.

- Chaque exercice comprend le sujet/le nom de la pratique et des diagrammes clairs avec une description détaillée.

Toros

Directement tirées des séances de Roberto De Zerbi

"Pour être protagoniste, tu dois avoir le ballon."

Exercices de Roberto De Zerbi: Toros

1. 5v2 Toro pour Garder la Possession avec des Passes Courtes et Pressing par Pairs pour Récupérer le Ballon

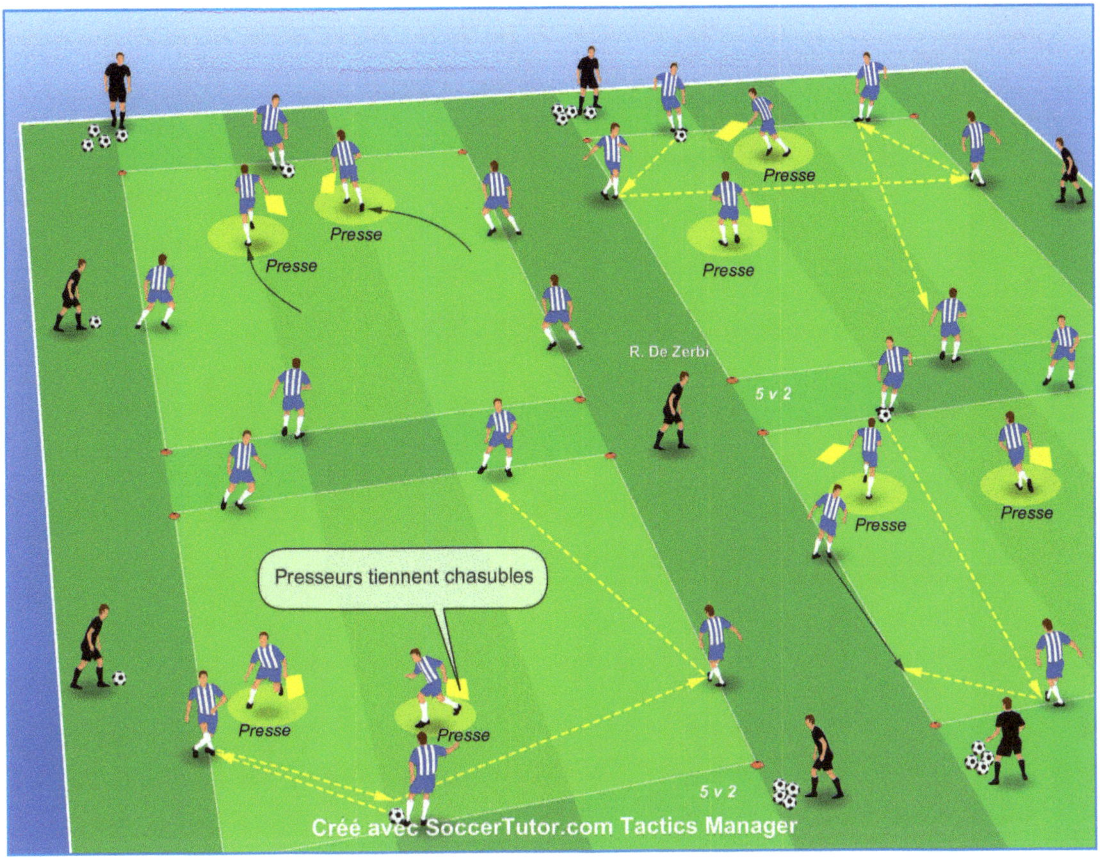

Les 2 joueurs du milieu tiennent des chasubles, ce sont les défenseurs.

Description de l'Exercice

- Dans ce Toro à 5v2, les joueurs sont regroupés par 7 dans un carré de 7 m.
- Les 5 joueurs extérieurs doivent garder la possession du ballon et ne sont autorisés à utiliser **qu'une touche**. Ils sont positionnés à l'extérieur mais doivent toujours jouer dans la zone.
- Les 2 joueurs intérieurs (chasubles jaunes) travaillent ensemble pour presser, fermer les angles et récupérer le ballon.
- Si les 2 joueurs intérieurs récupèrent le ballon dans les 10 premières passes, ils échangent TOUS LES DEUX leurs rôles avec 2 joueurs extérieurs.

Source: Séance de Roberto De Zerbi au AMEX Elite Football Performance Centre de Brighton - 2022

Exercices de Roberto De Zerbi: Toros

2. 4v2 +1 Toro avec Joueur Flottant pour Créer Angles de Passes et Presser par Paires pour Récupérer le Ballon

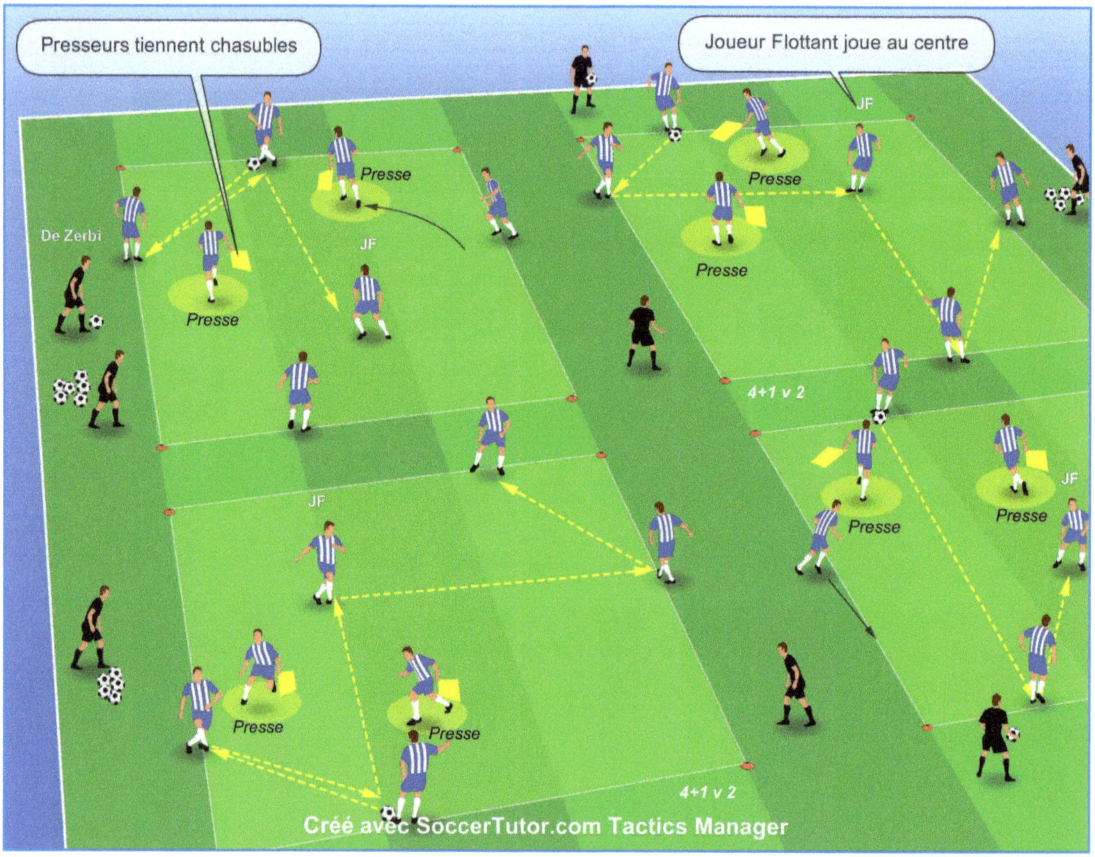

Les 2 joueurs du milieu tiennent des chasubles, ce sont les défenseurs.

Description de l'Exercice

- Dans cette variante du Toro traditionnel, il y a un joueur flottant supplémentaire (**JF**) au milieu qui aide les 4 joueurs extérieurs à garder la possession.
- Les joueurs sont par groupes de 7 dans un carré de 7 m. Les 4 joueurs extérieurs doivent jouer dans la zone en utilisant principalement 1 touche (2 touches autorisées) et viser à garder la possession du ballon avec l'aide du **JF**.
- Les 2 joueurs défensifs (chasubles jaunes) travaillent ensemble pour presser, fermer les angles et les lignes de passe potentielles et récupérer le ballon.
- Les 2 joueurs qui ont touché le ballon en dernier lorsque le ballon est perdu échangent leurs rôles avec les 2 joueurs en défense.

Source: Séance de Roberto De Zerbi au AMEX Elite Football Performance Centre de Brighton - 2022

Exercices de Roberto De Zerbi: Toros

3. 6v2 +1 Toro avec Joueur Flottant pour Créer Angles de Passes et Presser par Paires pour Récupérer le Ballon

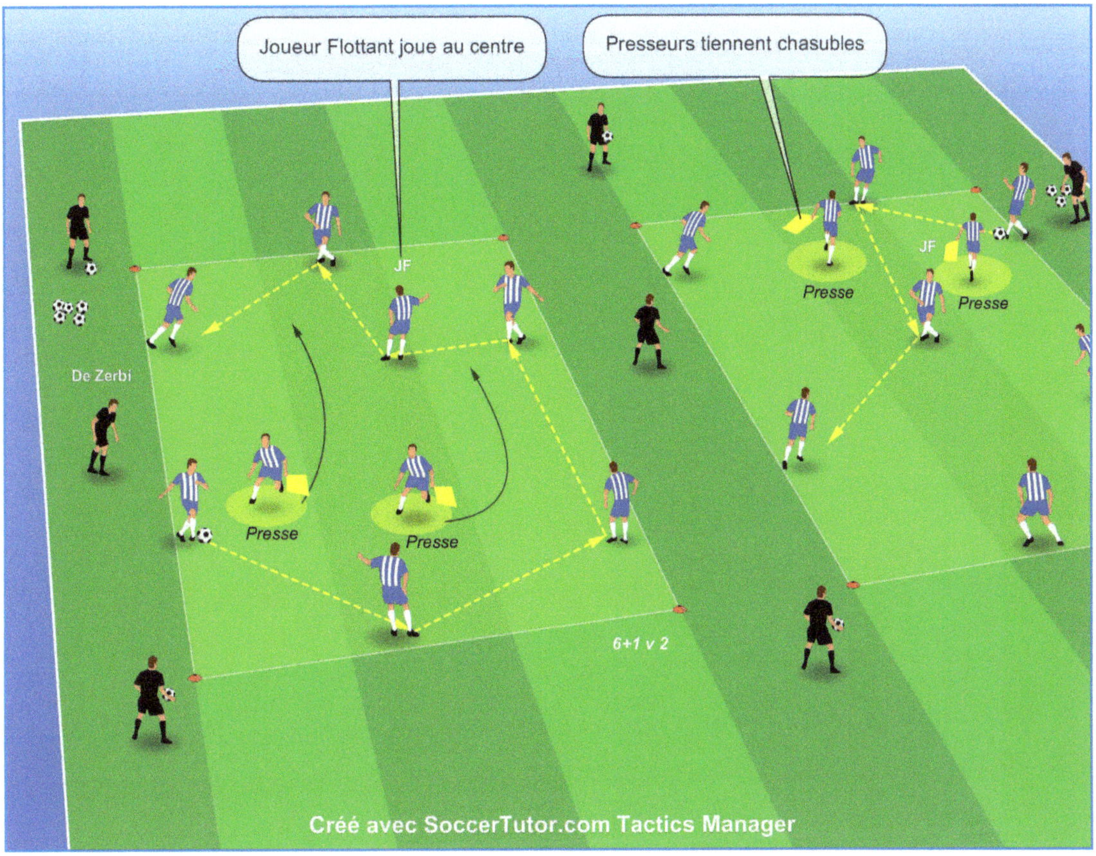

Les 2 joueurs du milieu tiennent des chasubles, ce sont les défenseurs.

Description de l'Exercice

- Dans cette variante du Toro traditionnel, il y a un joueur flottant supplémentaire (**JF**) au milieu qui aide les 6 joueurs extérieurs à garder la possession.
- Les joueurs sont par groupes de 9 dans un carré de 7x9 m. Les 4 joueurs extérieurs doivent jouer dans la zone en utilisant principalement 1 touche (2 touches autorisées) et viser à garder la possession du ballon avec l'aide du **JF**.
- Les 2 joueurs défensifs (chasubles jaunes) travaillent ensemble pour presser, fermer les angles et les lignes de passe potentielles et récupérer le ballon.
- Les 2 joueurs qui ont touché le ballon en dernier lorsque le ballon est perdu échangent leurs rôles avec les 2 joueurs en défense.

Source: Séance de Roberto De Zerbi au AMEX Elite Football Performance Centre de Brighton - 2022

Exercices de Roberto De Zerbi: Toros

4. 8v2 Toro pour Garder la Possession avec des Passes Courtes et Pressing par Pairs pour Récupérer le Ballon

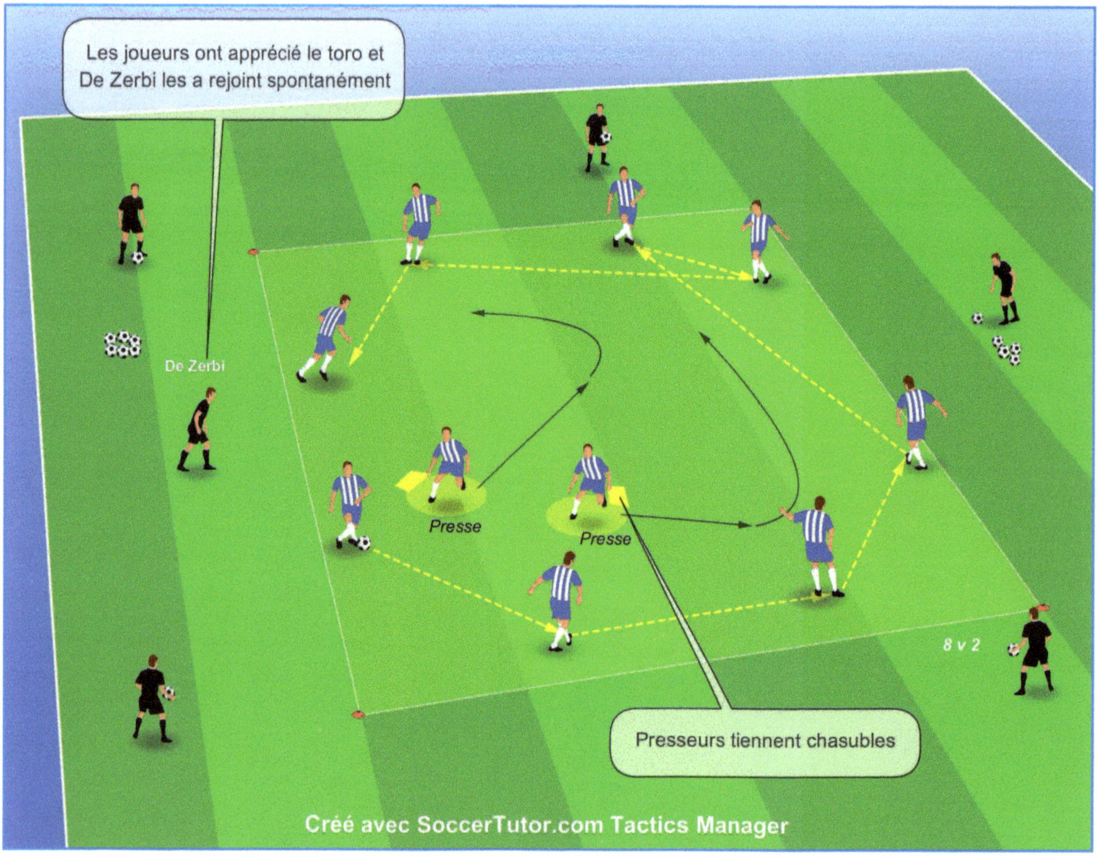

Les 2 joueurs du milieu tiennent des chasubles, ce sont les défenseurs.

Description de l'Exercice

- Dans ce Toro à 8v2, les joueurs travaillent en groupes de 10 dans un carré de 9 m.
- Les 8 joueurs extérieurs doivent conserver la possession du ballon en utilisant **une seule touche**. Ils sont positionnés à l'extérieur mais jouent à l'intérieur de la zone.
- Les 2 joueurs intérieurs (chasubles jaunes) travaillent ensemble pour presser, fermer les angles et récupérer le ballon.
- S'ils récupèrent le ballon dans les 10 premières passes, ils échangent TOUS LES DEUX leur place avec 2 joueurs extérieurs.

Source: Séance de Roberto De Zerbi au AMEX Elite Football Performance Centre de Brighton - 2022

Exercices de Roberto De Zerbi: Toros

5. 8v2 +1 Toro avec Joueur Flottant pour Créer Angles de Passes et Presser par Paires pour Récupérer le Ballon

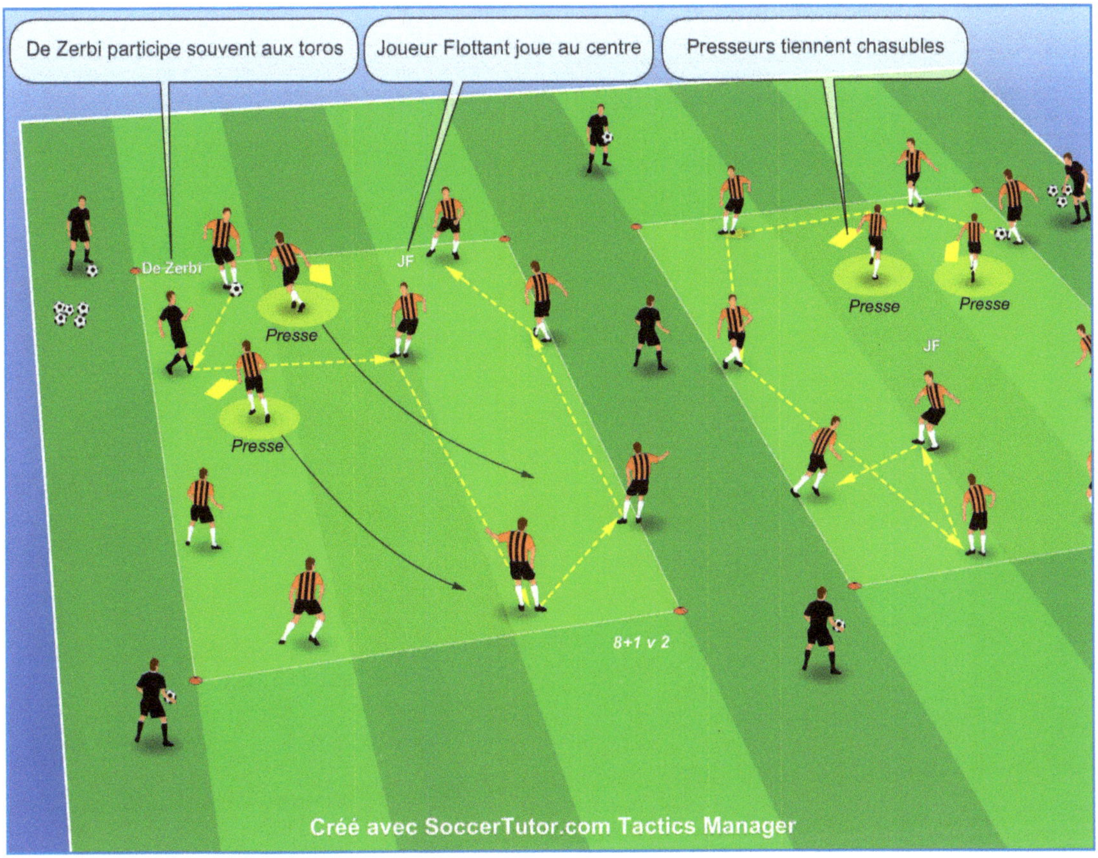

Les 2 joueurs du milieu tiennent des chasubles, ce sont les défenseurs.

Description de l'Exercice

- Dans cette variante du Toro traditionnel, il y a un joueur flottant supplémentaire (**JF**) au milieu qui aide les 8 joueurs extérieurs à garder la possession.
- Les joueurs sont par groupe de 11 dans une zone de 9 x 11 m. Les 8 joueurs extérieurs doivent jouer dans la zone en utilisant principalement une touche (2 touches autorisées) et doivent garder le ballon avec l'aide du joueur flottant.
- Les 2 joueurs défensifs (chasubles jaunes) travaillent ensemble pour presser, fermer les angles et les lignes de passe potentielles et récupérer le ballon.
- Les 2 joueurs qui ont touché le ballon en dernier lorsque le ballon est perdu échangent leurs rôles avec les 2 joueurs en défense.

Source: Séance de Roberto De Zerbi au Shakhtar Donetsk au complexe sportif Sviatoshyn - 2021

Combinaisons de Passes

Directement tirées des séances de Roberto De Zerbi

"La technique n'est pas permanente. Elle souffre d'un manque de pratique. Il est donc important de la travailler à l'entraînement. On le voit le plus souvent dans les petits espaces."

Exercices de Roberto De Zerbi: Combinaisons de Passes

1. Combinaisons à 4 joueurs et Jeu en Soutien avec Rotations et Timing du Mouvement

Variation 1: Une-Deux, Passe Verticale, Bouger pour Aider

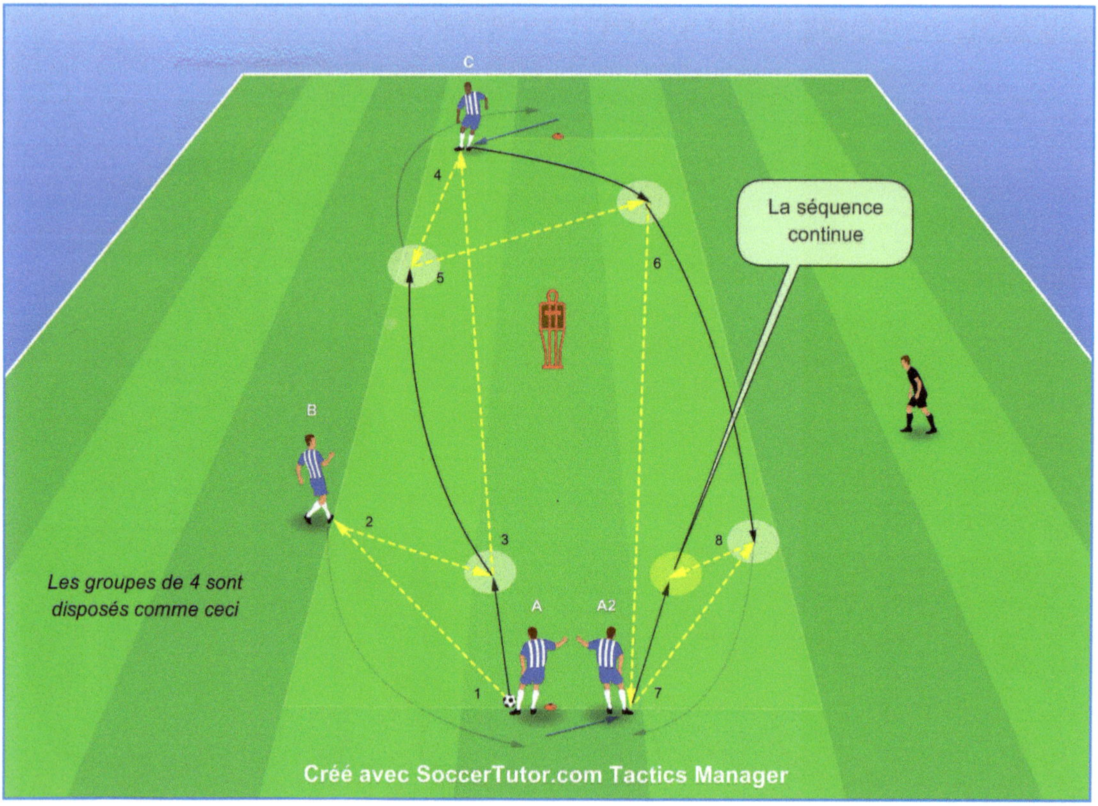

Cette combinaison de passes implique normalement 3 joueurs, mais 1 joueur de plus est impliqué dans cet exercice de De Zerbi à Brighton (groupes de 4) pour aider la progression vers la variante 2 présentée sur la page suivante.

Description (Variation 1)

1-2. **A** joue un une-deux avec **B**, qui bouge vers la Position A.

3. **A** passe à **C** à l'opposé et avance.

4-5. **C** joue un une-deux avec **A**, qui bouge en Position C. **C** avance de l'autre côté pour recevoir la passe.

6. **C** passe à **A2** à l'opposé et avance.

7-8. **A2** joue un une-deux avec **C**, qui prend la place en Position A2.

→ La même séquence continue avec les joueurs à leurs nouveaux postes (rotation).

Source: Séance de Roberto De Zerbi au Elite Football Performance Centre de Brighton - 21 juillet 2023

Exercices de Roberto De Zerbi: Combinaisons de Passes

Variation 2: Combinaisons Courtes + Rotations (Progression)

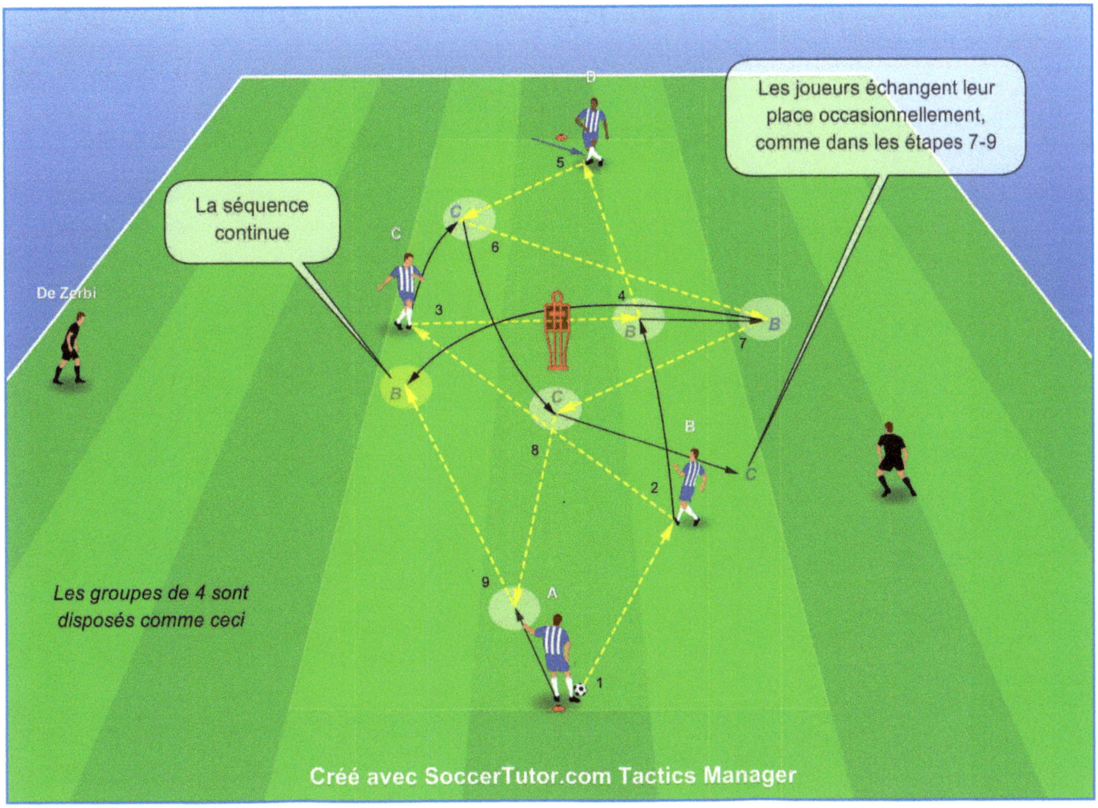

Il y a 2 joueurs aux extrémités et 2 au milieu diagonalement opposés l'un à l'autre de chaque côté du mannequin central.

Description (Variation 2)

1. **A** passe à **B**.

2. **B** passe diagonalement à **C**.

3. **C** passe à l'intérieur au bon moment pour le mouvement vers l'avant de **B** au-delà du mannequin.

4. **B** passe verticalement à **D**, qui se démarque du cône.

5-6. **D** passe à **C** qui arrive, qui passe ensuite à l'extérieur de la zone pour le mouvement vers l'extérieur de **B**.

7. **B** remet le ballon dans le mouvement de **C** au delà du mannequin dans la direction opposée.

8. **C** passe à **A**, qui se démarque de son cône pour recevoir. **C** s'est également déplacé de sorte que les 2 joueurs du milieu ont échangé leurs côtés.

9. **A** passe à **B**, qui se décale de l'autre côté derrière le mannequin pour recevoir.

→ L'exercice se poursuit avec les joueurs utilisant les mêmes combinaisons et les joueurs du milieu échangeant occasionnellement, comme montré dans les étapes 7 et 9.

Source: Séance de Roberto De Zerbi au Elite Football Performance Centre de Brighton - 21 juillet 2023

Exercices de Roberto De Zerbi: Combinaisons de Passes

2. Circuit de Passes Rapides pour Création d'Angles et Recevoir de 3/4

Variation 1: Passes Diagonales de l'Intérieur vers l'Extérieur

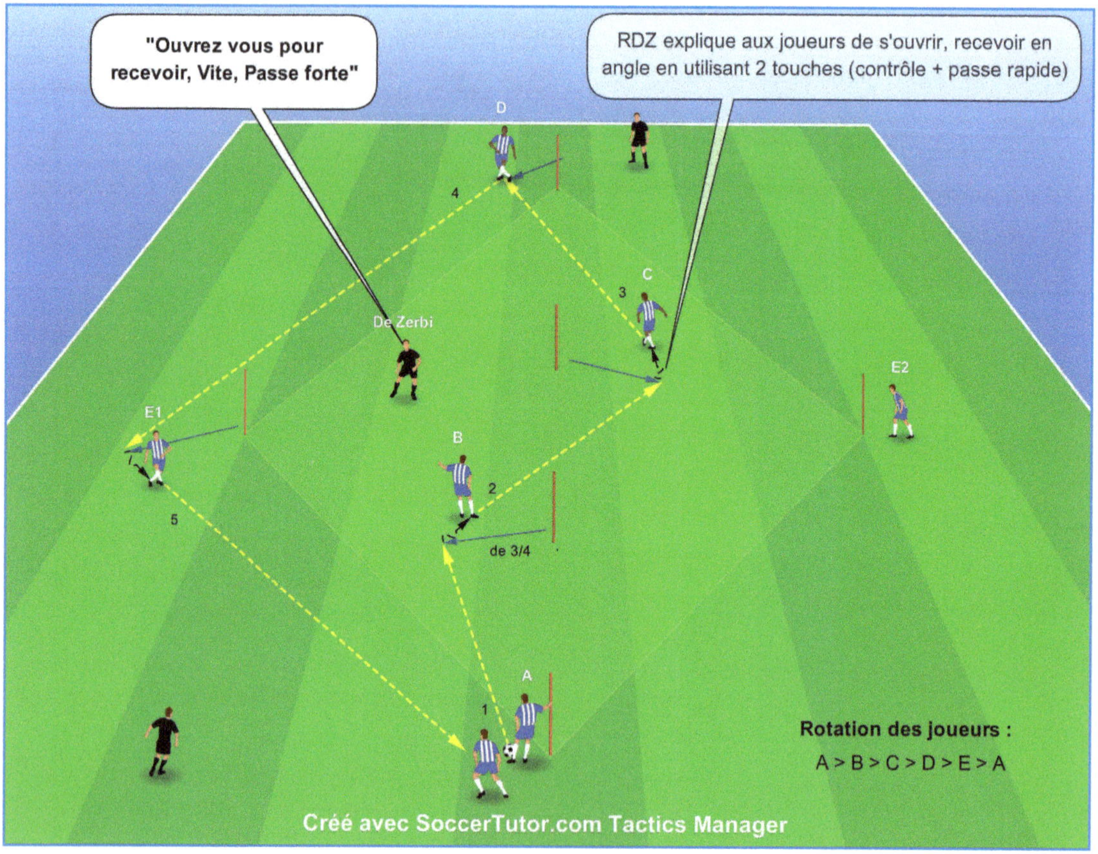

Description (Variation 1)

1. **A** passe légèrement en biais à **B**, qui s'éloigne du poteau en biais, et reçoit avec les épaules de 3/4 (s'ouvre).

2. **B** passe diagonalement à **C**, qui s'éloigne également du poteau en biais, et reçoit de 3/4 (s'ouvre).

3. **C** passe à **D**, qui se démarque du poteau.

4. **D** passe à **E1**, qui s'éloigne également du poteau en biais, et reçoit de 3/4 (s'ouvre).

5. **E1** passe à **Position A (Début)**.

→ Les joueurs alternent leurs positions sur le circuit : **A → B → C → D → E → A**. Après la première série, répétez la séquence en jouant vers la droite et en utilisant **E2**.

Source: Séance de Roberto De Zerbi au Elite Football Performance Centre de Brighton - 1er février 2023

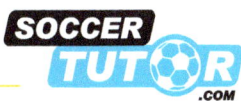

Variation 2: Jeu à prise de décision libre en 1 touche

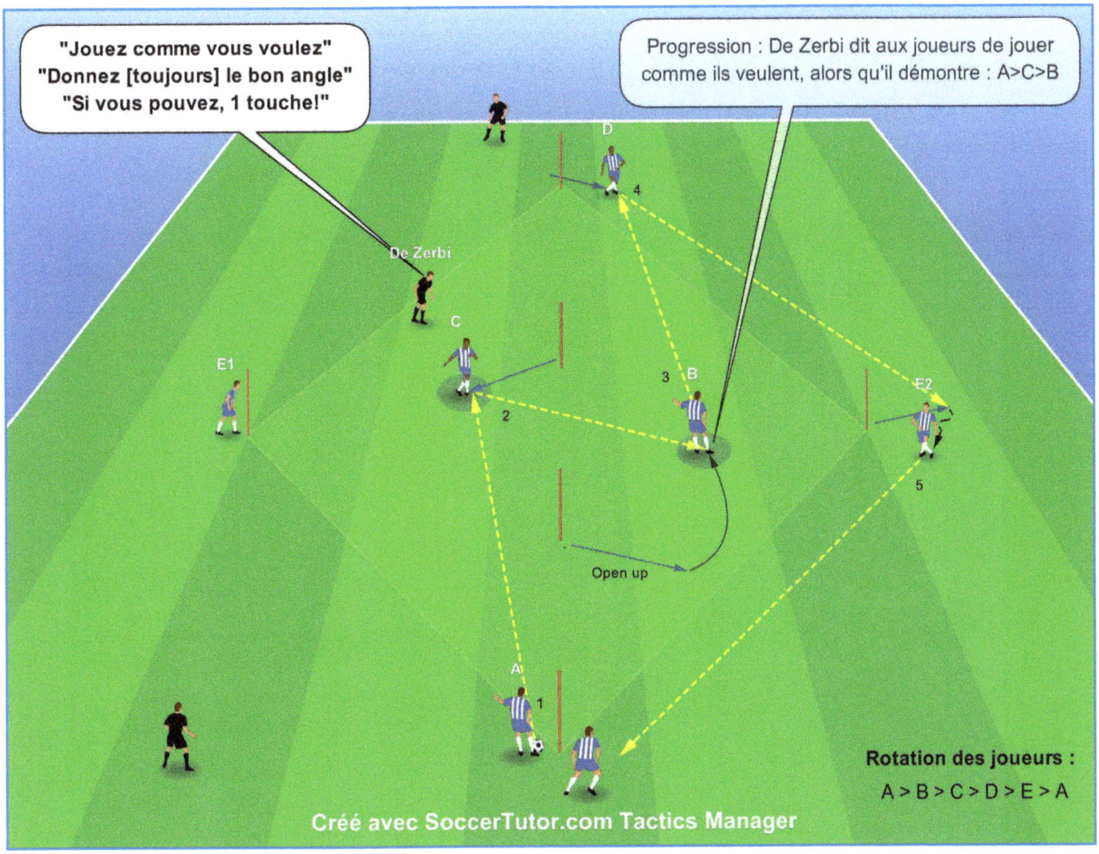
"Jouez comme vous voulez"
"Donnez [toujours] le bon angle"
"Si vous pouvez, 1 touche!"
Progression : De Zerbi dit aux joueurs de jouer comme ils veulent, alors qu'il démontre : A>C>B
D
4
De Zerbi
C
E1
3
B
E2
2
5
Open up
A
1
Rotation des joueurs :
A > B > C > D > E > A
Créé avec SoccerTutor.com Tactics Manager

Description (Variation 2)

Dans cette deuxième variante, les joueurs sont encouragés à utiliser 1 touche si possible. Ils sont libres dans leur prise de décision - le diagramme montre l'exemple que De Zerbi a montré aux joueurs.

1-2. **A** saute le premier poteau et fait une passe plus longue légèrement en biais à **C**, qui s'éloigne du deuxième poteau en biais, et remet le ballon pour que **B** qui arrive le reçoive dans la course.

3. **B** passe verticalement à **D**, qui s'écarte du poteau pour recevoir.

4. **D** passe diagonalement à **E2**.

5. **E2** s'écarte du poteau puis s'ouvre pour recevoir, puis passe à **Position A (Début)**.

→ Les joueurs alternent leurs positions sur le circuit : **A → B → C → D → E → A**. Après l'exemple montré, les joueurs répètent en utilisant une séquence différente.

Source: Séance de Roberto De Zerbi au Elite Football Performance Centre de Brighton - 1er février 2023

Exercices de Roberto De Zerbi: Combinaisons de Passes

3a. Passes en Diamant à Vitesse Elevée avec 2 Ballons et des Réactions Rapides pour Changer de Direction

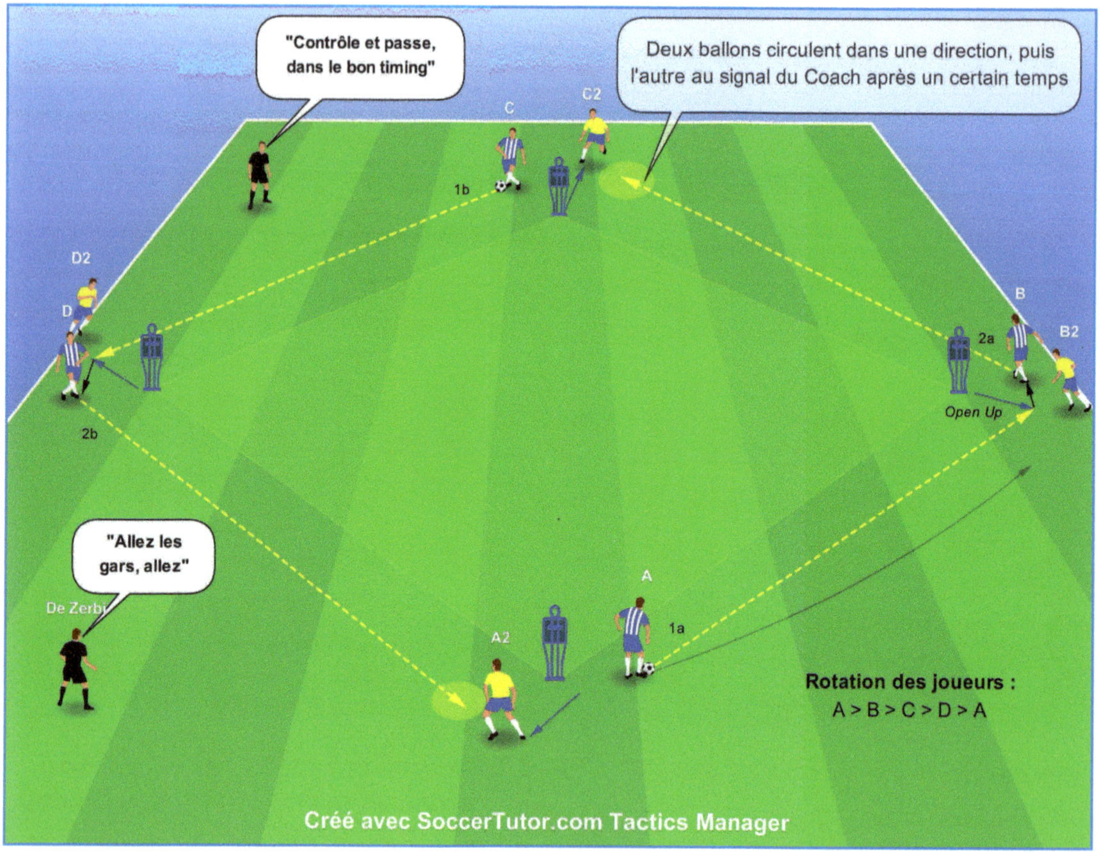

Description de l'Exercice

Il y a 2 balles en jeu simultanément à partir des positions A et C, comme indiqué. L'accent est mis ici sur la vitesse de jeu à l'aide de 2 touches (contrôle + passe). A chaque poste, les joueurs se démarque du mannequin en biais, s'ouvrent pour recevoir avec un bon contrôle, puis jouent la passe suivante.

→ Les joueurs suivent leur passe:
A → B → C → D → A.

Ballon 1: A passe à B, B passe à C2, C2 passe à D2, et D2 passe à **Position A** (D a suivi sa passe pour devenir le nouveau joueur A).

Ballon 2: C passe à D, D passe à A2, et A2 continue avec une passe à B2.

→ Au signal de l'entraîneur, la direction des deux ballons en jeu est inversée, par exemple dans le sens inverse des aiguilles d'une montre à celui des aiguilles d'une montre.

Source: Séance de Roberto De Zerbi au Elite Football Performance Centre de Brighton - 25 janvier 2023

Exercices de Roberto De Zerbi: Combinaisons de Passes

3b. Circuit de Passes en Diamant avec Une-Deux, Passe, Remise, Renversement et Passe & Va

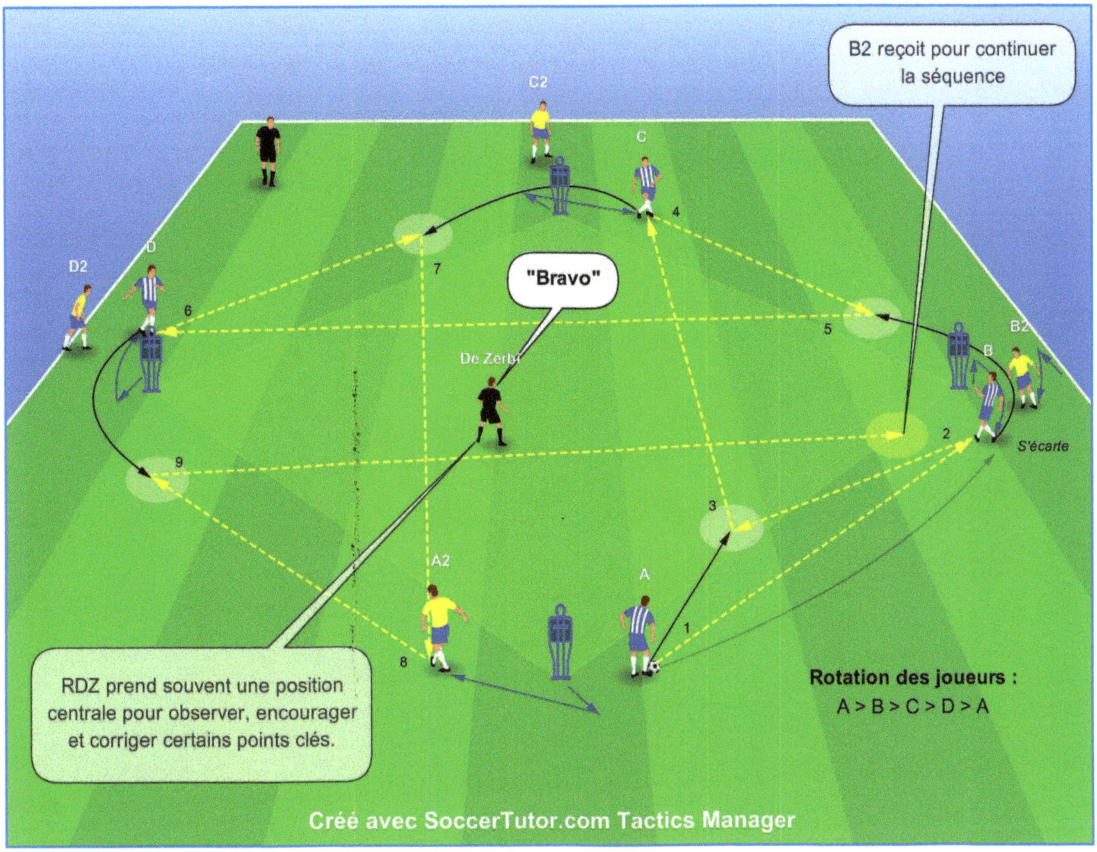

Description de l'Exercice

1-2. A joue un une-deux avec B, avançant pour recevoir la remise. B s'éloigne avant de se déplacer pour recevoir, puis contourne le mannequin.

3-4. A passe à C, qui s'écarte et se positionne pour recevoir en angle, puis remise le ballon pour B qui arrive.

5. B passe à travers le diamant pour D, qui s'éloigne également avant de se rapprocher pour recevoir.

6. D remet le ballon à C, qui contourne le mannequin pour recevoir.

7-8. C passe à A2, qui remet à D, qui contourne le mannequin pour recevoir.

9. D passe à travers le diamant pour compléter le circuit. Comme montré, B2 reçoit pour continuer la séquence.

→ Les joueurs alternent leurs positions dans le circuit : A → B → C → D → A.

Source: Séance de Roberto De Zerbi au Elite Football Performance Centre de Brighton - 25 janvier 2023

Exercices de Roberto De Zerbi: Combinaisons de Passes

4. Circuit de Passes en Diamant avec Une-Deux, Passe, Remise, Renversement et Passe & Va

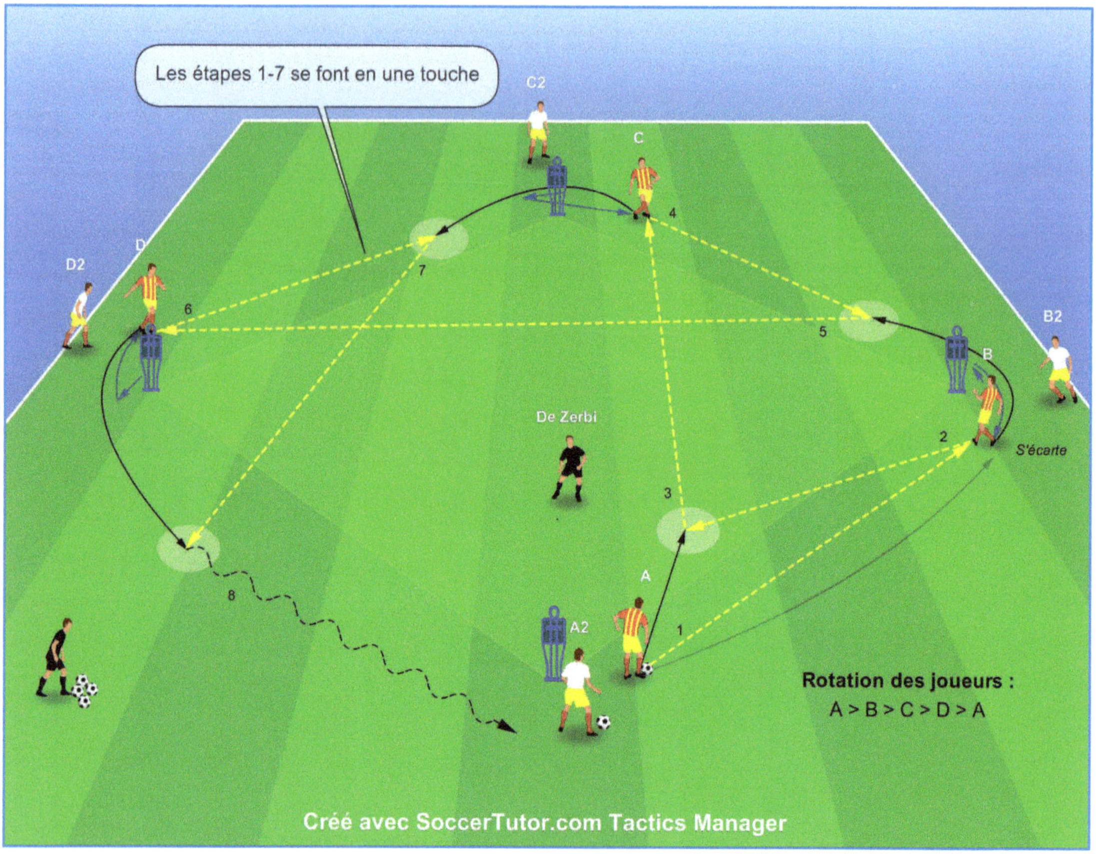

Description de l'Exercice

1-2. A joue un une-deux avec **B**, avançant pour recevoir la remise. **B** s'éloigne avant de se déplacer pour recevoir, puis contourne le mannequin.

3-4. A passe à **C**, qui s'écarte et se positionne pour recevoir en angle, puis remise le ballon pour **B** qui arrive.

5. B passe à travers le diamant pour **D**, qui s'éloigne également avant de se rapprocher pour recevoir.

6. D remet le ballon à **C**, qui contourne le mannequin pour recevoir.

7-8. C passe dans l'espace pour **D**, qui contourne le mannequin pour recevoir. **D** dribble jusqu'à la position de départ alors que le circuit continue avec **A2** (passe & va).

→ Les joueurs alternent leurs positions dans le circuit: **A → B → C → D → A2**.

Source: Entraînement de Roberto De Zerbi au Benevento Calcio à Benevento, Campanie - 2017

Exercices de Roberto De Zerbi: Combinaisons de Passes

5. Circuit de Passes en Diamant avec Joueurs Centraux, Remise et Mouvements Opposés pour Recevoir de 3/4

Variation 1: Une-Deux et Passe Verticale

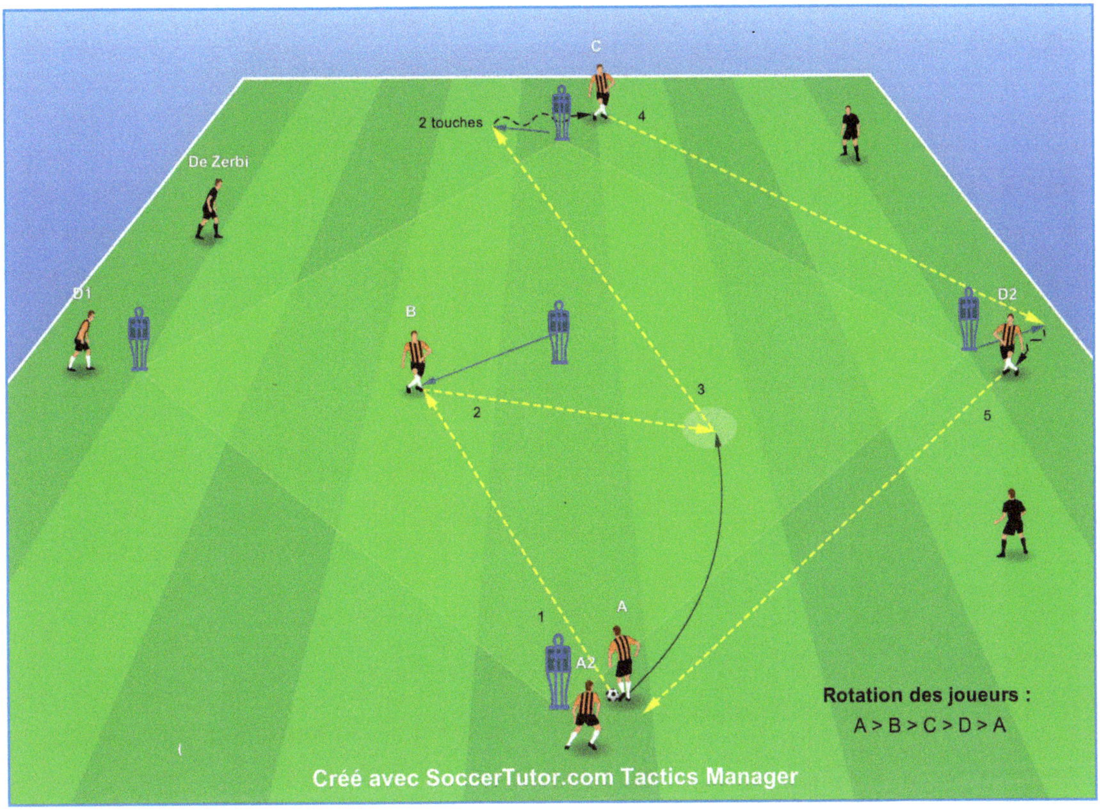

Description (Variation 1)

1. **A** passe le ballon sur un côté du mannequin central (gauche dans l'exemple ci-dessus) pour **B** qui décroche pour recevoir.

2. **B** remet le ballon (une-deux) à **A** qui a avancé dans l'espace.

3. **A** passe sur la gauche du mannequin du fond pour **C**, qui s'écarte pour recevoir et s'ouvre pour éliminer le mannequin sur sa prise de balle par derrière (montré).

4-5. **C** passe en biais à **D2**, qui s'écarte pour recevoir et s'ouvre pour éliminer le mannequin sur sa prise de balle. **D2** complète la séquence en passant à **A2**.

→ Les joueurs alternent leur position: **A → B → C → D → A2**.

→ La séquence se répète avec les passes allant vers le côté droit des mannequins et impliquant **D1** au lieu de **D2**.

Source: Entraînement de pré-saison du Shakhtar Donetsk de Roberto De Zerbi en Autriche - 23 juin 2021

Exercices de Roberto De Zerbi: Combinaisons de Passes

Variation 2: Une-Deux, Passe, Remise, et Passe & Va

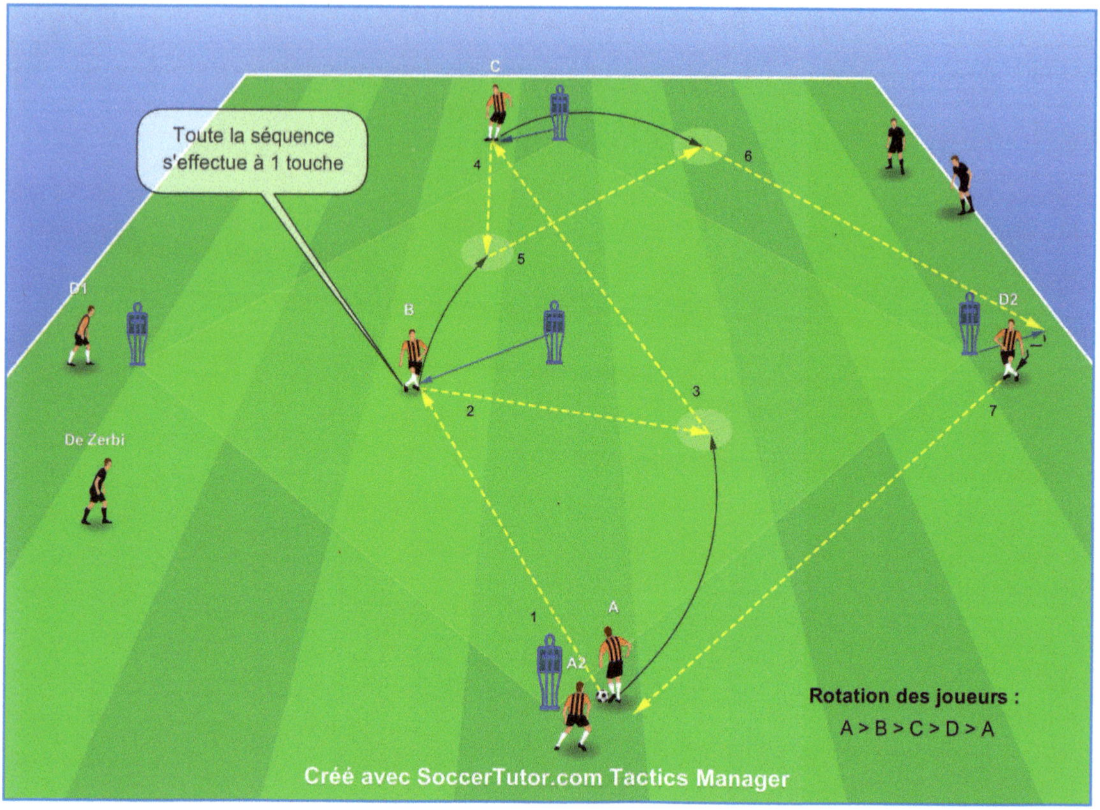

Description (Variation 2)

1. **A** passe le ballon sur un côté du mannequin central (gauche dans l'exemple ci-dessus) pour B qui décroche pour recevoir.

2. **B** remet le ballon (une-deux) à **A** qui a avancé dans l'espace.

3-5. **A** passe sur la gauche du mannequin du fond pour **C**, qui remet le ballon dans la course vers l'avant de **B**. C'est la première partie d'un passe & va, **B** remet le ballon dans le bon timing dans la course de **C** autour du mannequin, comme montré.

6. **C** passe en biais à **D2**, qui s'écarte pour recevoir et s'ouvre pour éliminer le mannequin sur sa prise de balle.

7. **D2** complète la séquence en passant à **A2**.

→ Les joueurs alternent leur position: A → B → C → D → A2.

→ La séquence se répète avec les passes allant vers le côté droit des mannequins et impliquant **D1** au lieu de **D2**.

Source: Entraînement de pré-saison du Shakhtar Donetsk de Roberto De Zerbi en Autriche - 23 juin 2021

Exercices de Roberto De Zerbi: Combinaisons de Passes

6. Circuit de Passes Hexagonal avec 2 Ballons, s'ouvrir pour Recevoir et Passe dans Petits Buts

Variation 1: Recevoir en Angle à Côté des Poteaux et Finir

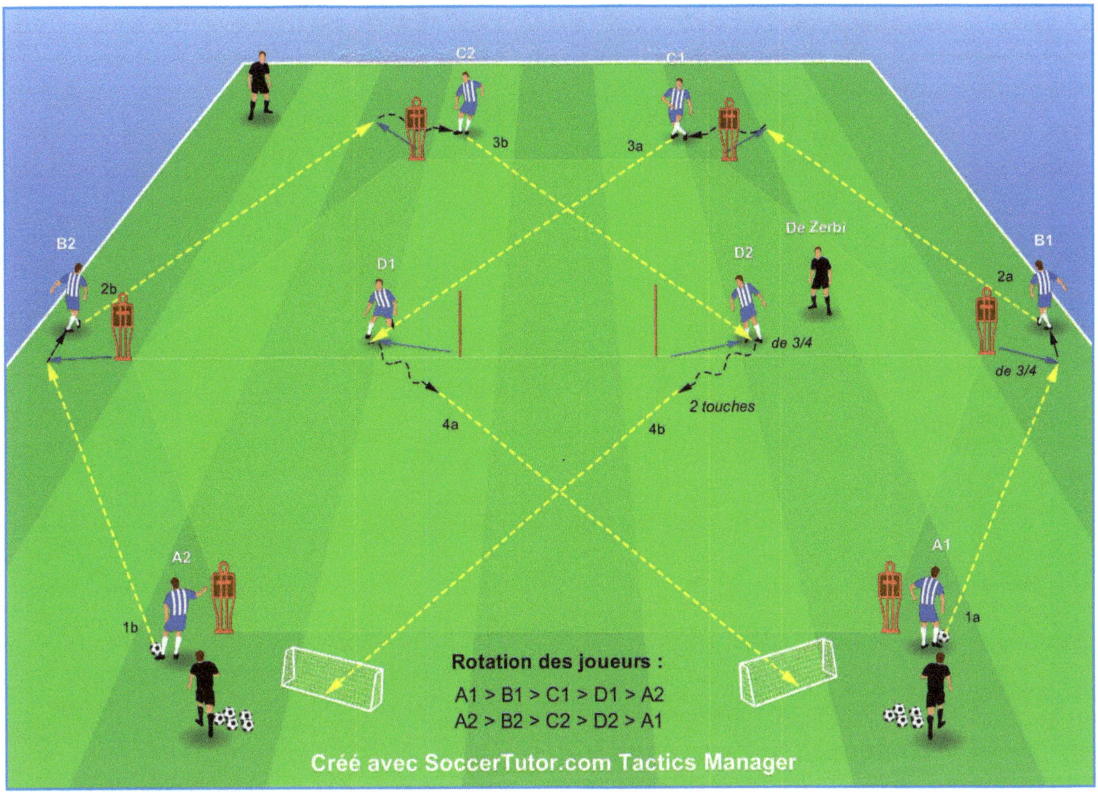

Description (Variation 1)

On retrouve la même configuration des deux côtés avec 2 ballons partant de A1 et A2 simultanément. Tous les joueurs s'écartent de leur poteau/mannequin pour s'ouvrir et recevoir.

1-2. **A1/A2** passe à **B1/B2**, qui reçoit de 3/4 à côté du mannequin et passe à **C1/C2**, qui fait pareil.

3. **C1/C2** passe en biais à **D1/D2** au centre.

4. **D1/D2** s'ouvre aussi pour recevoir à côté du mannequin et passe dans le petit but (diagonalement). Ils rejoignent ensuite la **Position A** du groupe opposé.

→ Les joueurs alternent leur position:

A1 → B1 → C1 → D1 → A2
+ A2 → B2 → C2 → D2 → A1.

Source: Séance de Roberto De Zerbi au Elite Football Performance Center de Brighton- 13 octobre 2022

Exercices de Roberto De Zerbi: Combinaisons de Passes

Variation 2: Recevoir, Passe & Va autour du Poteau, et Finir

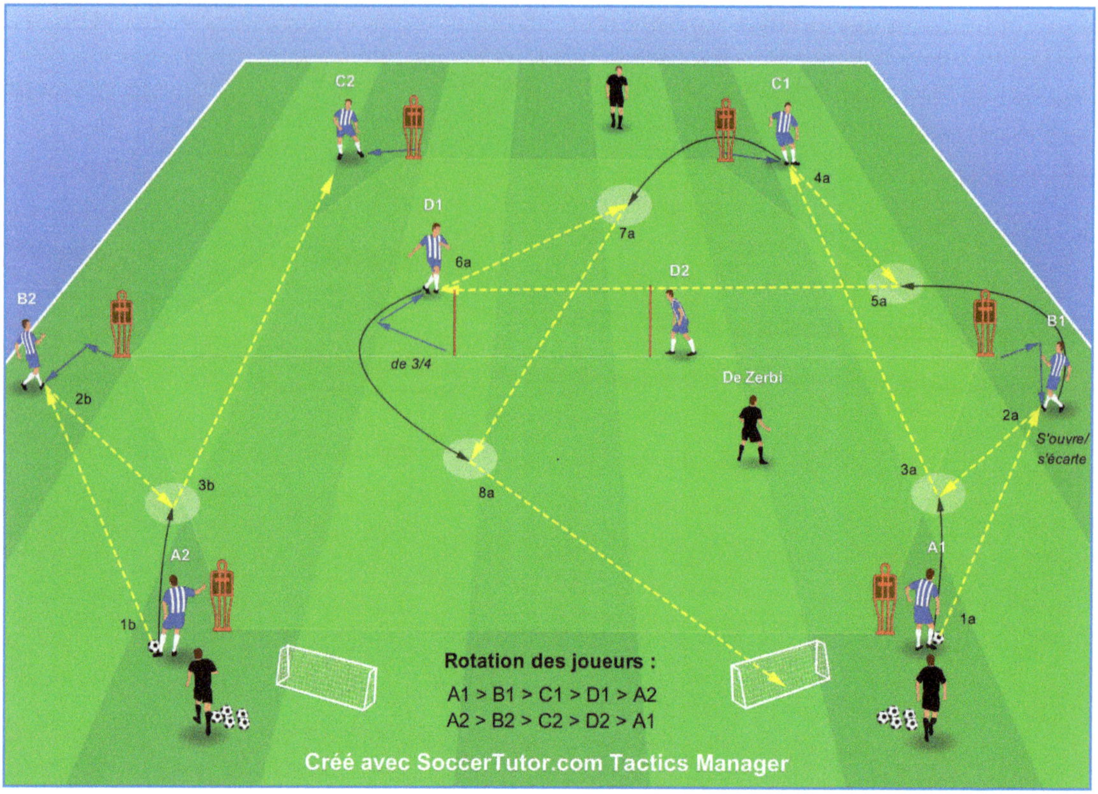

Description (Variation 2)

Dans cette variante de l'exemple de la page précédente, la combinaison complète est affichée sur la droite, mais pas à gauche. La gauche est une image miroir exacte mais n'est pas représentée sur le diagramme par souci de simplicité.

1-2. **A1/A2** joue un une-deux avec **B1/B2**, puis s'avance pour recevoir la remise.

3-4. **B1/B2** passe vers l'avance à **C1/C2**, qui remise dans la course de **B1/B2** autour du mannequin de côté.

5-6. **B1/B2** passe à l'intérieur à **D1/D2** au centre, qui remet le ballon dans la course de **C1/C2** autour du mannequin du fond.

7. **C1/C2** joue une passe verticale entre les 2 poteaux, dans le bon timing pour la course de **D1/D2** autour du mannequin.

8. **D1/D2** passe dans le petit but (diagonalement) et va en **Position A** du groupe opposé.

→ Les joueurs alternent leur position:
A1 → B1 → C1 → D1 → A2
+ A2 → B2 → C2 → D2 → A1.

Source: Séance de Roberto De Zerbi au Elite Football Performance Center de Brighton- 13 octobre 2022

Exercices de Roberto De Zerbi: Combinaisons de Passes

7. Circuit de Passe Hexagonal, s'ouvrir pour Recevoir "Hors du Poteau"

Variation 1: Intérieur/Extérieur Passe et Reçoit (2 Touches)

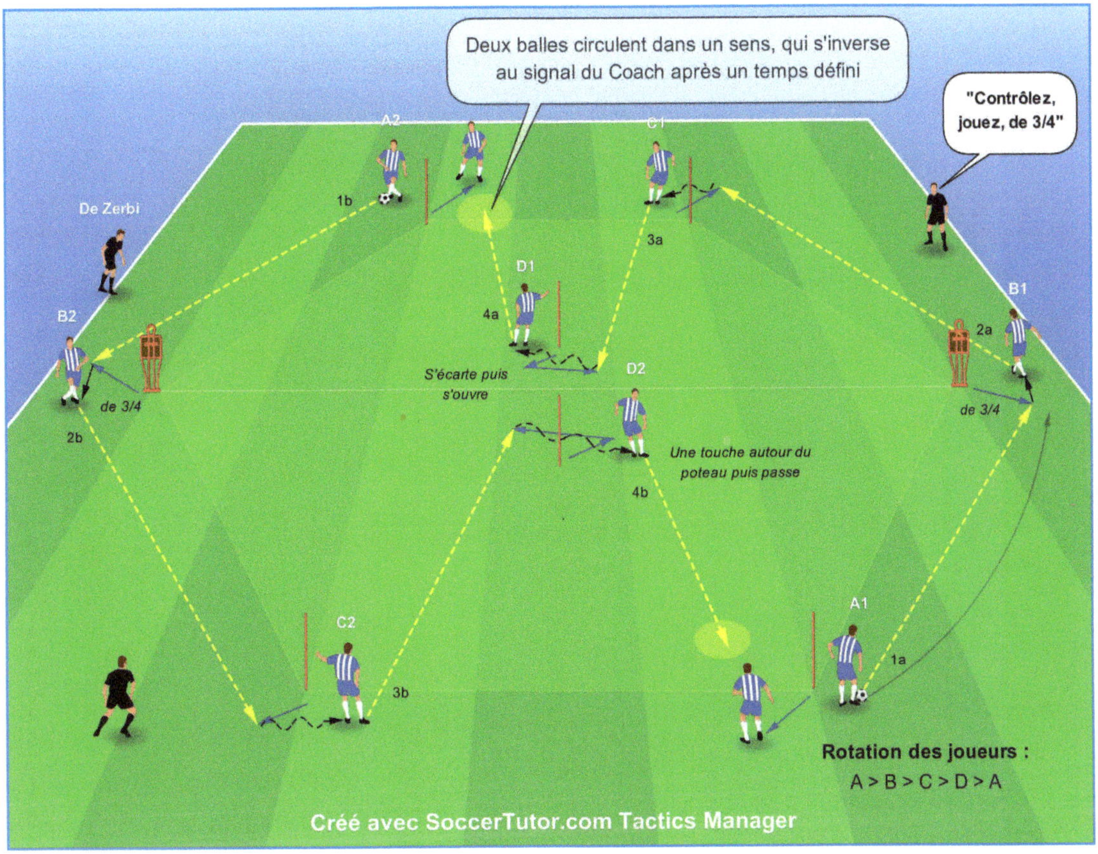

Description (Variation 1)

Il y a exactement la même configuration des deux côtés avec 2 ballons partant de A1 et A2 simultanément. Tous les joueurs s'écartent du poteau/mannequin pour recevoir et tournent en dans seul circuit complet (D1 → A2 / D2 → A1).

1-2. A1/A2 passe à **B1/B2**, qui reçoit de 3/4 et passe à **C1/C2**.

3-4. C1/C2 s'ouvre et reçoit derrière le poteau pour passer le ballon en biais vers l'avant, puis passer à **D1/D2** au centre, qui font de même, avant de passer à la **position A1/A2**.

→ Les joueurs alternent leur position sur le circuit : **A → B → C → D → A**.

→ Au signal de l'entraîneur, le sens des ballons est inversé.

Source: Séance de Roberto De Zerbi au Elite Football Performance Center de Brighton - 2 mai 2023

Exercices de Roberto De Zerbi: Combinaisons de Passes

Variation 2: Passe Intérieur vers Extérieur avec Une-Deux

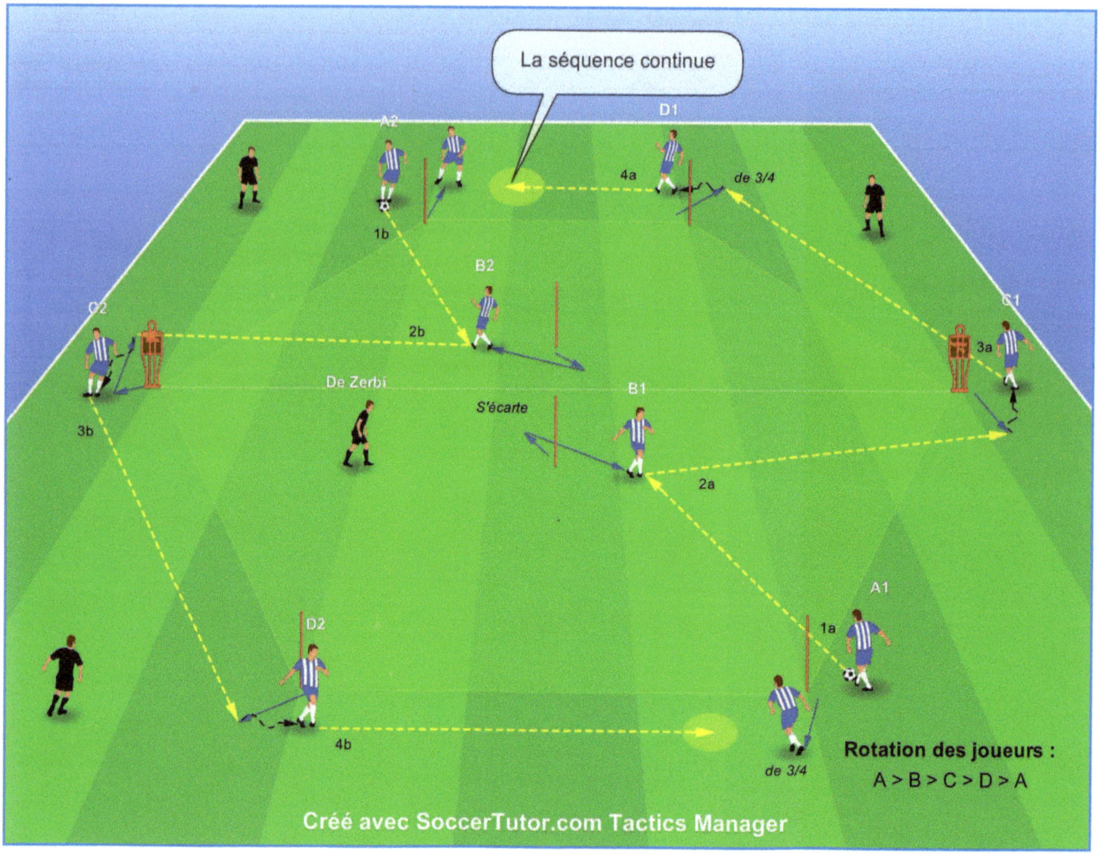

Description (Variation 2)

Il y a exactement la même configuration des deux côtés avec 2 ballons partant de A1 et A2 simultanément. Tous les joueurs s'écartent du poteau/mannequin pour recevoir et tournent en un seul circuit complet (D1 → A2 / D2 → A1).

1-2. **A1/A2** passe à **B1/B2**, qui s'écarte du poteau, bouge pour recevoir, passe sur le côté à **C1/C2**.

3-4. **C1/C2** décroche, s'ouvre, reçoit derrière le mannequin, avance en angle avec le ballon, puis passe à **D1/D2** qui fait un contrôle orienté derrière le poteau, puis passe à la **Position A1/A2**.

→ Les joueurs alternent leur position sur le circuit : **A → B → C → D → A**.

→ Au signal de l'entraîneur, la direction des deux balles en jeu est inversée, par ex. du sens inverse des aiguilles d'une montre vers le sens des aiguilles d'une montre.

Source: Séance de Roberto De Zerbi au Elite Football Performance Center de Brighton - 14 mars 2023

Exercices de Roberto De Zerbi: Combinaisons de Passes

Variation 3: De l'Intérieur vers l'Extérieur avec Passe&Va

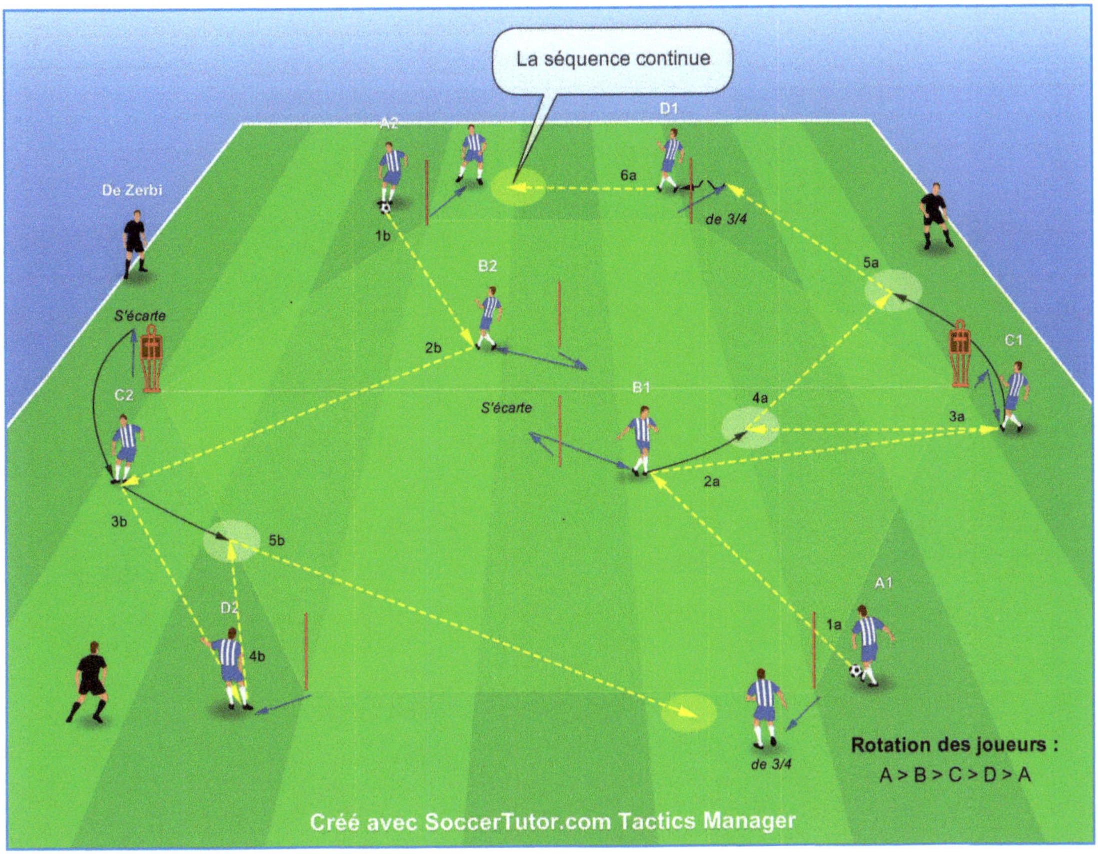

Description (Variation 3)

Tous les joueurs s'écartent du poteau ou du mannequin avant de se déplacer pour recevoir.

Ballon 1 (sur la Droite)

1-4a. **A1** passe à **B1**, qui joue un une-deux avec **C1**, puis joue une nouvelle passe vers **C1** qui reçoit après avoir contourné le mannequin.

5-6a. **C1** passe à **D1**, qui s'ouvre et reçoit derrière le poteau, de 3/4 avant de passer à la **position A2**.

Ballon 2 (sur la Gauche)

1-2b. **A2** passe à **B2**, qui donne à **C2** de l'autre côté du mannequin.

3-5b. **C2** joue un une-deux avec **D2**, puis passe à la **Position A1**.

→ Les joueurs alternent leurs positions sur le circuit : A1 → B1 → C1 → D1 → A2 → B2 → C2 → D2 → A1.

→ La même séquence se répète dans ce circuit continu. Au signal de l'entraîneur, la direction des deux balles en jeu est inversée.

Source: Séance de Roberto De Zerbi au Elite Football Performance Center de Brighton - 2 mai 2023

Exercices de Roberto De Zerbi: Combinaisons de Passes

Variation 4: Reçoit, Une-Deux, et Joue vers l'Avant

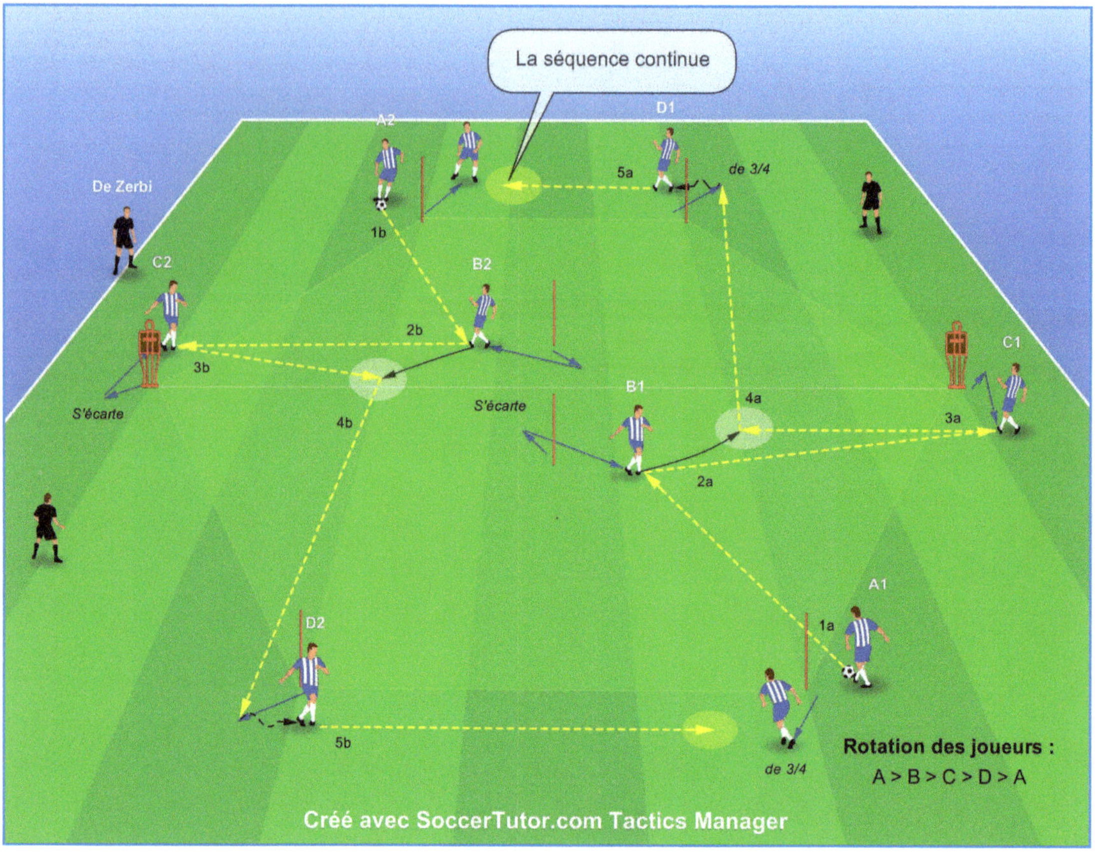

Description (Variation 4)

Il y a exactement la même configuration des deux côtés avec 2 ballons partant de A1 et A2 simultanément. Tous les joueurs s'écartent du poteau/mannequin pour recevoir et tournent en un seul circuit complet (D1 → A2 / D2 → A1).

1. **A1/A2** passe à **B1/B2** au centre.

2-3. **B1/B2** joue un une-deux **C1/C2**, et avance pour recevoir la remise.

4-5. **B1/B2** passe ensuite vers l'avant à **D1/D2**, qui s'ouvre et reçoit derrière le poteau, contrôle la balle de 3/4 avant de passer à la **Position A1/A2**.

→ Les joueurs alternent leurs positions sur le circuit : **A1 → B1 → C1 → D1 → A2 → B2 → C2 → D2 → A1**.

→ La même séquence se répète dans ce circuit continu.

→ Au signal de l'entraîneur, la direction des deux balles en jeu est inversée, par ex. du sens inverse des aiguilles d'une montre vers le sens des aiguilles d'une montre.

Source: Séance de Roberto De Zerbi au Elite Football Performance Center de Brighton - 14 mars 2023

Exercices de Roberto De Zerbi: Combinaisons de Passes

Variation 5: Combinaisons à 2 & 3 avec Support Central

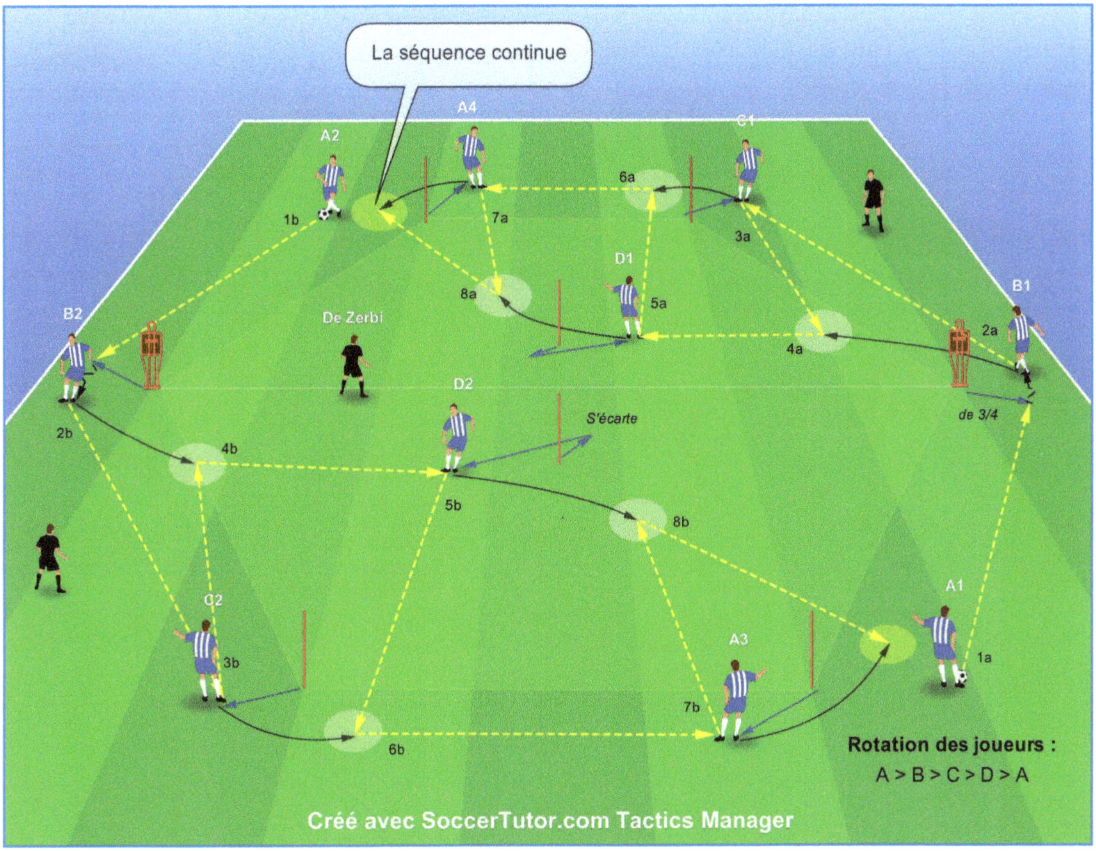

Description (Variation 5)

Il y a exactement la même configuration des deux côtés avec 2 ballons partant de A1 et A2 simultanément. Tous les joueurs s'écartent du poteau/mannequin pour recevoir et tournent en un seul circuit complet (D1 → A2 / D2 → A1).

1-2. **A1/A2** passe à **B1/B2**, qui s'ouvre et reçoit de 3/4, puis passe vers **C1/C2**.

3-4. **C1/C2** remise le ballon pour **B1/B2**, qui vient à l'intérieur, et passe à **D1/D2** au centre.

5-6. **D1/D2** passe vers **C1/C2** de l'autre côté du poteau, puis ils passent à **A3/A4**.

7-8. **A3/A4** dans la course de **D1/D2**, qui complète la séquence en passant à **A3/A4** qui reçoit de l'autre côté du poteau. La séquence repart d'ici et continue.

→ Les joueurs alternent leurs positions sur le circuit : **A1 → B1 → C1 → D1 → A4 → A2 → B2 → C2 → D2 → A3 → A1**.

→ Au signal de l'entraîneur, la direction des deux balles en jeu est inversée, par ex. du sens inverse des aiguilles d'une montre vers le sens des aiguilles d'une montre.

Source: Séance de Roberto De Zerbi au Elite Football Performance Center de Brighton - 4 octobre 2023

Exercices de Roberto De Zerbi: Combinaisons de Passes

8. Circuit de Passes Continu à 2 Touches, Intérieur et Extérieur, Recevoir en Angles

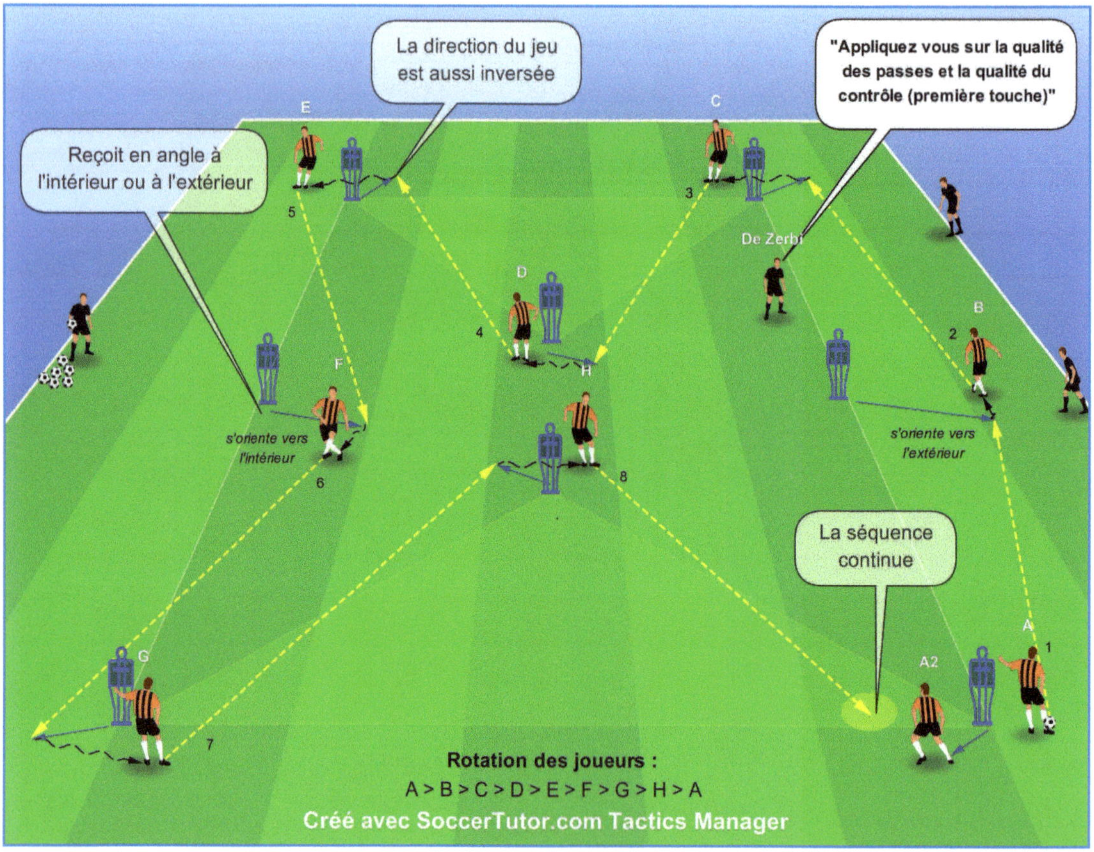

Description de l'Exercice

Les joueurs de coin et du milieu reçoivent et s'ouvrent (contrôlent) derrière les mannequins. Les joueurs du milieu peuvent décider de recevoir en angle avec un mouvement intérieur ou extérieur.

1-2. **A** passe à **B**, qui s'ouvre vers l'extérieur et passe sur la droite du mannequin à **C**.

3. **C** passe à **D** à l'intérieur, sur la gauche du mannequin.

4-6. **D** passe sur la droite du mannequin pour **E**. **E** passe à **F**, qui s'ouvre vers l'intérieur et passe sur la droite du mannequin pour **G**.

7-8. **G** passe à l'intérieur sur la gauche du mannequin pour **H**, qui passe à **A2**. La même séquence continue.

→ Les joueurs alternent leur position:
  A → B → C → D → E → F → G → H → A.

→ Au signal de l'entraîneur, le sens du jeu est inversé.

Source: Entraînement de Roberto De Zerbi au Shakhtar Donetsk au complexe sportif Sviatoshyn - 14 juin 2021

Exercices de Roberto De Zerbi: Combinaisons de Passes

9. Circuit de Passes avec Joueurs Centraux, Jeu en Soutien, s'orienter avec les Angles Corrects

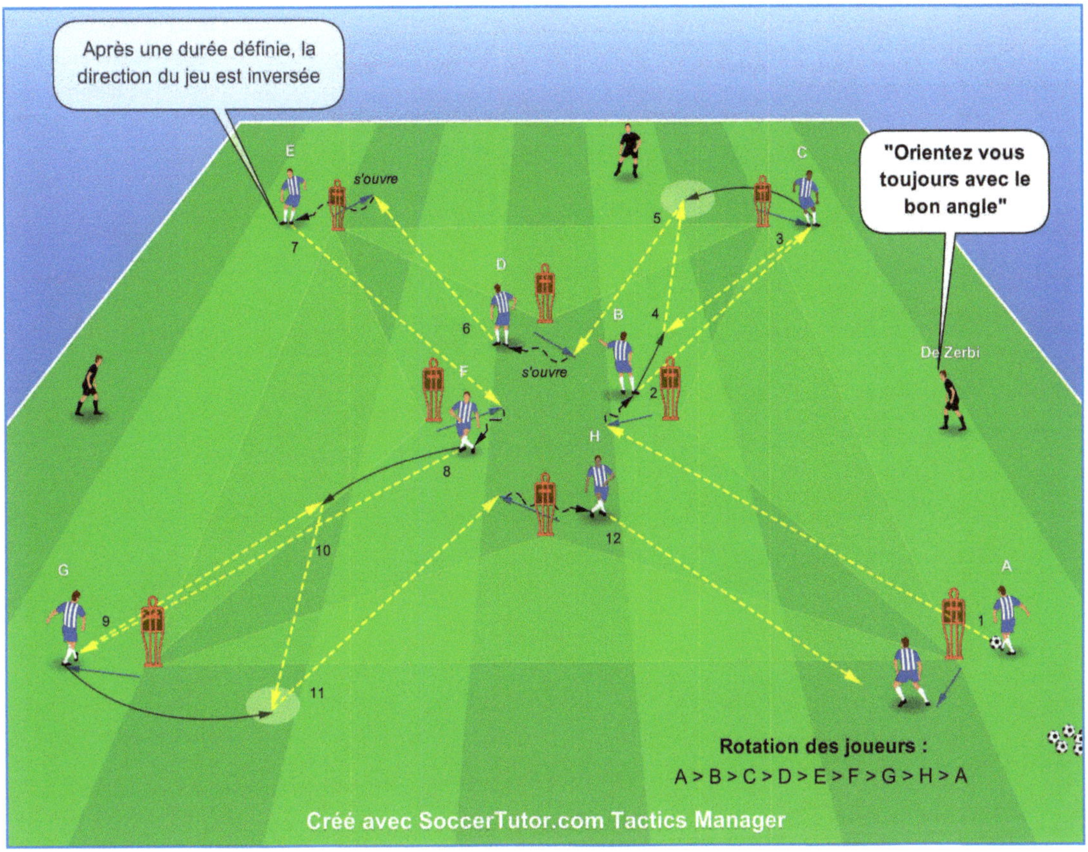

Les joueurs intérieurs s'éloignent du mannequin, reçoivent et s'ouvrent pour jouer la passe suivante.

Description de l'Exercice

1. A passe à **B** à l'intérieur.

2-4. B joue un une-deux avec **C**, puis passe dans le bon timing dans la course de **C** autour du mannequin.

5. C passe à **D** à l'intérieur.

6. D passe à **E**, qui reçoit et s'ouvre autour du mannequin.

7. C passe à **F** à l'intérieur.

8-10. F joue un une-deux avec **G**, puis passe dans le bon timing dans la course de **G** autour du mannequin.

11-12. G passe à **H** à l'intérieur, qui passe à la **Position A (Début)**.

→ Les joueurs alternent leur position: A → B → C → D → E → F → G → H → A. Le sens du jeu sera ensuite inversé.

Source: Séance de Roberto De Zerbi au Elite Football Performance Center de Brighton - 26 septembre 2022

Exercices de Roberto De Zerbi: Combinaisons de Passes

10. Circuit de Passe Recevoir en Angles des Passes Diagonales avec Jeu en Soutien Intérieur/Extérieur

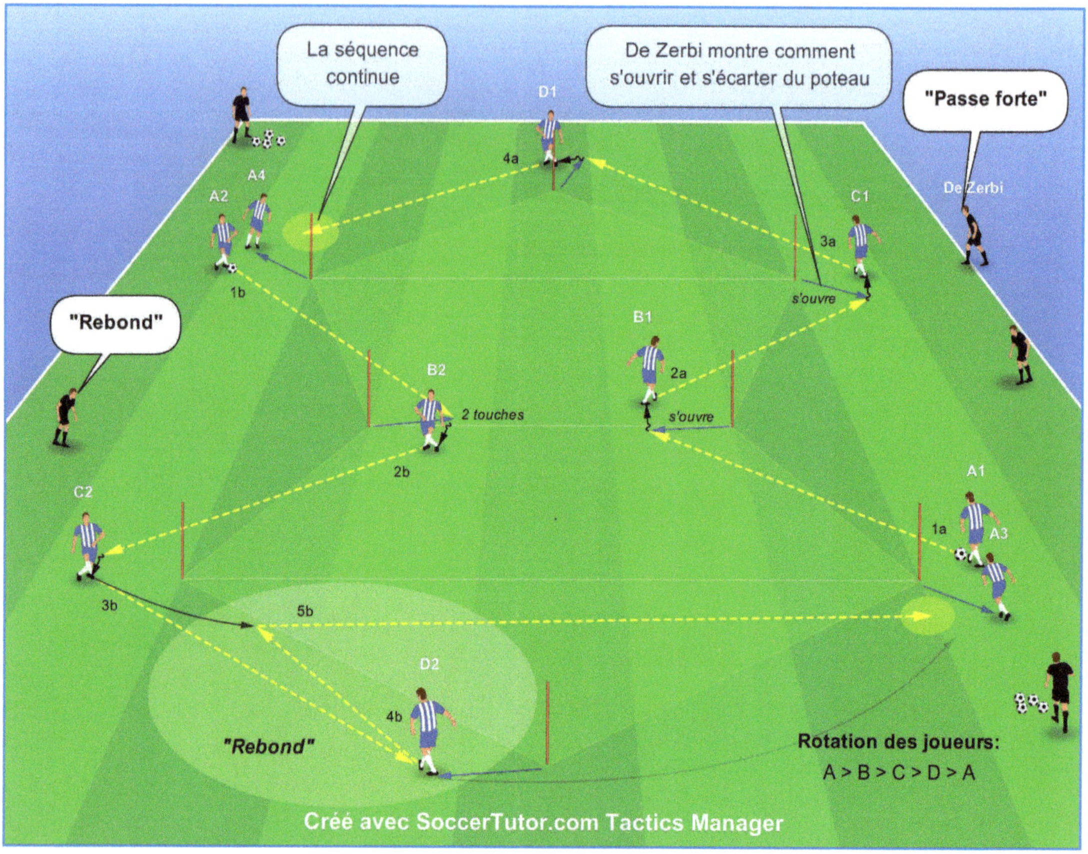

Les deux côtés ont la même configuration avec 2 ballons partant de A1 et A2, et des joueurs supplémentaires aux postes A3 et A4. Ils s'écartent du poteau pour recevoir et passer rapidement. **Lorsque l'entraîneur annonce « Rebond »**, le joueur remet la balle à son coéquipier qui le passe au joueur suivant, comme le montre D2 (4b-5b).

Description (Ballon 1)

1-2a. **A1** passe à **B1**, qui passe à **C1**.

3-4a. **C1** passe à **D1**, qui passe à **A4**.

Description (Ballon 2)

1-2b. **A2** passe à **B2**, qui passe à **C2**.

3-5b. **C2** joue un une-deux avec **D2**, rentre à l'intérieur pour recevoir, puis passe à **A3**. C'est parce que l'entraîneur a annoncé « **Rebond** », ce qui indique à D2 de remettre le ballon à C2 qui va jouer la passe suivante.

→ Ce circuit est continu, les joueurs alternent les postes : A1 → B1 → C1 → D1 → A4 → A2 → B2 → C2 → D2 → A3 → A1

Source: Séance de Roberto De Zerbi au Elite Football Performance Center de Brighton - 9 mars 2023

Exercices de Roberto De Zerbi: Combinaisons de Passes

11. Circuit de Passes Verticales en Double Triangle avec Combinaisons en Une-Deux (Echauffement avant Match)

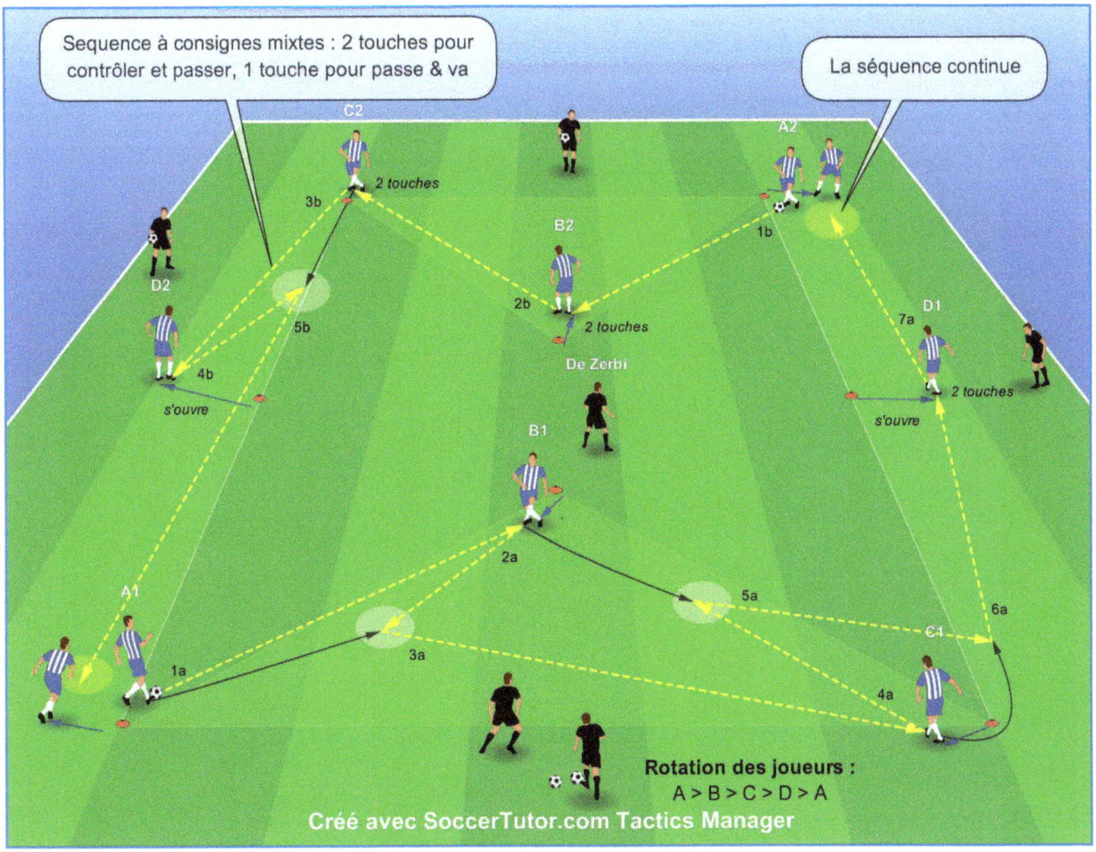

Il y a la même configuration aux deux extrémités avec 2 balles partant de A1 et A2 simultanément. Tous les joueurs s'écartent de leur cône pour recevoir. Ils utilisent 2 touches pour le contrôle et la passe, et 1 touche pour la passe & va.

Description (Ballon 1)

1-3a. **A1** joue un une-deux avec **B1** puis passe en retrait en biais à **C1**.

4-7a. **C1** joue un passe & va avec **B1** puis passe à **D1**, qui s'ouvre, reçoit, et passe vers l'avant à la **Position A2**.

Description (Ballon 2)

1-2b. **A2** passe à **B2**, qui passe à **C2**.

3-5b. **C2** joue un une-deux avec **D2**, bouge pour recevoir, et complète la séquence en passant à la **Position A1**.

→ Les joueurs alternent leur position sur le circuit : A1 → B1 → C1 → D1 → A2 → B2 → C2 → D2 → A1.

Source: Échauffement d'avant-match de De Zerbi à Brighton à Stanford Bridge (Chelsea) - 15 avril 2023

Exercices de Roberto De Zerbi: Combinaisons de Passes

12. Circuit de Passe Jeu en Soutien et Recevoir en Angles pour Construire à Travers les Lignes

Variation 1: Combinaison avec Une-Deux + Passe & Va

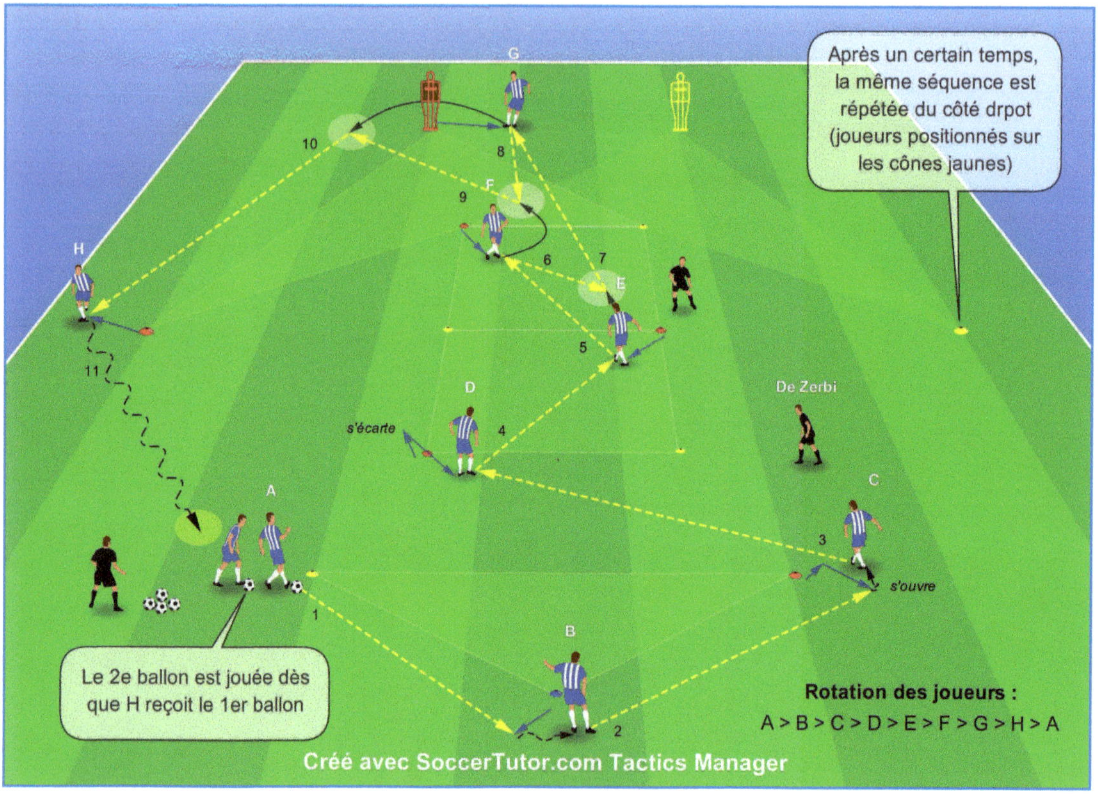

Description (Variation 1)

Ce circuit se joue avec 2 balles simultanées - la passe suivante de la position A est jouée après que H ait reçu.

1-2. **A** passe à **B**, puis **B** à **C** avec les deux qui s'ouvrent et s'écartent pour recevoir autour du triangle.

3-5. **C** passe en biais à **D**, puis **D** passe à **E**, et **E** à **F** avec tous les joueurs s'écartant de leur cône respectif.

6-7. **F** remet le ballon pour **E** qui s'avance et passe à **G**.

8-9. **G** joue un passe & va avec **F** pour recevoir de l'autre côté du mannequin.

10-11. **G** passe à **H**, qui reçoit et dribble jusqu'à la position de départ.

→ Les joueurs alternent leur position : A → B → C → D → E → F > G → H → A, et la séquence est répétée sur la droite avec les joueurs situés sur les cônes jaunes.

Source: Séance d'entraînement de Roberto De Zerbi à Brighton à l'AMEX Stadium - 11 avril 2023

Exercices de Roberto De Zerbi: Combinaisons de Passes

Variation 2: Combinaison avec Remise + Passe & Va

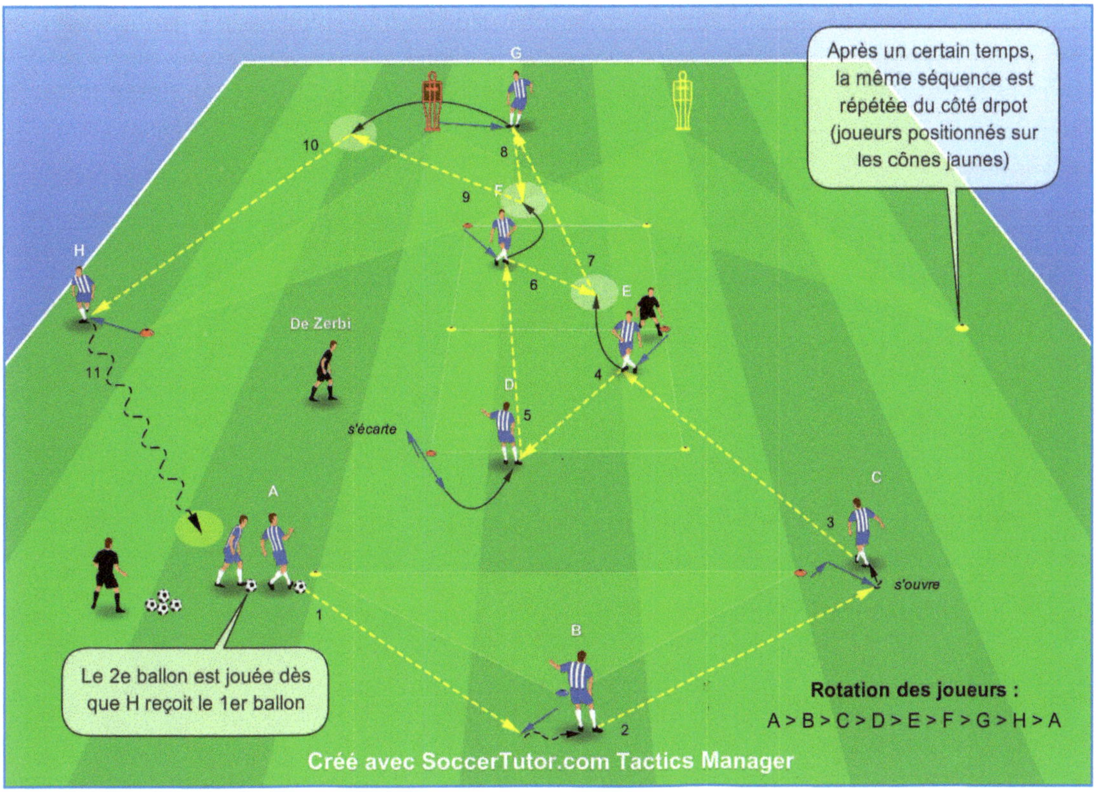

Description (Variation 2)

Ce circuit se joue avec 2 balles simultanées - la passe suivante de la position A est jouée après que H ait reçu. Dans cette variante de l'exemple de la page précédente, la différence est que C passe maintenant à E, qui remet le ballon à D pour qu'il le passe à F (voir la description complète ci-dessous).

1-2. A passe à **B**, puis **B** à **C** avec les deux qui s'ouvrent et s'écartent pour recevoir autour du triangle.

3-5. C passe à **E**, qui remet le ballon pour **D**. **D** s'est écarté, a décroché, puis a fait une course en courbe vers l'avant pour recevoir la remise avant de passer à **F**.

6-7. F remet le ballon pour **E** qui avance et passe à **G**.

8-9. G joue un passe & va avec **F** pour recevoir de l'autre côté du mannequin.

10-11. G passe à **H**, qui reçoit et dribble jusqu'à la position de départ.

→ Les joueurs alternent leur position : A → B → C → D → E → F > G → H → A.

→ La même séquence est répétée vers la droite avec les joueurs positionnés sur les cônes jaunes.

Source: Séance d'entraînement de Roberto De Zerbi à Brighton à l'AMEX Stadium - 11 avril 2023

Exercices de Roberto De Zerbi: Combinaisons de Passes

13. Circuit de Passes avec Mouvements pour Jeu en Soutien, Positionnement, et Réception

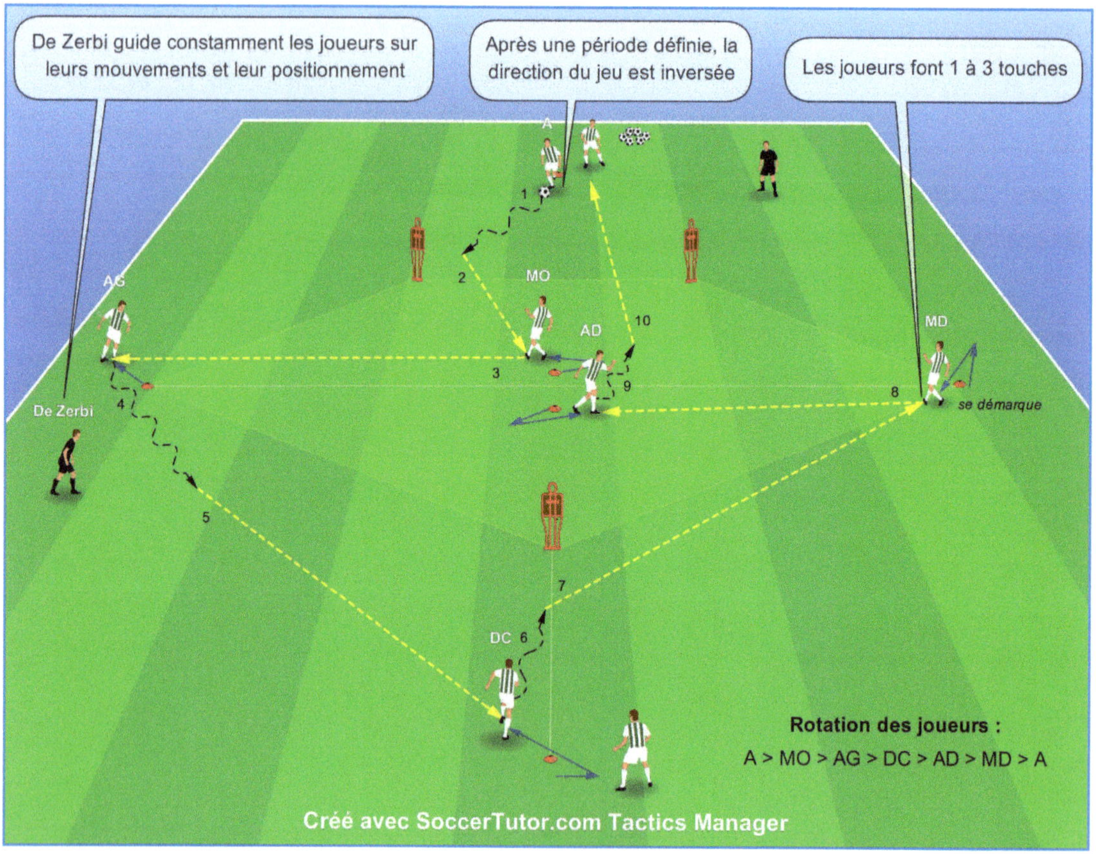

De Zerbi guide constamment les joueurs sur leurs mouvements et leur positionnement

Après une période définie, la direction du jeu est inversée

Les joueurs font 1 à 3 touches

se démarque

Rotation des joueurs :
A > MO > AG > DC > AD > MD > A

Description de l'Exercice

1-2. L'**attaquant (A)** dribble en biais vers le mannequin et passe au **milieur offensif (MO)** au centre.

3. MO s'écarte du cône, bouge pour recevoir et passe à l'**ailier gauche (AG)**.

4-5. AG se démarque, reçoit, dribble vers le **défenseur central (DC)**, et lui passe.

6-7. DC dribble vers l'avant jusq'au mannequin et passr sur le côté à l'**ailier droit (AD)**, qui se démarque avant de recevoir.

8-10. AD passe au **milieu défensif (MD)** à l'intérieur, qui se démarque, bouge pour recevoir, contrôle vers l'avant et fait la passe finale vers **A à la Position de départ,** pour que le circuit continue.

→ Après une période de temps définie, le sens de jeu est inversé vers le sens des aiguilles d'une montre.

Source: Séance de pré-saison du Sassuolo Calcio de Roberto De Zerbi à Vipiteno, Italie - 18 juillet 2018

Exercices de Roberto De Zerbi: Combinaisons de Passes

14. Construction du Jeu, Combinaisons et Mouvements

Variation 1: 2 Touches (Contrôle + Passe) + Combinations

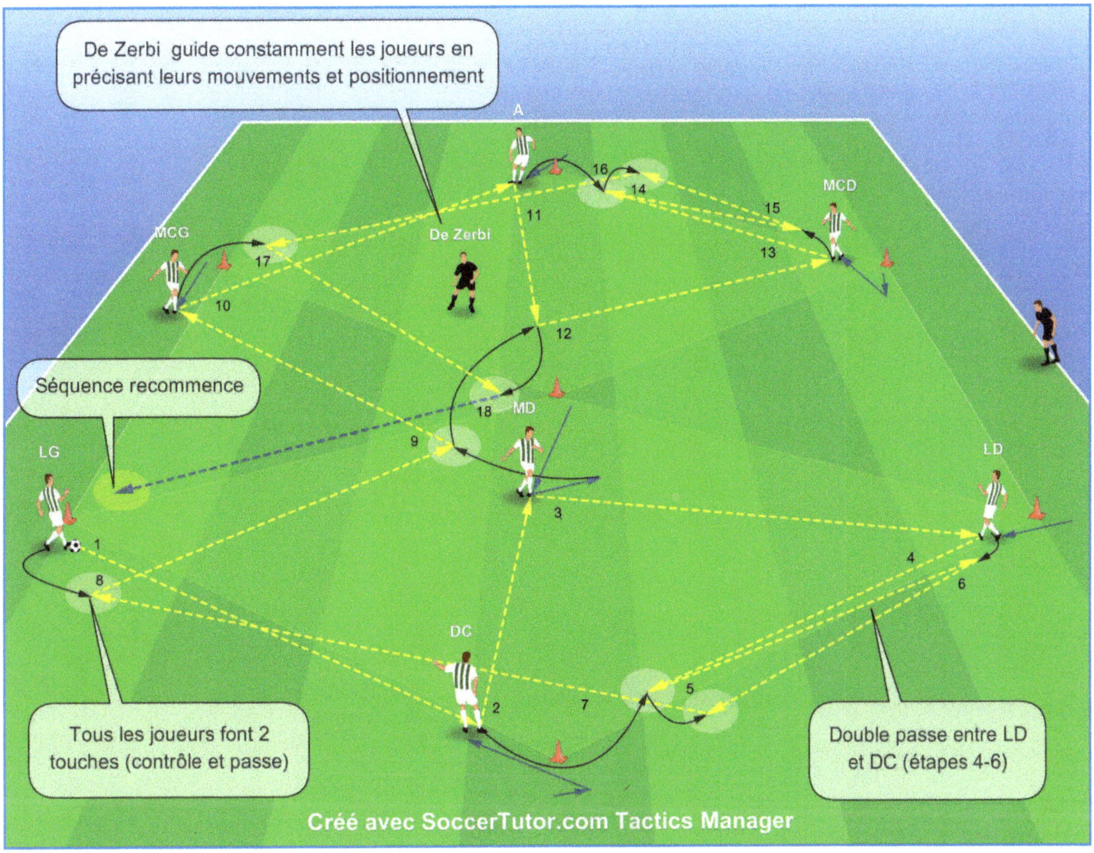

[Diagramme tactique: De Zerbi guide constamment les joueurs en précisant leurs mouvements et positionnement. Séquence recommence. Tous les joueurs font 2 touches (contrôle et passe). Double passe entre LD et DC (étapes 4-6). Créé avec SoccerTutor.com Tactics Manager]

Description (Variation 1)

1. **LG** passe en retrait à **DC**.

2-3. **DC** passe vers l'avant à **MD**, qui décroche du cône et passe à **LD**.

4-6. **LD** joue un une-deux avec **DC**, puis remet à nouveau la balle en retrait à **DC**.

7-9. **DC** passe à **LG**, qui passe à **MD**. **MD** passe vers l'avant sur l'aile à **MCG**.

10-11. **MCG** passe à l'**attaquant (A)**, remet le ballon dans la course de **MD**.

12-13. **MD** passe sur la droite à **MCD**, qui passe à **F** de l'autre côté du cône.

14-16. **A** joue le une-deux avec **MCD**, puis passe sur le côté à **MCG**.

17-18. **MCG** passe à **MD**, qui passe à la position de départ (recommence).

Source: Séance de pré-saison du Sassuolo Calcio de Roberto De Zerbi à Vipiteno, Italie - 20 juillet 2018

Exercices de Roberto De Zerbi: Combinaisons de Passes

Variation 2: Consignes pour le Timing du Mouvement

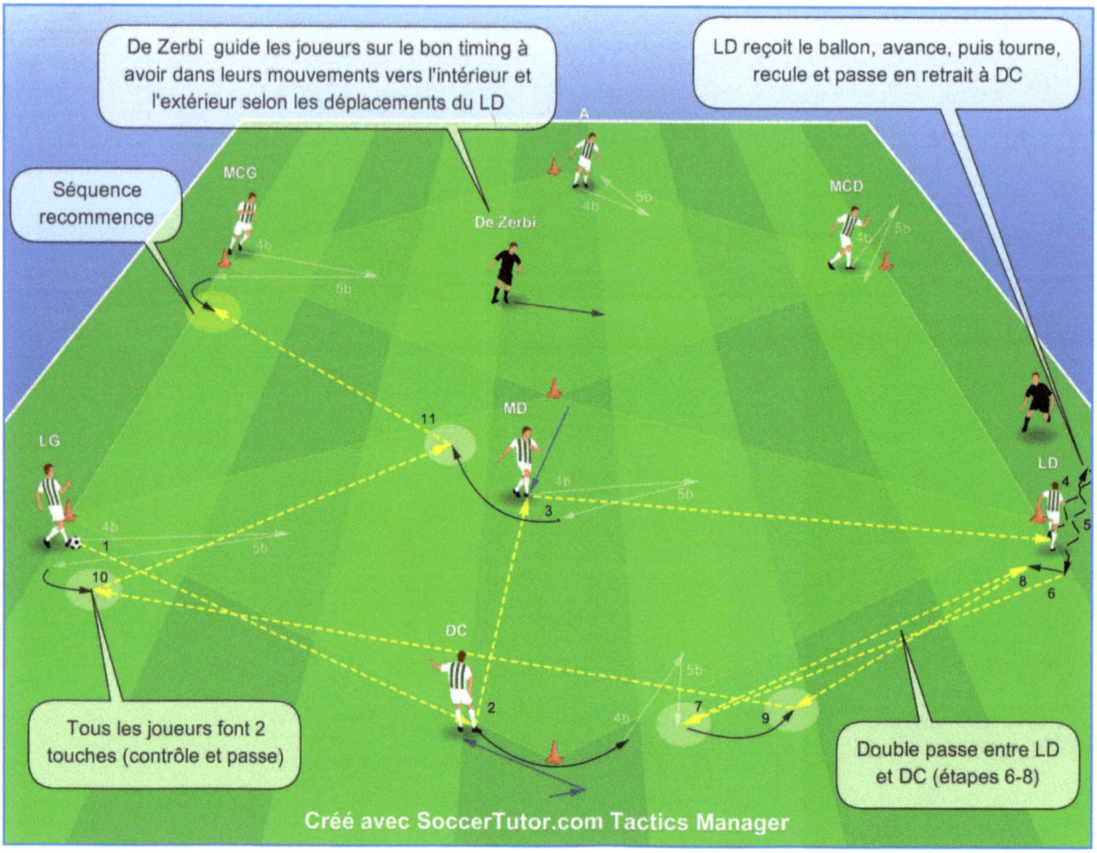

Description (Variation 2)

1. **LG** passe en retrait à **DC**.

2-3. **DC** passe vers l'avant à **MD**, qui décroche du cône et passe à **LD**.

4-5. **LD** reçoit, avance avec le ballon, tourne, et revient en arrière.

... A ce moment, **De Zerbi** guide les joueurs sur le bon timing de leur mouvement à l'intérieur puis vers l'extérieur quand **LD** avance (extérieur) et revient (intérieur).

6-8. **LD** joue un une-deux avec **DC**, et met le ballon en retrait à **DC**.

9. **DC** passe sur le côté à **LG**.

10. **LG** passe vers l'avant à **MD**, qui fait une course en courbe pour recevoir dans sa course.

11. **MD** fait une passe diagonale verticale sur le côté à **MCG**.

La Séquence Continue → Comme précédemment, la même séquence est répétée dans le losange supérieur (voir les étapes 10 à 18 de la page précédente).

Source: Séance de pré-saison du Sassuolo Calcio de Roberto De Zerbi à Vipiteno, Italie - 20 juillet 2018

Exercices de Roberto De Zerbi: Combinaisons de Passes

Variation 3: Combinaisons en 1 Touche + Permutations

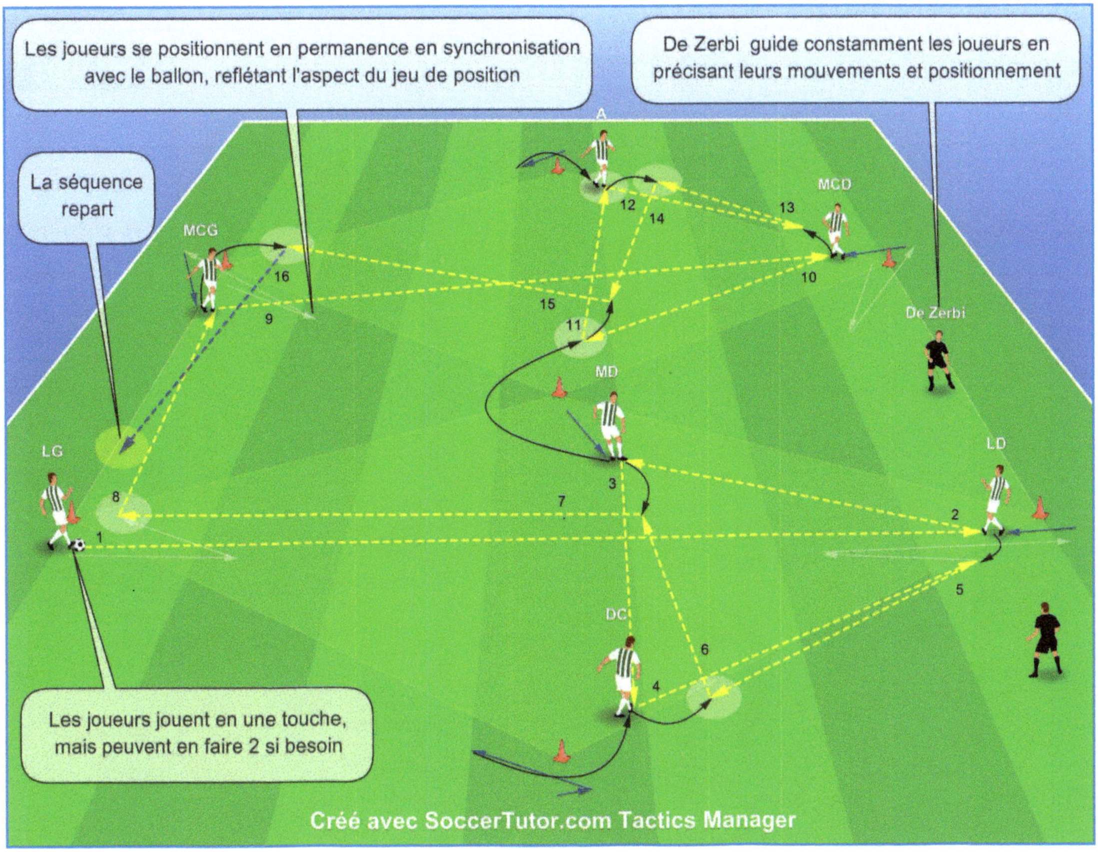

Les joueurs se positionnent en permanence en synchronisation avec le ballon, reflétant l'aspect du jeu de position

De Zerbi guide constamment les joueurs en précisant leurs mouvements et positionnement

La séquence repart

Les joueurs jouent en une touche, mais peuvent en faire 2 si besoin

Créé avec SoccerTutor.com Tactics Manager

Description (Variation 3)

1. **LG** à travers le losange à **LD**.

2-3. **LD** passe à **MD**, qui décroche du cône et passe en retrait à **LD**.

4-6. **DC** joue un une-deux avec **LD**, puis passe verticalement à **MD**.

7-8. **MD** a décroché et passe au large à **LG**, qui passe vers l'avant à **MCG**.

9. **MCG** passe sur le côté à **MCD**.

10. **MCD** remet le ballon dans la course de **MD**, qui avance en contournant le cône.

11-13. **MD** passe à l'attaquant (**A**), qui joue un une-deux avec **MCD**.

14. **A** passe en retrait à **MD**.

15. **MD** passe sur le côté à **MCG**, qui s'écarte du cône pour recevoir.

16. **MCG** passe à la position de départ pour recommencer la séquence.

Source: Séance de pré-saison du Sassuolo Calcio de Roberto De Zerbi à Vipiteno, Italie - 20 juillet 2018

Exercices de Roberto De Zerbi: Combinaisons de Passes

15. Double Circuit de Passes avec Carré au Milieu, Combinaisons en 1 Touche, Casser les Lignes

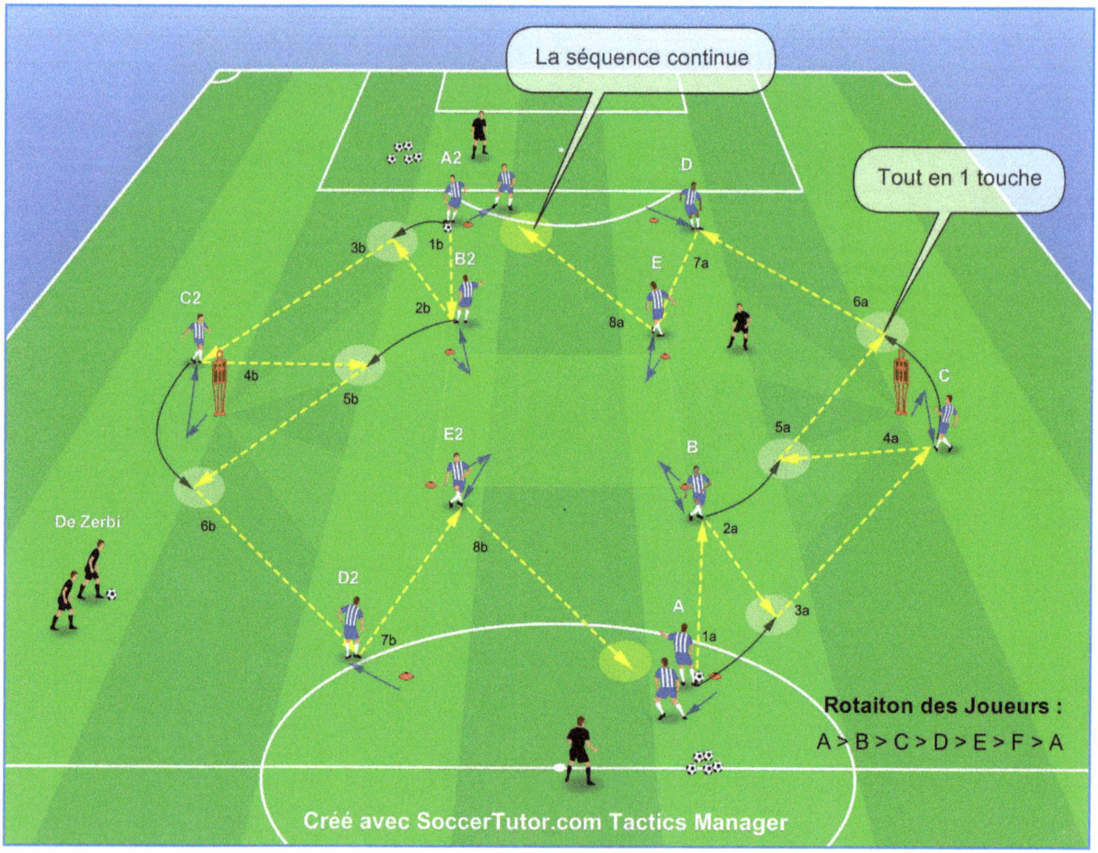

Description de l'Exercice

Les mêmes cônes et le même nombre de joueurs sont disposés des deux côtés avec 2 ballons partant de A et A2. Tous les joueurs se démarquent avant de se déplacer pour recevoir et tourner comme un circuit complet (E2 → A / E → A2).

1-3. A/A2 joue un une-deux avec **B/B2**, puis passe à **C/C2**.

4-5. C/C2 joue une passe & va avec **B/B2** et reçoit de l'autre côté du mannequin.

6. C/C2 passe à **D/D2**.

7. D/D2 passe à **E/E2**.

8. E/E2 passe à **Position de départ A/A2** avec le joueur suivant qui attend, et le circuit de passes continue en répétant la même séquence.

→ Les joueurs alternent les positions sur le circuit : A → B → C → D → E → A.

Source: Séance de Roberto De Zerbi au Elite Football Performance Centre de Brighton - 28 mars 2023

Construction du Jeu et Philosophie Offensive de Roberto De Zerbi

Construction du Jeu et Philosophie Offensive de Roberto De Zerbi

Les Principes Clés de Roberto De Zerbi pour Construire depuis l'Arrière

1 — Attirer la Pression (Faire Avancer l'Adversaire)

- Forcer **délibérément la pression avec des joueurs positionnés bas à la relance**. Le GB fait office de troisième défenseur central.
- **Attirer les adversaires** avec des passes courtes et maximisez l'espace plus haut sur le terrain pour les exploiter.
- Mettre la semelle sur le ballon afin de pouvoir jouer de n'importe quel côté et ne pas être limité par une seule direction.

2 — Exécution Technique

- Contrôle du ballon avec des premières touches précises, une qualité de passe et une puissance de passe correcte.
- Eviter au maximum les duels en l**imitant les passes longues (garder le contrôle)**.
- Attendre la bonne passe vers l'avant à un joueur de liaison, qui peut remiser vers un coéquipier dans l'espace face au but.

3 — Controler l'Adversaire et le Jeu

- Contrôler le jeu avec une bonne connaissance tactique, en lisant la situation du jeu et en prenant les bonnes décisions.
- **Football basé sur la possession** pour contrôler le match.
- Milieu de terrain défensif bas pour contrôler la construction. Les ailiers restent haut et fixent la ligne défensive adverse.
- Déplacer le ballon vers l'attaquant ou le milieu offensif dans l'espace libre au centre.

"Si tu reçois le ballon avec la semelle et de face, tu peux jouer sur le côté de ton choix. Là, tu as le contrôle total du ballon."

Construction du Jeu et Philosophie Offensive de Roberto De Zerbi

La Forme Tactique de De Zerbi pour la Construction depuis l'Arrière

1a. Construction en Structure 2-4-4 (Brighton 4-2-3-1)

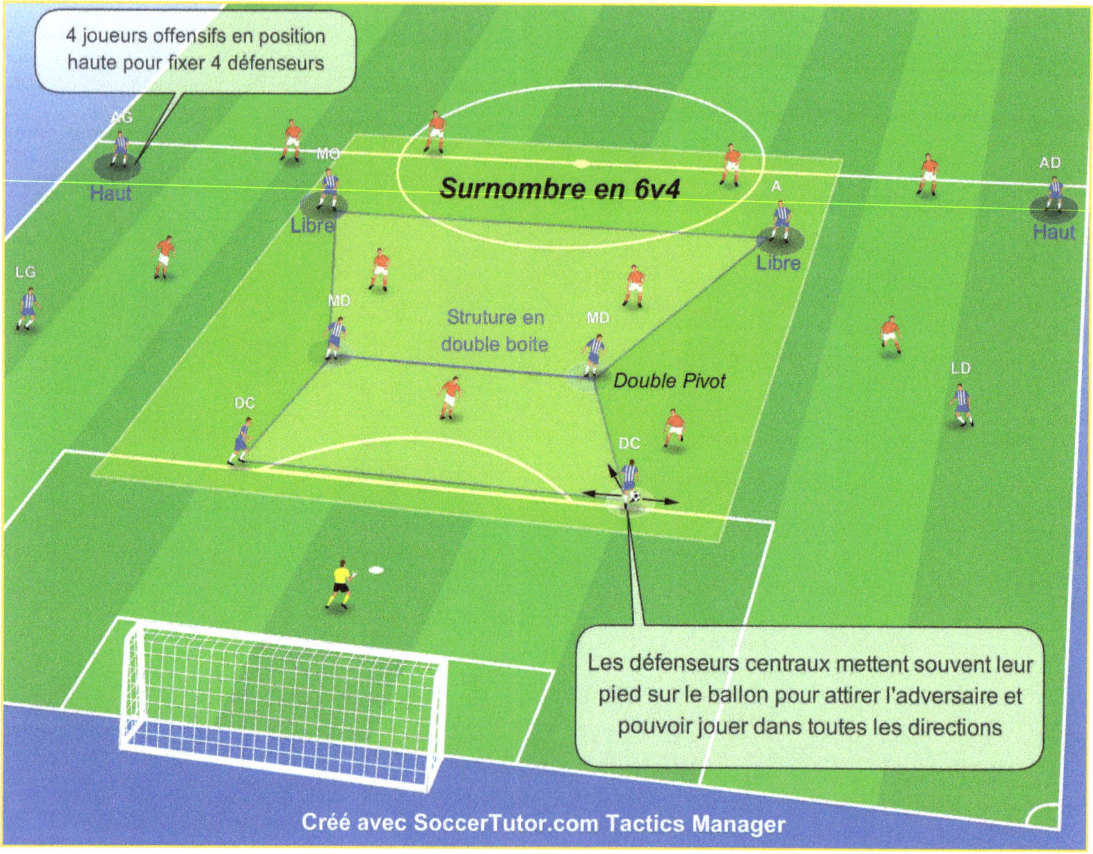

- L'équipe de De Zerbi invite le pressing adverse et l'attire bas dans sa moitié de terrain. Les **défenseurs centraux (DC) placent souvent le pied sur le ballon**, se laissant la possibilité de jouer des passes dans n'importe quelle direction. Les 2 latéraux sont écartés et alignés avec les **2 milieux défensifs (double pivot)**. Les 4 attaquants sont en position haute pour fixer les 4 défenseurs adverses en arrière et éviter de perturber la construction.

- Comme les adversaires sont obligés d'engager des joueurs vers l'avant, le **milieu offensif (MO)** et l'**attaquant (A)** de Brighton peuvent occuper des positions dans l'espace libre disponible.

- Avec la structure en double boite, Brighton a une **supériorité à 6v4 au centre du terrain** (coloré), qui leur permet de jouer à travers l'équipe adverse et de trouver leurs offensifs.

Construction du Jeu et Philosophie Offensive de Roberto De Zerbi

1b. Passe Latérales (Attirer le Pressing), Joueur de Liaison pour Trouver le Joueur Libre + Lancer l'Attaque

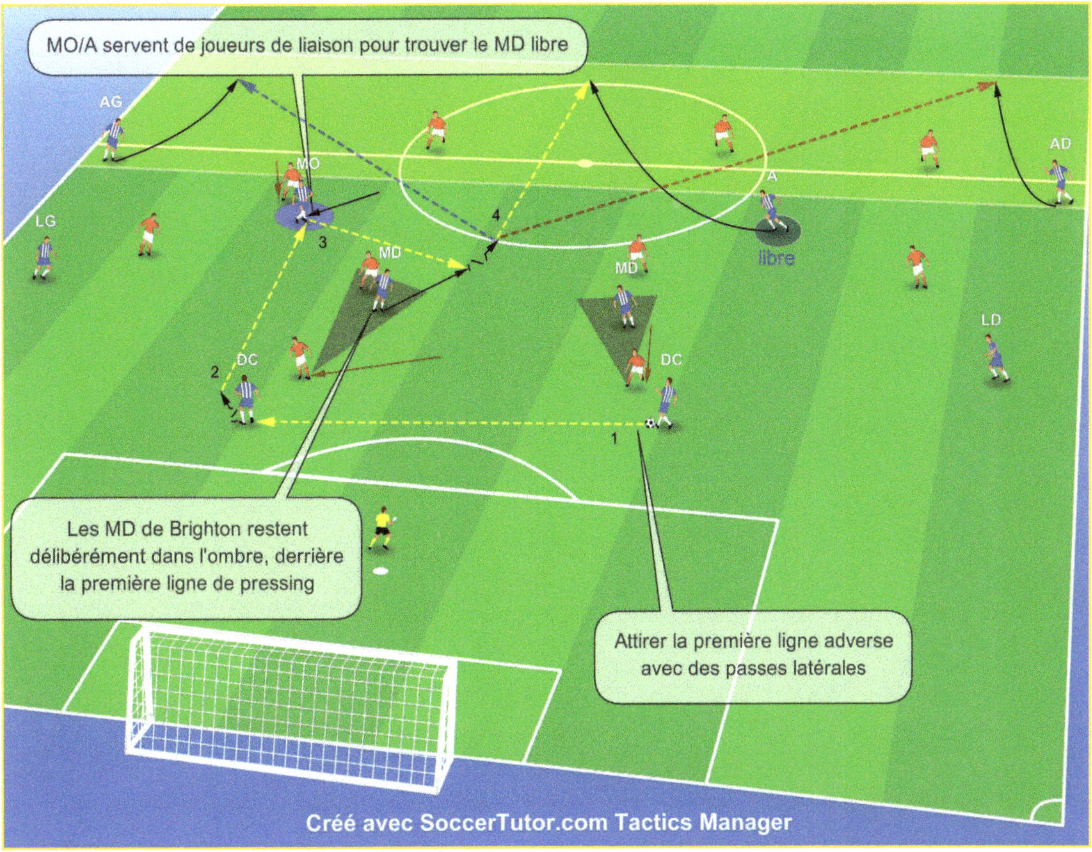

Schéma tactique : MO/A servent de joueurs de liaison pour trouver le MD libre. Les MD de Brighton restent délibérément dans l'ombre, derrière la première ligne de pressing. Attirer la première ligne adverse avec des passes latérales.

- L'objectif de De Zerbi est de forcer l'adversaire à avancer pour presser et le sortir de sa position, puis d'utiliser un troisième joueur de liaison pour déplacer le ballon vers un joueur libre derrière la première ligne de pression. Les passes carrées comme dans l'exemple ci dessus sont utilisées pour attirer le pressing.

- **Les milieux défensifs (MD)** restent derrière les 2 attaquants rouges (dans l'ombre) pour recevoir via un joueur de liaison. Ils ne cherchent pas à recevoir directement des **défenseurs centraux (DC)**.

- Une fois que leurs adversaires s'engagent, Brighton joue de l'arrière en suivant cette structure et ces principes tactiques. Une fois qu'un joueur de liaison est utilisé pour remiser le ballon vers un **MD** libre, Brighton peut déplacer le ballon dans l'espace libre disponible (en jaune). Cet espace est là parce que les 4 défenseurs adverses ont été fixés par les ailiers.

- Dans cet exemple, **le MO** est le joueur de liaison et la passe du **MD** casse la ligne du milieu pour jouer vers l'**attaquant (A)**. Une bonne occasion a vite été créée.

Construction du Jeu et Philosophie Offensive de Roberto De Zerbi

2a. Ajustement de la Formation en Structure en 2-3-5 (4-2-3-1)

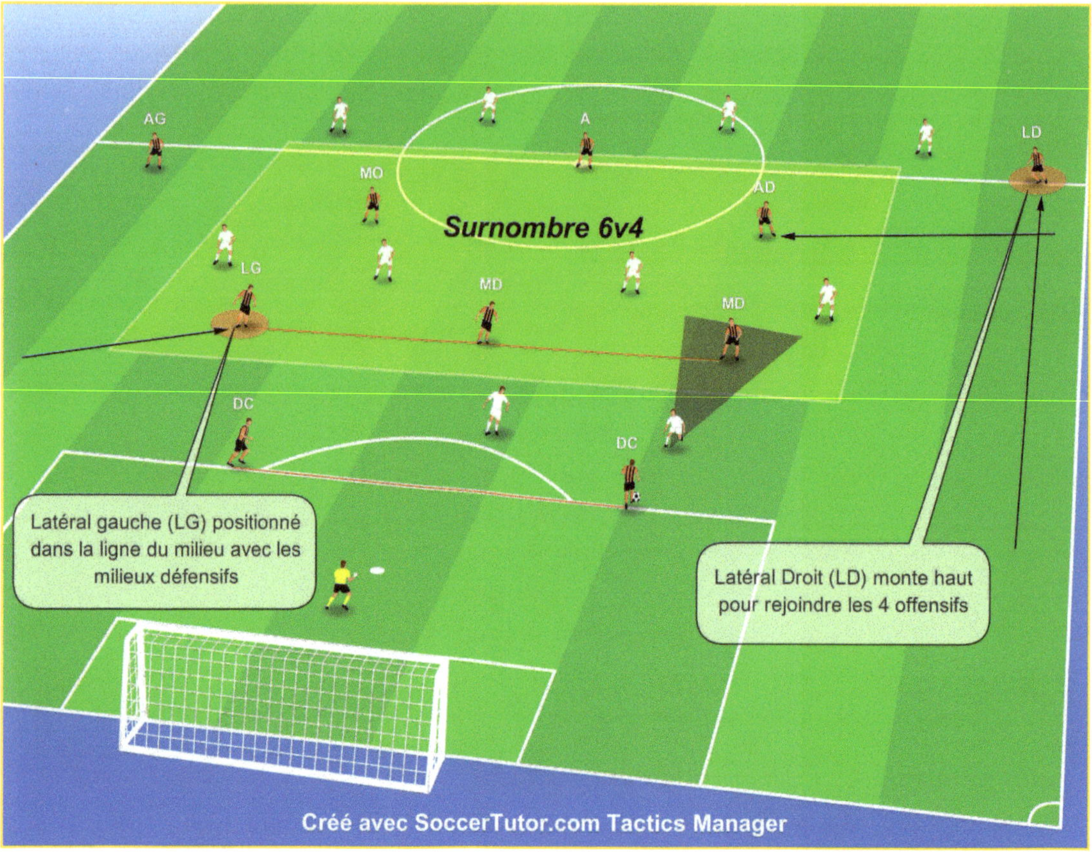

![Diagramme tactique montrant l'ajustement de la formation en 2-3-5 avec surnombre 6v4. Latéral gauche (LG) positionné dans la ligne du milieu avec les milieux défensifs. Latéral Droit (LD) monte haut pour rejoindre les 4 offensifs.]

- **Cette analyse est tirée du Shakhtar Donetsk de De Zerbi (4-2-3-1)**.

- Il arrive parfois que De Zerbi modifie la structure de son équipe en fonction de la situation du jeu ou du nombre différent d'adversaires impliqués dans les première et deuxième lignes.

- Le diagramme montre un ajustement de la structure 2-4-4 présentée sur les 2 pages précédentes à une forme 2-3-5.

- Dans cette structure, un arrière latéral (**LG** dans l'exemple) rejoint les 2 milieux défensifs de la deuxième ligne. L'autre (**LD**) passe en position d'ailier pour rejoindre le 5 de devant.

- Le **milieu offensif (MO) et l'ailier droit (AD)** occupent des positions centrales dans l'espace libre disponible (surligné en jaune). Il s'agit d'une variante de la façon dont les joueurs bougent, mais De Zerbi en utilise plusieurs.

- Il y a un surnombre de 6 contre 4 au centre du terrain (en surbrillance), comme indiqué, mais pour la **préparation initiale, la zone centrale est condensée et il est difficile de jouer au travers**.

- **L'objectif est donc de jouer depuis l'arrière vers les zones excentrées**, et un exemple est présenté sur la page suivante.

Construction du Jeu et Philosophie Offensive de Roberto De Zerbi

2b. Passes en Carré Entre Centraux (Attirer le Pressing) + Déplacer le Ballon au Large et Loin du Centre Surchargé

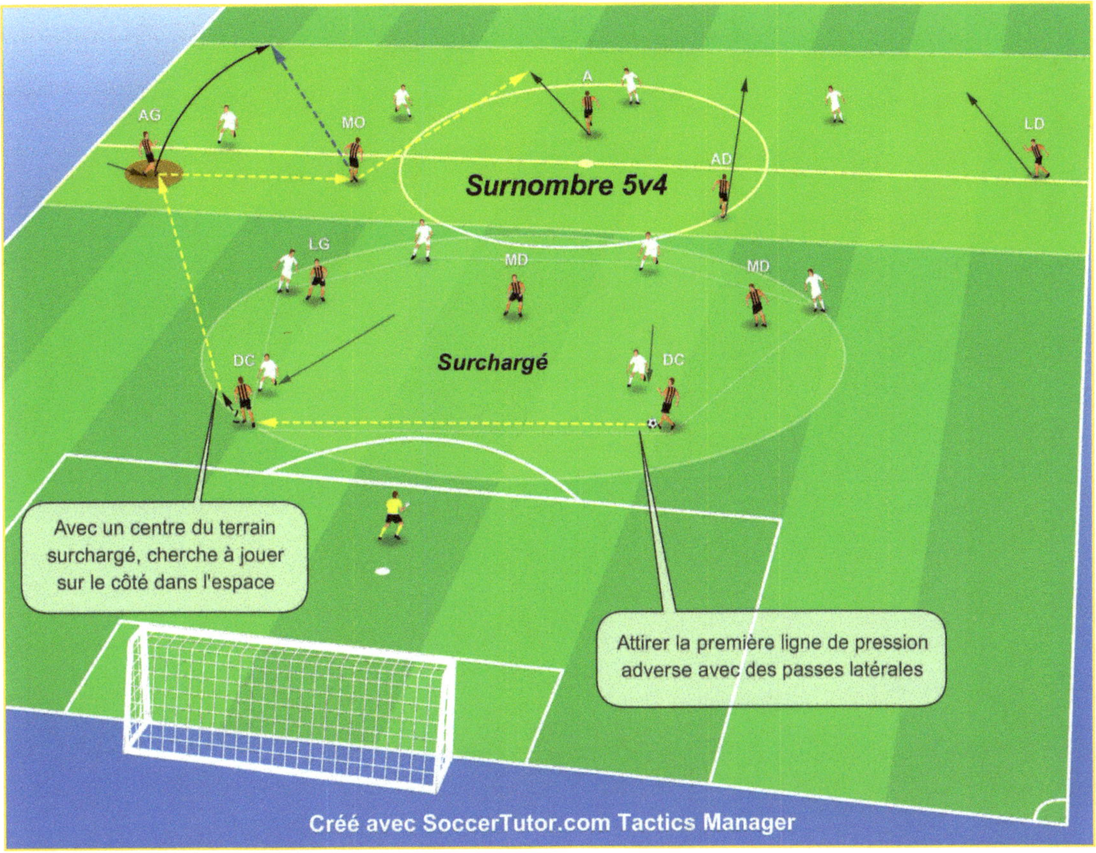

- Avec la **configuration en 2-3** de De Zerbi dans sa propre moitié de terrain, l'opposition doit être compacte au centre, comme le montrent les 2 ailiers blancs dans des positions axiales.

- Une forme hexagonale irrégulière est formée, comprenant les 5 + **6 adversaires du Shakhtar Donetsk, qui sont avancés pour empêcher le Shakhtar de construire le jeu trop facilement** avec une égalité ou supériorité numérique.

- L'objectif de l'équipe de De Zerbi, dans cette forme, est de **jouer rapidement avec les joueurs excentrés**, en éliminant 6 adversaires et mener une attaque.

- Ils utilisent à nouveau des passes courtes et surtout des passes latérales entre les centraux (comme indiqué) pour **attirer le pressing et créer de l'espace.**

- Dans cet exemple, les 2 joueurs blancs en première ligne du pressing sont attirés vers l'avant, et le **défenseur central (DC)** est capable de jouer sur l'**ailier gauche (AG)**, dans l'espace (surligné en jaune).

- À partir de là, le Shakhtar dispose potentiellement **d'un avantage numérique de 5 v 4 (surnombre)** pour tenter de marquer avec son attaque.

Construction du Jeu et Philosophie Offensive de Roberto De Zerbi

3a. Construction en Structure en 4-3-3 (Sassuolo)

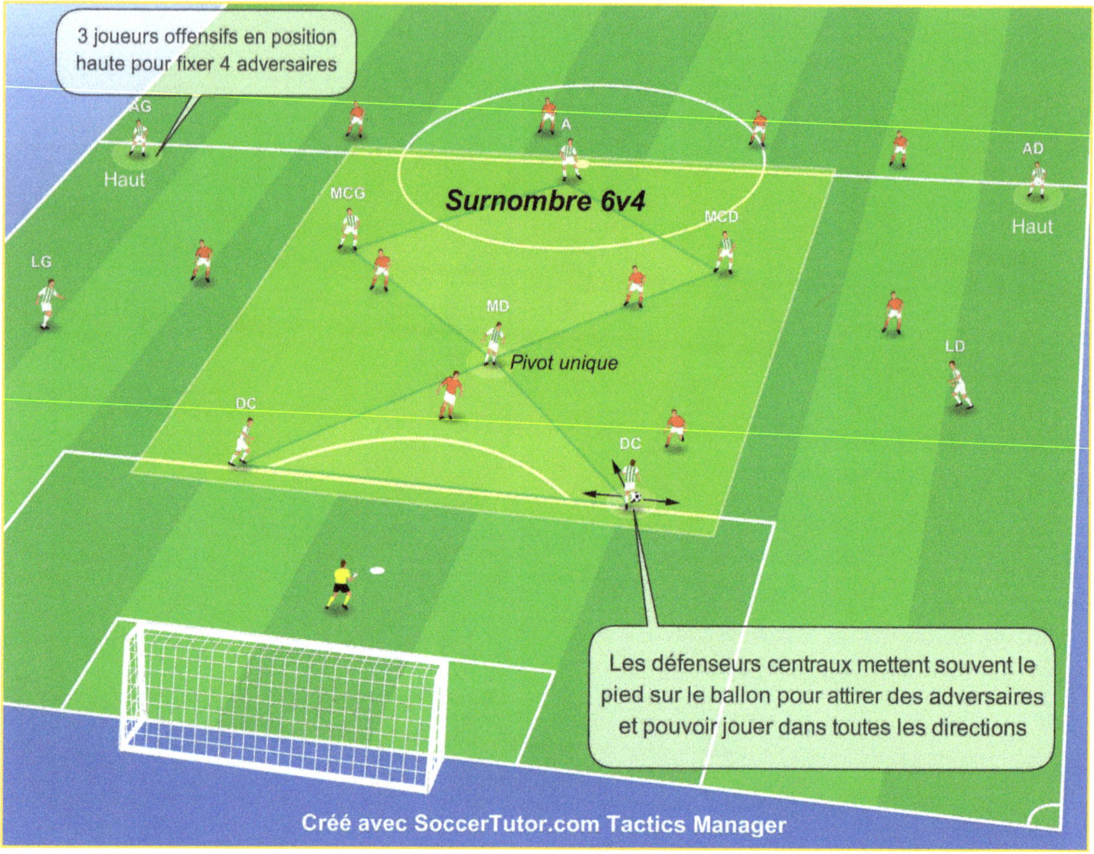

![Diagramme tactique]

- 3 joueurs offensifs en position haute pour fixer 4 adversaires
- Surnombre 6v4
- Pivot unique
- Les défenseurs centraux mettent souvent le pied sur le ballon pour attirer des adversaires et pouvoir jouer dans toutes les directions

- **Cette analyse est tirée de l'équipe de Sassuolo de De Zerbi (4-3-3).**

- 5 joueurs (ou 6 en incluant le GB) sont impliqués depuis l'arrière, et 3 joueurs attaquants (2 ailiers + buteur) sont en position avancée pour fixer en arrière les 4 défenseurs adverses.

- Contrairement aux 2 milieux défensifs (MD) de Brighton et du Shakhtar Donetsk, **Sassuolo a 1 MD (pivot unique).**

- Les adversaires étant obligés d'engager des joueurs vers l'avant, **les milieux centraux de Sassuolo (MCD et MCG) peuvent occuper des positions dans l'espace libre** disponible juste derrière la ligne du milieu adverse.

- **NOTE:** *La structure des exercices sur la Construction du Jeu et les Schémas de Jeu Offensif inclus plus tard dans ce livre sont basés sur les séances de De Zerbi à Sassuolo quand il utilisait une formation en 4-3-3 et une forme en phase offensive en 2-3-2-3. Ils sont adaptables pour un 4-2-3-1 en y incluant un double pivot (2 milieux défensifs).*

- Cependant, l'équipe de Brighton utilise des formations 2-3/3-2 en construction à certains moments ou contre des adversaires spécifiques. Il y a toujours **un surnombre à 6v4 au centre du terrain (en surbrillance)**, ce qui permet à l'équipe de jouer à travers l'organisation adverse.

Construction du Jeu et Philosophie Offensive de Roberto De Zerbi

3b. Ajustement de la Forme en Construction à une Structure en 2-3-2-3 avec les Latéraux Intérieurs (4-3-3)

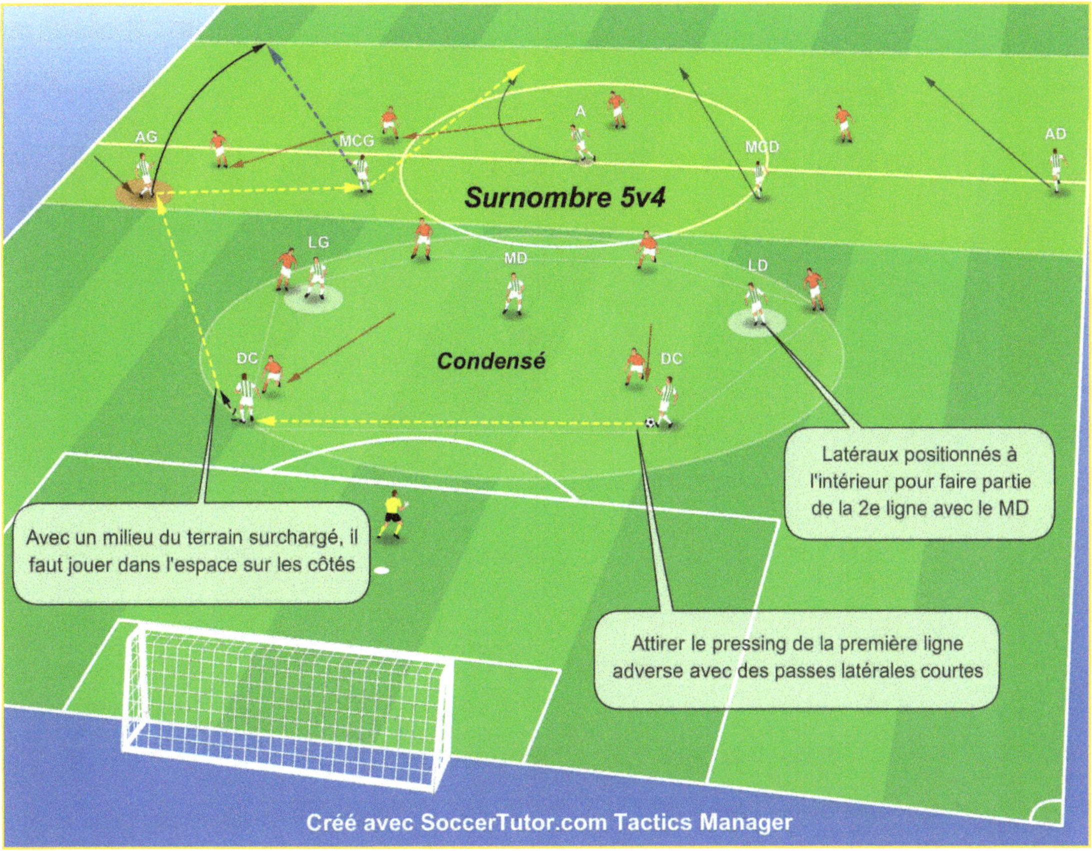

- **Avec la forme de construction 2-3 de De Zerbi** (2 latéraux en deuxième ligne), l'adversaire doit être compact au centre, comme le montrent les 2 ailiers rouges en position étroite. Avec cette forme ajustée, **les 2 latéraux (LG et LD) rejoignent la deuxième ligne avec le milieu de terrain défensif (MD).**

- Ils incitent le pressing adverse, l'attirant bas dans sa propre moitié de terrain à l'aide de passes latérales courtes.

- **Le centre est condensé, l'objectif est donc de jouer sur les côtés.** Sassuolo peut éliminer 6 adversaires et attaquer avec un avantage numérique.

- Dans cet exemple, les 2 joueurs rouges en première ligne sont attirés vers l'avant, et le **défenseur central (DC)** est capable de jouer sur **l'ailier gauche (AG)**, qui se replie pour recevoir.

- L'arrière droit rouge suit le mouvement de **AG**, qui passe donc au **milieu central gauche (MCG)**, qui a beaucoup d'espace pour recevoir et se retourner, puis jouer derrière la ligne défensive.

- À partir de là, Sassuolo pourrait avoir un **surnombre à 4 v 3 ou 5 v 4** pour essayer de marquer avec son attaque.

Construction du Jeu et Philosophie Offensive de Roberto De Zerbi

Construction du Jeu du Brighton de Roberto De Zerbi à Partir des 6 mètres

1a. Forme de la Construction pour les 6 mètres (4-2-4)

Arrières latéraux bas et resserrés - Brighton joue depuis le GB avec 6 ou 7 joueurs

- **Cette analyse est tirée de l'équipe de Brighton de De Zerbi (4-2-3-1)**. 7 joueurs dont le GB sont impliqués dans le jeu depuis l'arrière, et 4 joueurs attaquants sont en position avancée pour fixer les 4 défenseurs adverses.

- Les **2 arrières latéraux (LG & LD)** sont bas et resserrés. Les 2 **milieux défensifs (MD)** se positionnent derrière les 2 adversaires les plus avancés.

- Cela **crée un avantage de 4 (+GB) contre 2 pour jouer à travers la première ligne**.

- Le **milieu offensif (MO) et l'attaquant (A)** sont prêts à contribuer à créer le surnombre de 4 contre 2 au centre du terrain une fois que le ballon a progressé (voir zone en surbrillance). Les centraux rouges ne peuvent pas avancer pour les marquer car ils laisseraient un espace aux ailiers à l'intérieur.

1b. Construction 3e Homme de Liaison + Surnombre Central

Les défenseurs centraux restent bas pour protéger l'espace derrière eux

Surnombre à 4v2

Le joueur de liaison permet à Brighton de casser la première ligne de pression

- Le but de Brighton est **d'utiliser un joueur de liaison pour jouer une passe "rebond" à un joueur libre au centre**, pour ensuite faire progresser l'attaque.

- Le **GB** fait une passe courte à l'un des défenseurs centraux pour **attirer le pressing des 2 attaquants rouges** et faciliter le jeu depuis l'arrière.

- L'un des **milieux défensifs (MD)** est positionné derrière le joueur rouge qui se déplace pour presser le porteur (dans l'ombre). L'autre **MD** recule un peu pour créer un angle de passe pour le **défenseur central (DC)**. **DC** passe en diagonale au **MD**, qui est capable de jouer facilement vers l'autre **MD**. Brighton a brisé la première ligne.

- Comme mentionné sur la page précédente, les DC adverses sont restés en retrait pour protéger l'espace derrière eux, donc un **surnombre à 4v2 est créé au centre avec 2 x MD, le milieu offensif (MO) et l'attaquant (A) contre 2 milieux de terrain centraux rouges**.

- Brighton est désormais en position de battre facilement la deuxième ligne de pression adverse et attaquer les 4 défenseurs avec un avantage numérique.

- **NOTE:** *Il ne s'agit que d'un modèle utilisé par Brighton pour construire à partir des 6m et 3 autres sont présentés sur les 3 pages suivantes.*

Construction du Jeu et Philosophie Offensive de Roberto De Zerbi

2. Construire quand les Centraux Adverses Sortent

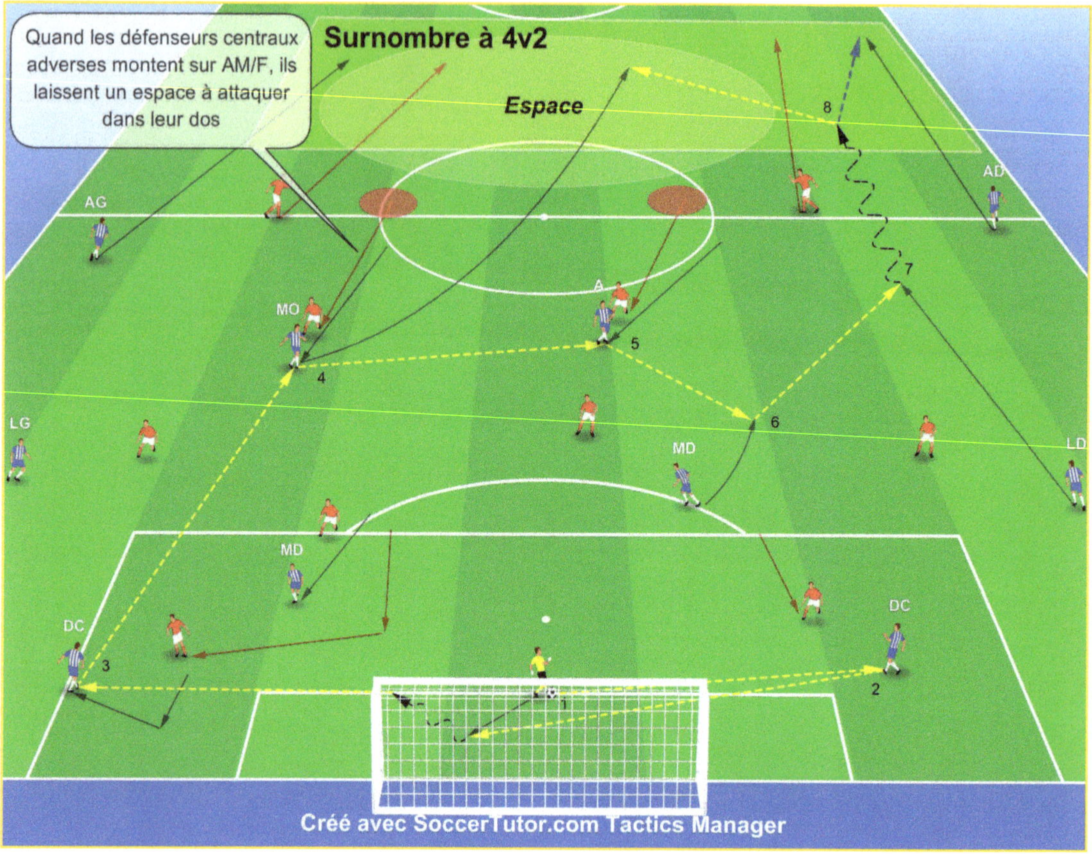

- Cet exemple est une variante de la page précédente et montre ce qui peut arriver si les défenseurs centraux adverses avancent pour marquer le **milieu offensif (MO)** et **l'attaquant (A)** de Brighton, en essayant d'éviter la création d'un surnombre à 4v2 au centre. du terrain.

- Ils laissent leur moitié de terrain libre d'être attaquée facilement si Brighton parvient à jouer de l'arrière avec succès.

- Dans cet exemple, le **GB** passe au **défenseur central droit (DC)**, qui est pressé et renvoie le ballon au **GB**. Le **GB** joue ensuite sur l'autre **DC**.

- Brighton vise toujours à casser la pression avec des passes vers l'avant (tant que ce n'est pas trop risqué). Dans cette situation, **DC** est capable de briser la ligne du milieu avec une passe verticale vers le **milieu offensif (MO)**. Alors qu'il est mis sous pression par derrière, **MO** passe en direction de l'attaquant (**A**), qui est également gêné. Désormais, les deux défenseurs centraux rouges sont hors de position, laissant un grand trou dans leur défense.

- **A** remise le ballon pour le **milieu défensif (MD)**, qui est peut jouer pour l'**arrière droit (LD)** qui peut avancer. À partir de là, il y a un surnombre potentiel de 4 ou 5v2 pour terminer l'attaque et marquer.

Construction du Jeu et Philosophie Offensive de Roberto De Zerbi

3. Inciter Pression sur Un Côté, Renverser Jeu dans l'Espace

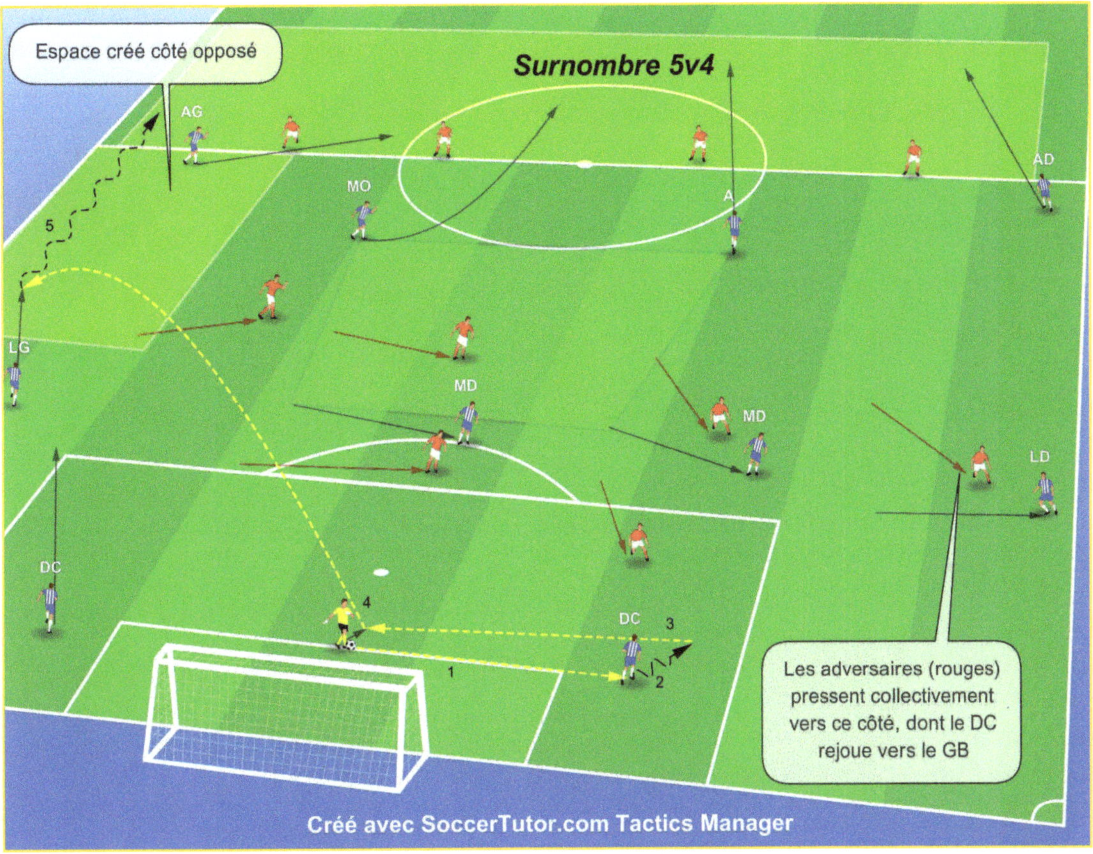

- Dans cet exemple, Brighton vise à attirer l'opposition à presser vers un côté du terrain, puis à déplacer le jeu dans l'espace au large du côté opposé.

- Dans cet exemple, le **GB** passe au **défenseur central (DC)**, qui effectue un contrôle vers l'avant. **L'arrière droit (LD)** s'écarte.

- **DC** est enfermé par l'attaquant rouge et tous les autres joueurs rouges de la première et de la deuxième ligne de pression arrivent de ce côté.

- **DC** rend la balle au **GB**, pour qu'il puisse jouer une longue passe aérienne dans la course vers l'avant du latéral gauche **(LG)**.

- **L'ailier gauche (AG)** effectue une course à l'intérieur, ce qui libère un espace permettant à **LG** de dribbler rapidement.

- Le **milieu offensif (MO)**, l'**attaquant (A)** et l'**ailier droit (AD)** effectuent tous des courses vers l'avant et Brighton a un avantage numérique potentiel de 5 contre 4 (surnombre) pour terminer son attaque.

- **NOTE:** *Le carré bleu central montre les positions de départ des deux MD, MO et A, comme indiqué à la page 56.*

Construction du Jeu et Philosophie Offensive de Roberto De Zerbi

4. 3e Homme de Liaison, Remise, et Passe en Profondeur

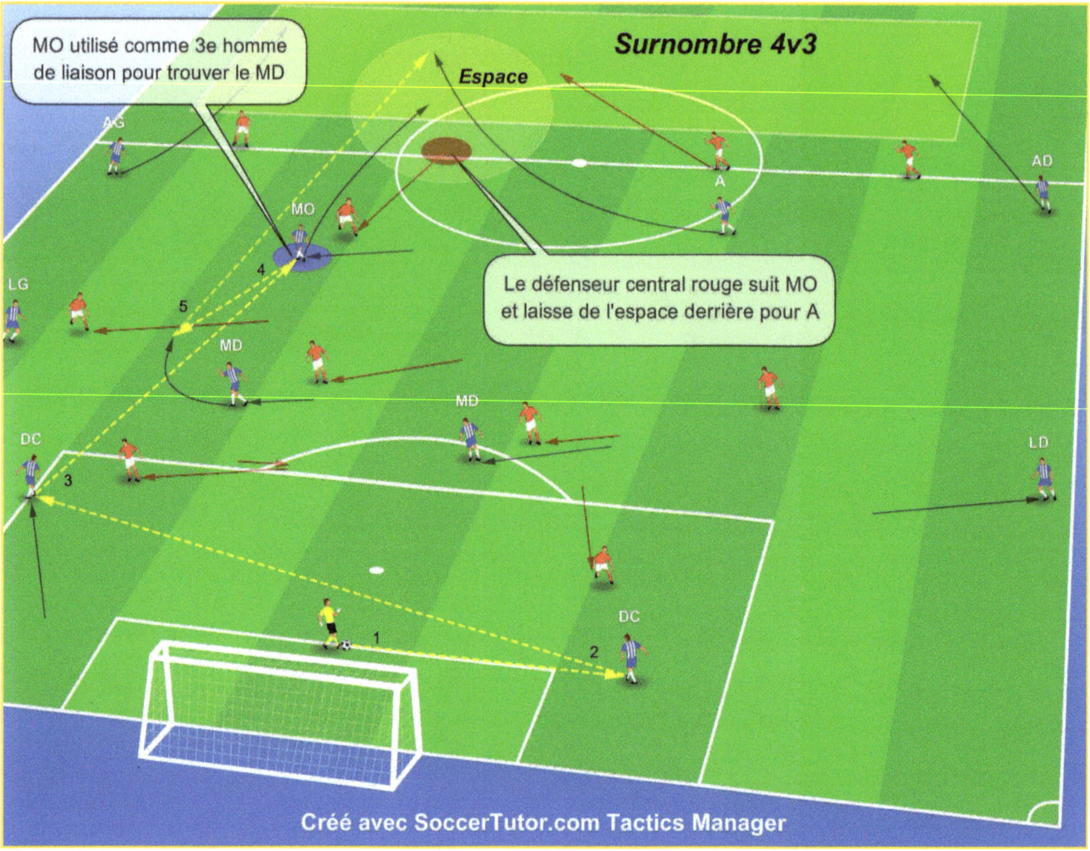

![Diagramme tactique: MO utilisé comme 3e homme de liaison pour trouver le MD. Surnombre 4v3. Espace. Le défenseur central rouge suit MO et laisse de l'espace derrière pour A.]

- Dans cet exemple, Brighton utilise un troisième joueur de liaison pour déplacer le ballon vers un **milieu de terrain défensif (MD)** libre au centre, puis lance son attaque à partir de là.

- Les **MD** restent derrière les 2 attaquants rouges dans le but de recevoir via un joueur de liaison. Ils ne bougent pas en angles et ne cherchent pas à recevoir le ballon des **défenseurs centraux (DC)**.

- Une fois que leurs adversaires se sont engagés, Brighton cherche à passer à un attaquant au-delà de la ligne du milieu adverse.

- Dans cet exemple, le **GB** passe à l'un des **DC**, qui passe à l'autre.

- **DC** voit une ligne de passe ouverte vers le **milieu offensif (MO)**.

- **MO** joue une passe "rebond" au **MD** libre, qui bouge pour recevoir.

- Le défenseur central rouge a suivi le **MO** de Brighton, il y a donc **un espace créé derrière (mis en surbrillance)**.

- **MD** joue en profondeur pour la course de l'attaquant **(A)** dans l'espace, et Brighton a une situation de 3v3 pour terminer son attaque. De plus, **MO** effectue une course vers l'avant, ce qui peut créer une **situation de 4v3** si le défenseur central rouge est incapable de revenir à la même vitesse.

Construction du Jeu et Philosophie Offensive de Roberto De Zerbi

Style de Jeu basé sur la Possession de Roberto De Zerbi

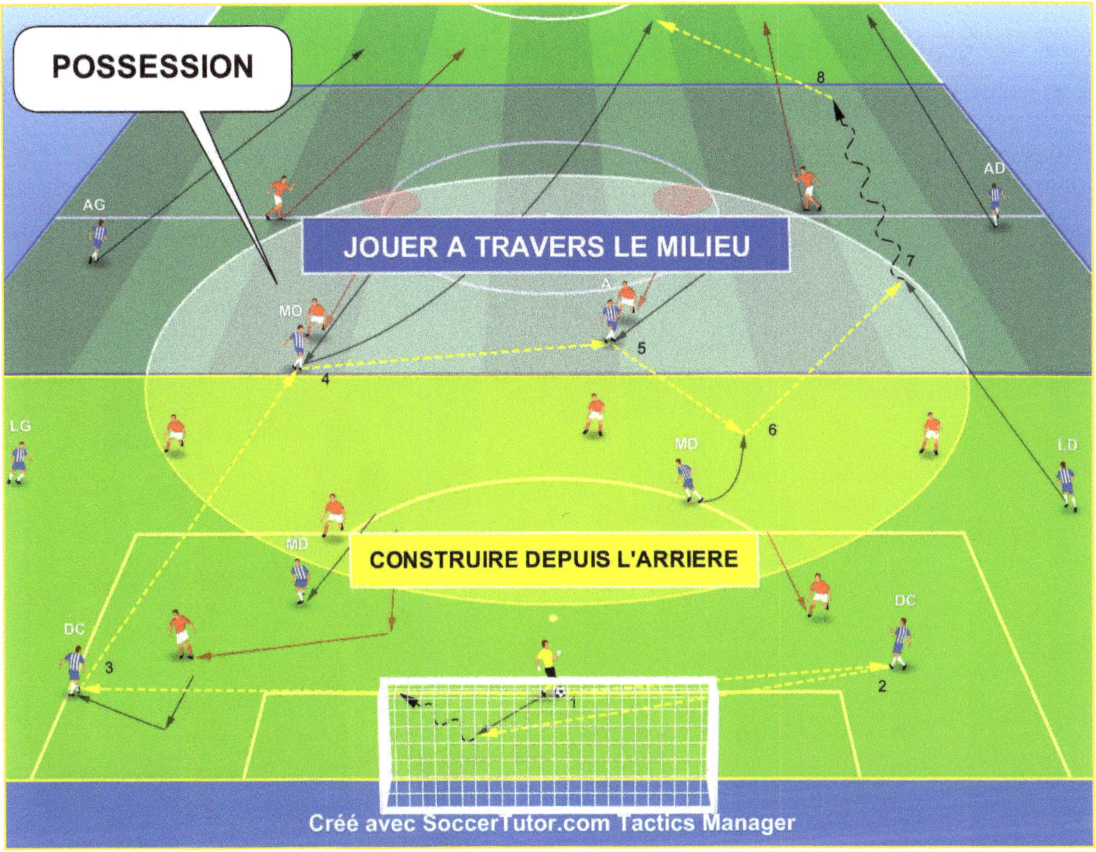

CONSTRUIRE DEPUIS L'ARRIERE

De Zerbi encourage ses équipes à développer le jeu depuis l'arrière, en commençant par le gardien qui distribue le ballon aux défenseurs centraux, qui jouent ensuite depuis le tiers défensif.

POSSESSION (CONTROLE)

Les équipes de De Zerbi visent à contrôler la possession du ballon. Cela implique de jouer depuis l'arrière, de maintenir une précision des passes élevée et de faire circuler le ballon.

JOUER A TRAVERS LE MILIEU

Le style de De Zerbi, basé sur la possession, consiste à jouer au milieu de terrain. Les 2 milieux défensifs (double pivot) jouent un rôle crucial dans le contrôle du tempo du jeu, la circulation du ballon, faire le lien avec le bloc défensif pour faire progresser le jeu et faire le lien avec le bloc offensif pour créer des occasions de but.

"[Les défenseurs centraux] ont le plaisir de tenir le ballon, de construire le jeu, en sachant que tout commence par eux."

Construction du Jeu et Philosophie Offensive de Roberto De Zerbi

Tactiques Offensives et Principes de Jeu de Roberto De Zerbi

1. Construire depuis l'Arrière (Forme de Brighton en 4-2-4)

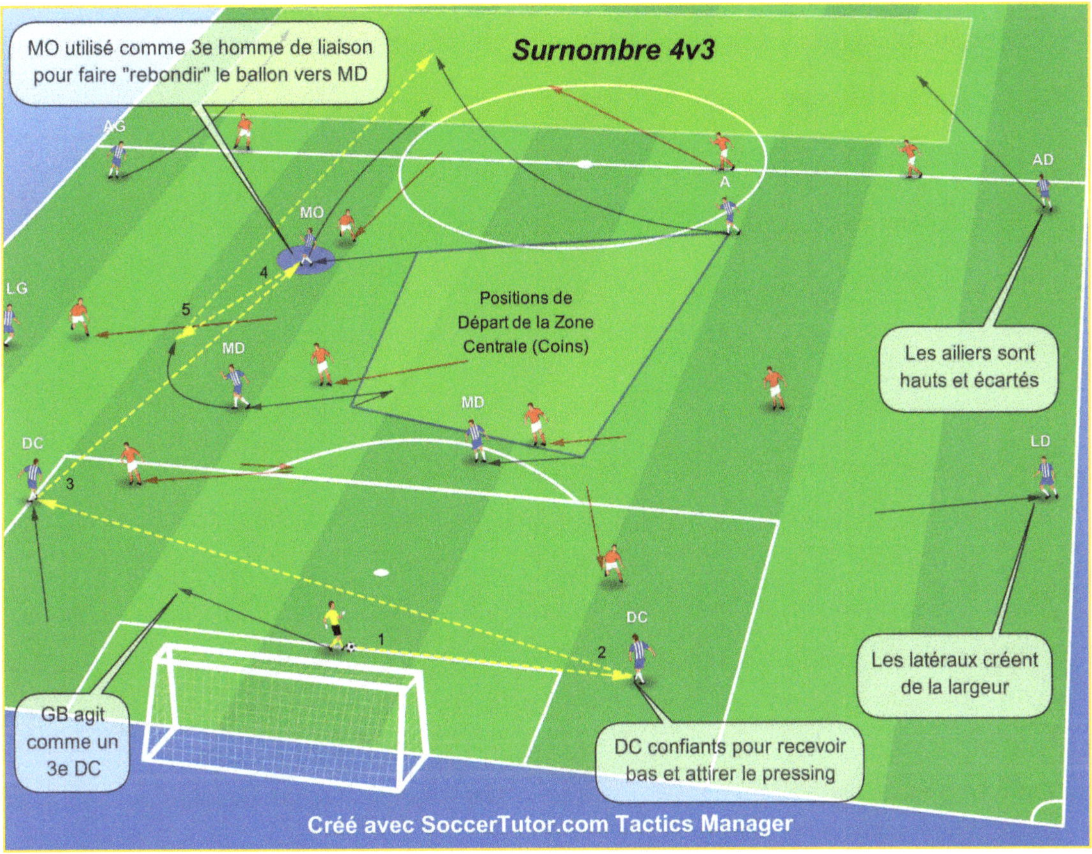

Annotations sur le diagramme :
- MO utilisé comme 3e homme de liaison pour faire "rebondir" le ballon vers MD
- Surnombre 4v3
- Positions de Départ de la Zone Centrale (Coins)
- Les ailiers sont hauts et écartés
- Les latéraux créent de la largeur
- GB agit comme un 3e DC
- DC confiants pour recevoir bas et attirer le pressing

Cet exemple est une répétition de l'exemple de la page 60, où vous trouverez la description complète de cette séquence de jeu. La zone bleue centrale montre les positions de départ des deux **MD**, **MO** et **A**, comme indiqué à la page 56.

Il est répété ici pour souligner les points clés et illustrer au mieux les principes de jeu de Roberto De Zerbi en matière de construction du jeu depuis l'arrière :

1. Joueurs encouragés à **jouer court, attirer le pressing, et faire circuler rapidement la balle**.
2. **S'ouvrir** pour recevoir en angles.
3. Toujours **garder la maîtrise de la balle**.
4. Les milieux de terrain doivent **dicter le rythme du jeu** (acteurs clés de De Zerbi).
5. Le 3e homme de liaison joue des **passes "rebond"** !

Construction du Jeu et Philosophie Offensive de Roberto De Zerbi

2a. Garder la Possession + Casser les Lignes au Bon Moment (Sortir Depuis l'Arrière)

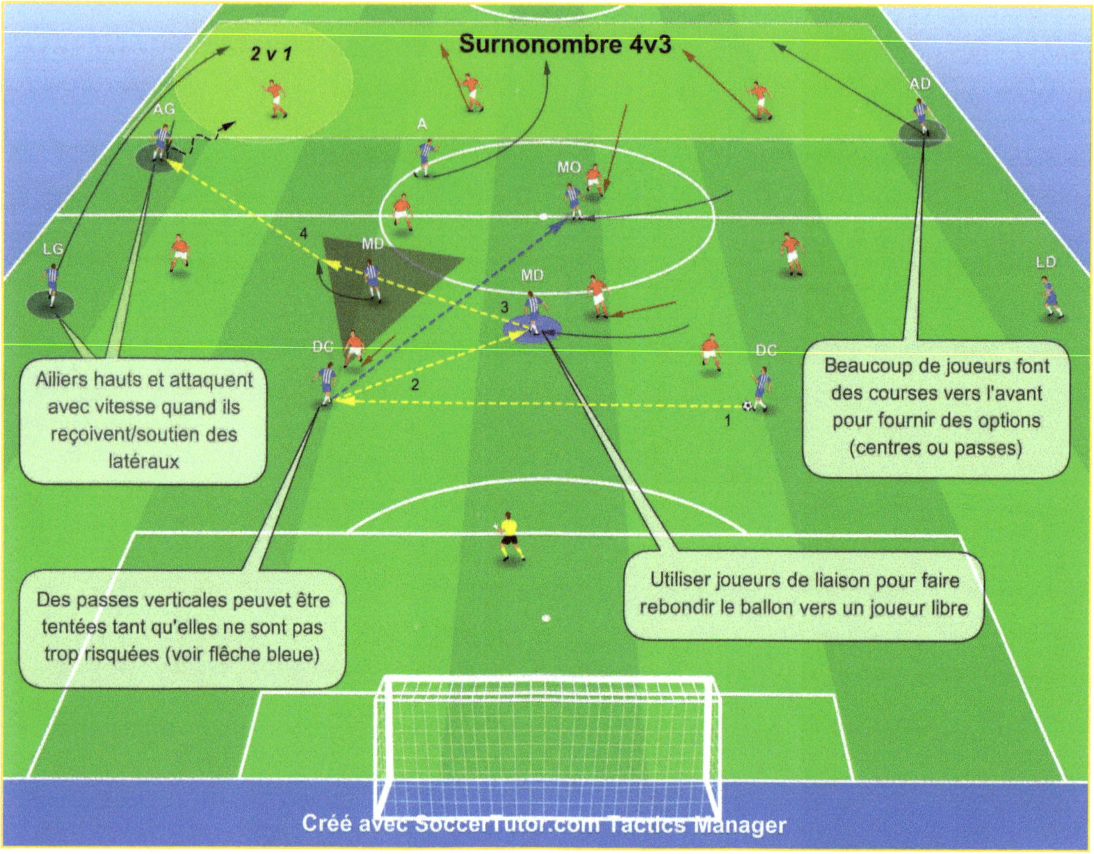

Roberto De Zerbi veut que ses équipes trouvent un joueur libre face au jeu.

Pour y parvenir (après avoir attiré le pressing de la première ligne adverse), voici les principes qu'il met en œuvre :

- **Faire une passe verticale** tant que ce n'est pas trop risqué (bonne prise de décision - flèche bleue dans le schéma) pour jouer à travers la ligne du milieu.
- **Utiliser des joueurs de liaison** (même s'ils sont marqués) pour jouer des passes "rebond" en une touche afin de déplacer le ballon vers un joueur libre, qui peut ensuite faire avancer l'attaque.
- **Les ailiers restent dans des positions avancées** et attaquent rapidement s'ils reçoivent, exploitant la situation numérique favorable (de nombreux adversaires sont trop éloignés pour pouvoir revenir dans les temps).
- **Les milieux centraux peuvent alors exploiter l'espace disponible au centre** avec des courses de soutien, tandis que la ligne défensive adverse recule pour défendre son but.
- De nombreux joueurs **font des courses dans la surface pour offrir plusieurs options** pour des centres potentiels ou des passes en profondeur.

Construction du Jeu et Philosophie Offensive de Roberto De Zerbi

2b. Garder la Possession + Casser les Lignes au Bon Moment (Possession dans la Moitié Adverse)

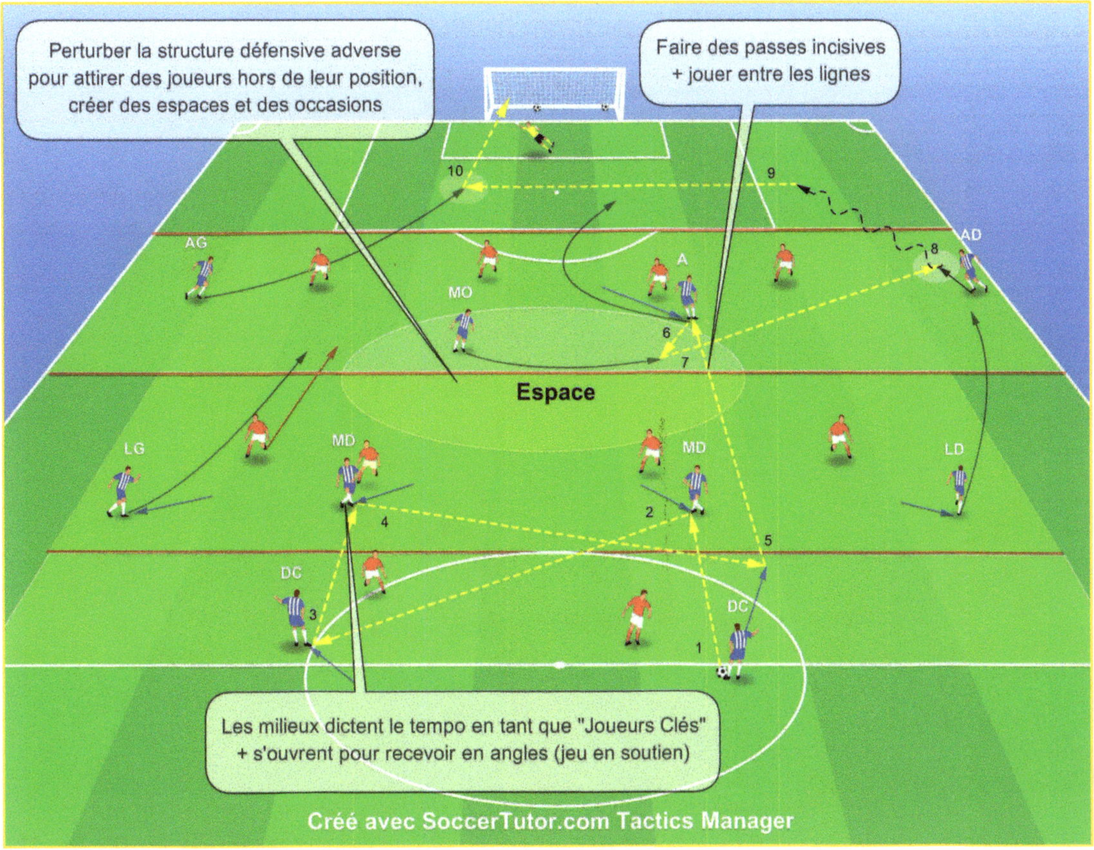

> Perturber la structure défensive adverse pour attirer des joueurs hors de leur position, créer des espaces et des occasions

> Faire des passes incisives + jouer entre les lignes

> Les milieux dictent le tempo en tant que "Joueurs Clés" + s'ouvrent pour recevoir en angles (jeu en soutien)

Voici la tactique de l'équipe de Brighton de Roberto De Zerbi lorsqu'elle construit son attaque dans la moitié de terrain adverse.

- **Les milieux doivent dicter le rythme du jeu car ils sont des « joueurs clés »** pour la tactique de Brighton et De Zerbi. Avec les défenseurs centraux, ils peuvent jouer des passes courtes pour conserver la possession, en attendant le bon moment pour casser les lignes.

- Jouer vers l'avant si que ce n'est pas trop risqué (bonne prise de décision) **pour jouer à travers le milieu.** Faire des **passes incisives pour recevoir entre les lignes**.

- **Utiliser des joueurs de liaison** (même s'ils sont marqués comme l'attaquant dans l'exemple) pour **jouer des passes "rebond" en une touche** afin de déplacer le ballon vers un joueur libre, qui peut ensuite faire avancer l'attaque.

- **Perturber la structure défensive adverse et attirer les joueurs adverses hors de leur position** pour créer de l'espace et des occasions de marquer.

- **Les ailiers restent dans des positions avancées** et attaquent rapidement s'ils reçoivent.

- **Beaucoup de joueurs font des courses dans la surface** pour offrir de nombreuses options.

Construction du Jeu et Philosophie Offensive de Roberto De Zerbi

3. Jeu au Large (Contrôle, Renverser, Surnombre sur Côté)

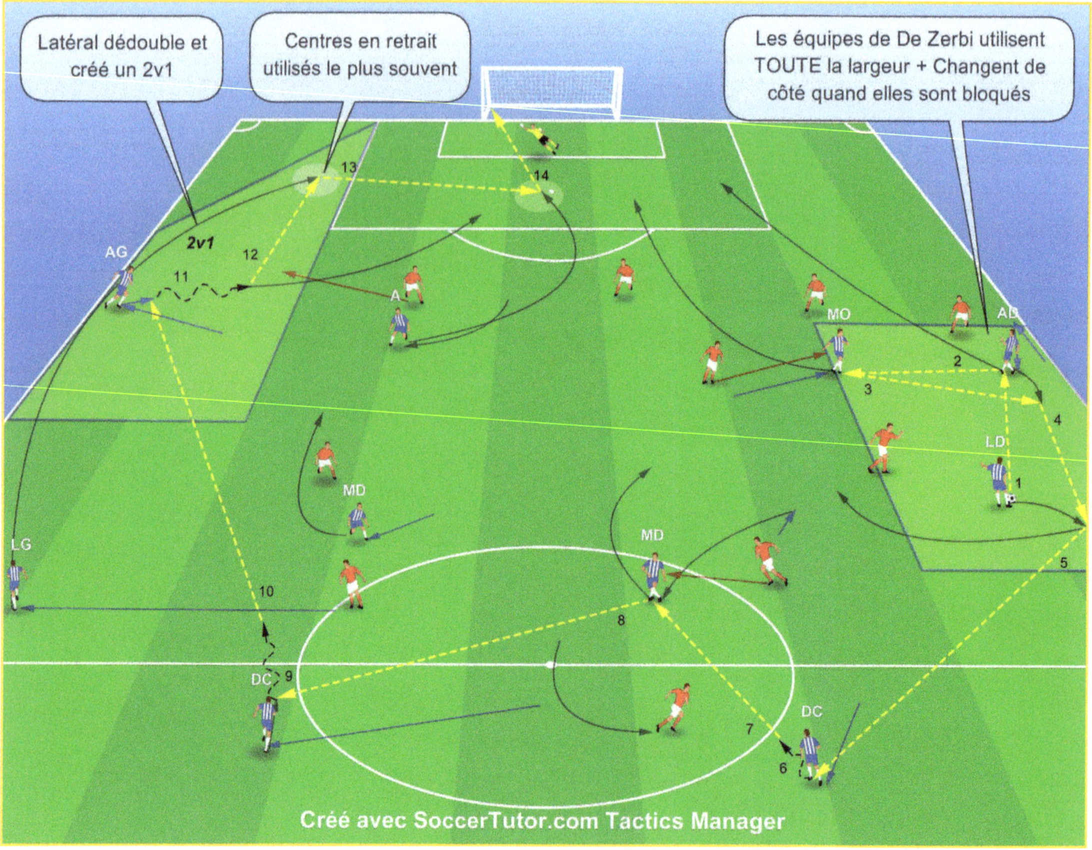

Dans cet exemple de l'équipe de Brighton de Roberto De Zerbi battant la structure défensive de l'opposition, nous voulons illustrer au mieux les principes du jeu en matière de jeu au large :

- Les équipes de Roberto De Zerbi veillent à utiliser **TOUTE la largeur du terrain**.
- Ils veillent toujours à **conserver la possession avec des passes courtes (contrôle)** lorsqu'il n'y a pas une bonne option de passe verticale ou dans la profondeur.
- Lorsqu'elles sont bloquées sur un côté, les équipes de De Zerbi **cherchent à déplacer le jeu vers le côté opposé**.
- Dans cet exemple, le **défenseur central (DC) est utilisé pour réinitialiser le jeu et jouer le ballon** vers le côté gauche.
- Le **milieu de terrain défensif (MD) est également essentiel**, veillant à fournir un angle de passe et à maintenir le ballon en mouvement pour renverser le jeu.
- Avec un positionnement large, **l'ailier (AG) est capable de recevoir dans l'espace**. À partir de là, Brighton peut créer un surnombre de **2 contre 1** avec **l'arrière latéral qui monte**.
- **Les joueurs excentrés sont encouragés à dédoubler et à délivrer des centres dans la surface.**
- **Les centres en retrait** sont utilisés le plus souvent.

Construction du Jeu et Philosophie Offensive de Roberto De Zerbi

4. Jeu Offensif Rapide et Incisif

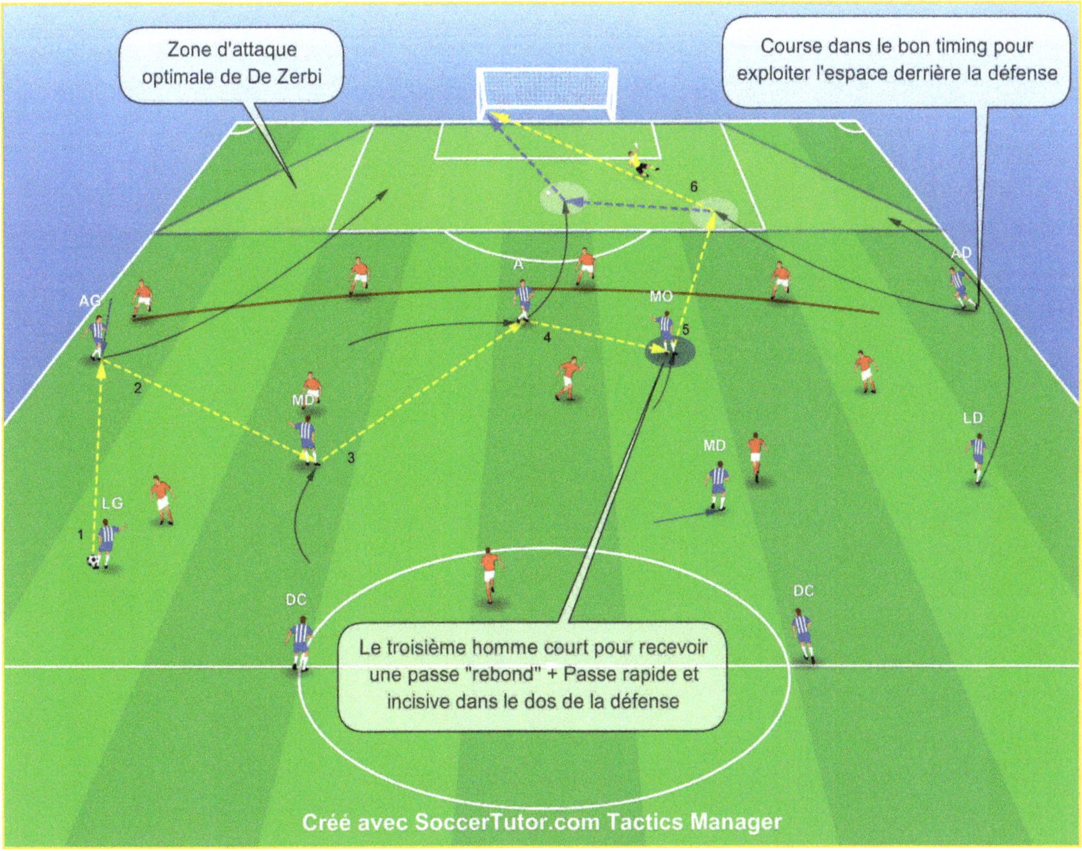

Ce schéma illustre les principes de jeu liés à un jeu offensif rapide et incisif dans la moitié de terrain adverse pour l'équipe de Brighton de De Zerbi :

- Jouer vers l'avant tant que ce n'est pas trop risqué (bonne prise de décision) **pour casser les lignes**.
- Des **schémas de jeu dynamiques** qui peuvent pénétrer les défenses des équipes adverses.
- **Recevoir entre les lignes** et utiliser les courses du troisième homme pour recevoir des **"passes rebond"** en étant libre et face au jeu !

- **Des courses intelligentes** sans ballon pour créer des espaces et des opportunités de marquer.
- Créer des difficultés pour les défenses adverses à suivre les joueurs et à maintenir une forme défensive.
- **Passes rapides et incisives dans le dos**.
- **Courses dans le bon timing** pour exploiter l'espace derrière la ligne défensive.
- La **zone d'attaque optimale** de De Zerbi est mise en surbrillance, il souhaite que ses joueurs évitent d'aller trop loin dans le coin ou vers la ligne de touche pour délivrer des centres.

Construction du Jeu et Philosophie Offensive de Roberto De Zerbi

"Il n'y a pas d'équipe qui joue de cette manière – c'est unique. J'avais le sentiment quand il est arrivé en Premier League que l'impact serait grand, mais je ne pouvais pas m'attendre à ce qu'il fasse cela en si peu de temps."

Pep Guardiola

Construction du Jeu et Philosophie Offensive de Roberto De Zerbi

Rôles et Positions dans la Construction du Jeu et la Philosophie Offensive de De Zerbi

1. Jouer à partir du Gardien avec Défenseurs Centraux Relanceurs et des Latéraux soutenant les Attaques

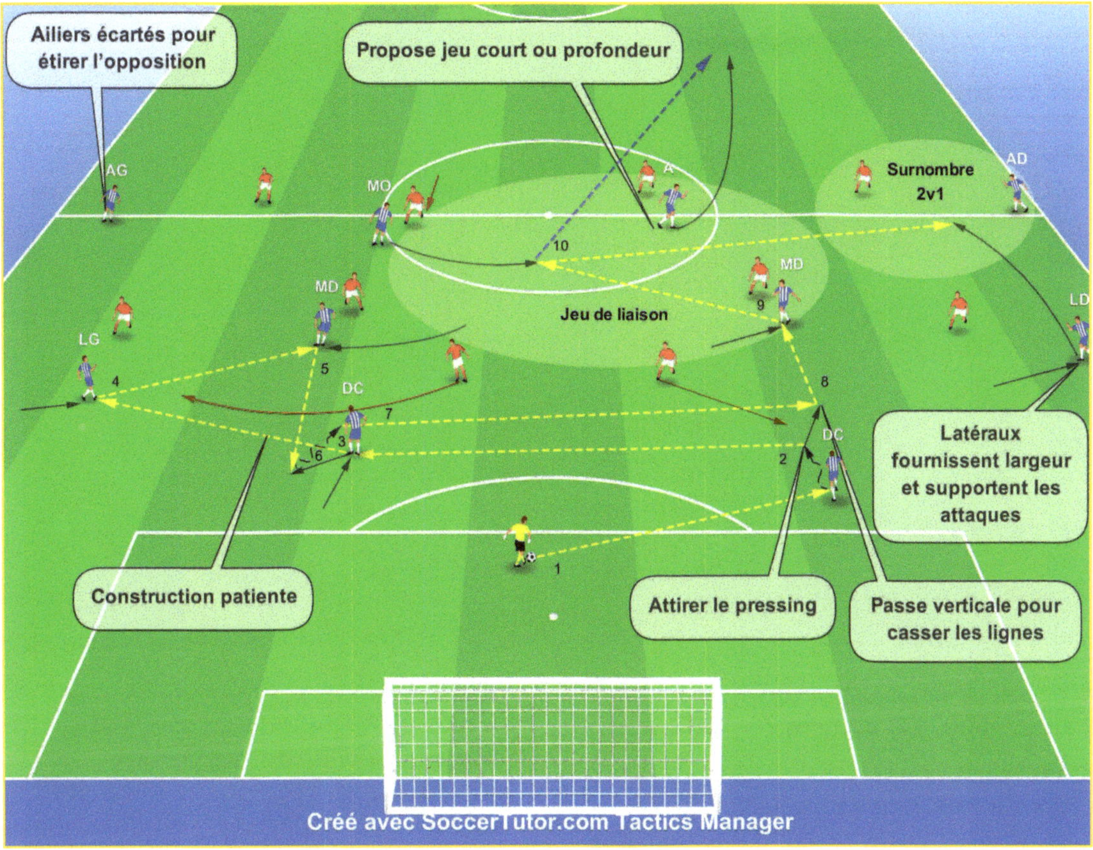

- **Jouer à partir du gardien** et des **défenseurs centraux (DC)**. Établir la possession bas dans le tiers défensif et construire le jeu à partir de là, **en attirant le pressing**.
- **Des DC relanceurs** participant à la construction Ils jouent court pout garder la possession, s'arrêtent, portent la balle, etc. Ils font aussi des passes verticales.
- **Les arrières latéraux** sont cruciaux pour donner de la largeur pendant la phase de construction. Ils sont positionnés pour recevoir au large **et aller vers l'avant pour soutenir l'attaque**.
- Les ailiers hauts et larges créent des surnombre sur les côtés et étirent la ligne défensive de l'adversaire.

2. Structure du Milieu pour Progression de Balle, Attaquant de Liaison, Surnombre sur les Côtés (Créer et Marquer)

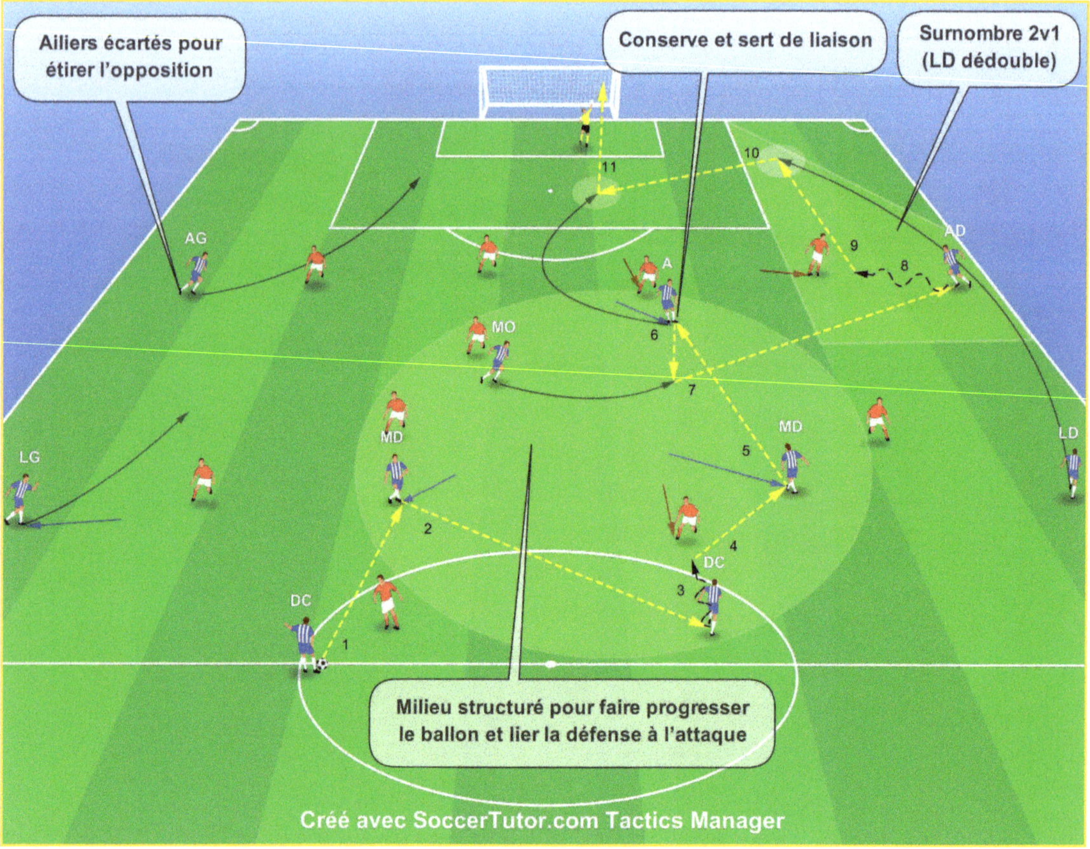

Ailiers écartés pour étirer l'opposition

Conserve et sert de liaison

Surnombre 2v1 (LD dédouble)

Milieu structuré pour faire progresser le ballon et lier la défense à l'attaque

- **Milieu de terrain structuré** qui facilite la circulation et la **progression du ballon**.

- Les milieux de terrain jouent un rôle clé dans la liaison entre les défenseurs et les joueurs offensifs, assurant une transition en douceur au centre du terrain.

- **Les ailiers** occupent des positions larges dans et **étirent l'adversaire.** Ils délivrent également des centres ou rentrent à l'intérieur pour créer des occasions de but.

- Les arrières latéraux font des courses dans la profondeur qui se chevauchent pour aider à **créer des surnombres en 2v1** haut sur le côté, comme le montre l'exemple du diagramme.

- **L'attaquant (A)** est le point central de l'attaque avec des responsabilités pour garder le ballon, relier les milieux de terrain avec les ailiers, faire des courses dans la profondeur et attaquer la surface pour marquer des buts !

Construction du Jeu et Philosophie Offensive de Roberto De Zerbi

Tactiques de Pressing Haut et de Récupération de Roberto De Zerbi

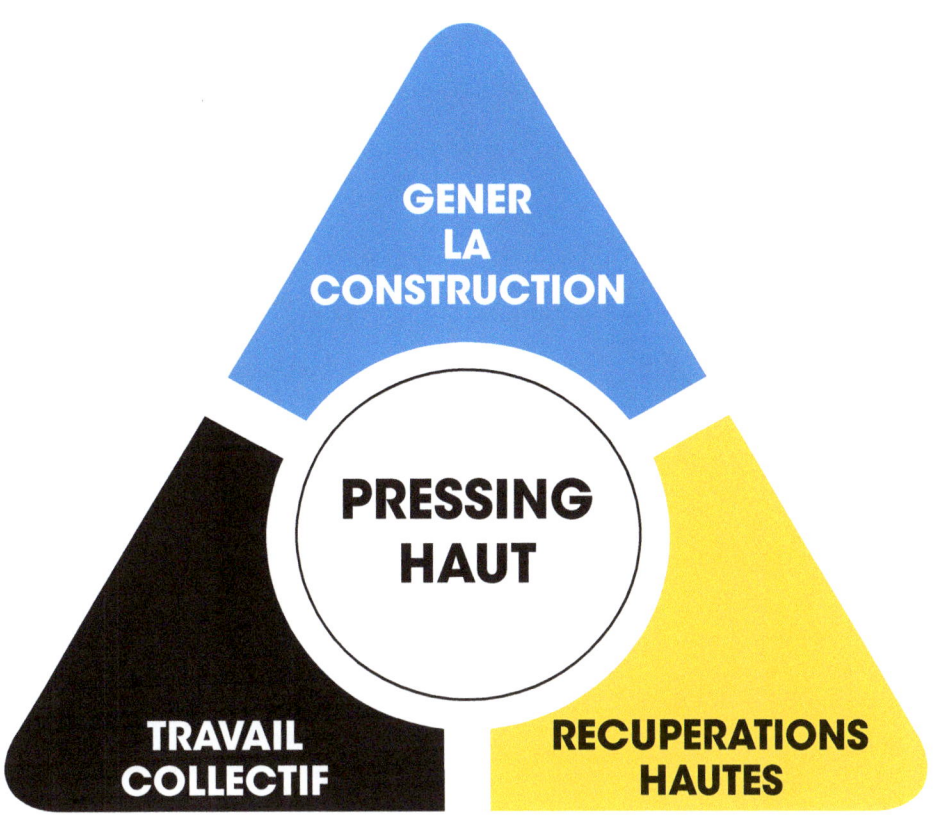

GENER LA CONSTRUCTION

Les équipes de Roberto De Zerbi utilisent une stratégie de pressing haut pour empêcher l'adversaire de jouer, ce qui crée de la pression et force les erreurs.

TRAVAIL COLLECTIF

Les joueurs travaillent collectivement pour pousser l'adversaire haut sur le terrain, perturbant leur construction en engageant de nombreux joueurs vers l'avant et autour de la zone du ballon.

RECUPERATIONS HAUTES

Bien que focalisées sur la possession, les équipes de De Zerbi cherchent aussi à presser haut pour récupérer le ballon rapidement après la perte. Ce style permet de perturber la préparation de l'adversaire et de récupérer le ballon dans les zones avancées, où l'on peut ensuite attaquer le but adverse très rapidement alors que sa défense n'est pas organisée.

Jeux de Possession en Position

Directement tirées des séances de Roberto De Zerbi

"J'aime essayer de gagner le match avec le ballon. J'aime quand mon équipe garde le ballon, dirige le jeu et que mes joueurs montrent leurs qualités."

Séances de Roberto De Zerbi: Jeux de Possession en Position

1. 3v3 (+4) Jeu de Possession en Position avec Joueurs de Soutien Extérieurs

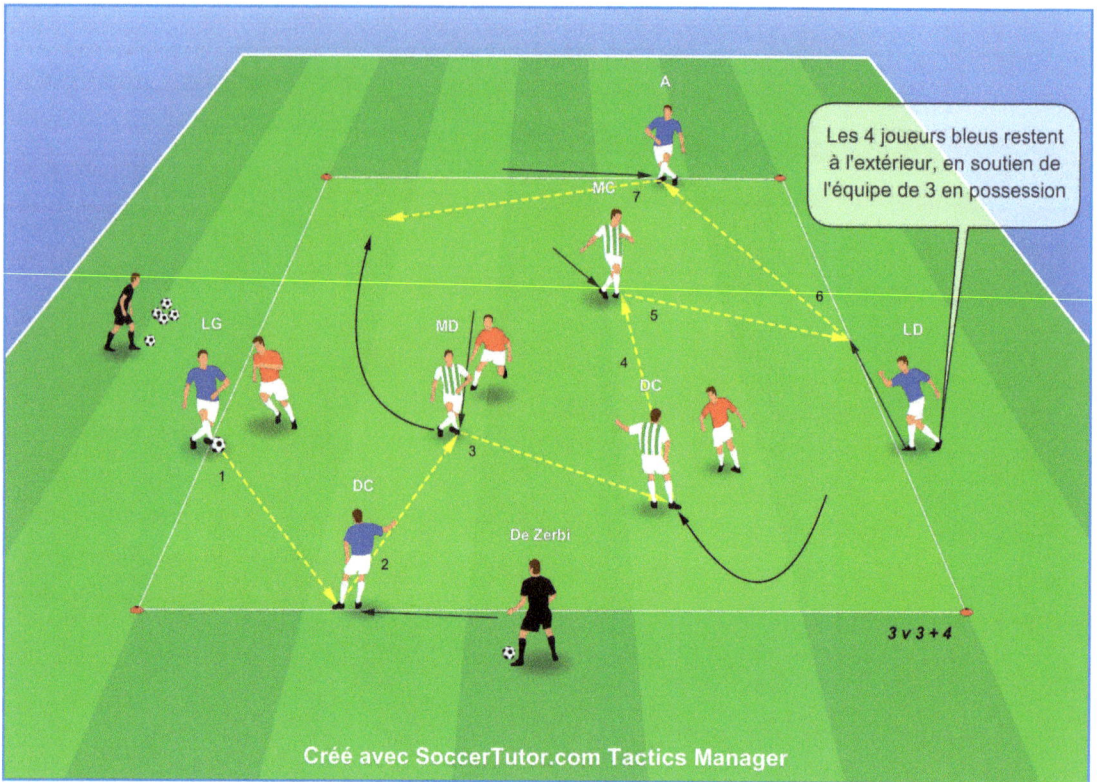

Les 4 joueurs bleus restent à l'extérieur, en soutien de l'équipe de 3 en possession

Description de l'Exercice

- Dans un carré de 9 mètres, il y a 3 joueurs blancs contre 3 rouges, et 4 bleus à l'extérieur qui jouent avec l'équipe en possession.

- Les 4 joueurs bleus sont positionnés sur les côtés et représentent l'arrière central (**DC**), l'arrière gauche (**LG**), l'arrière droit (**LD**) et l'attaquant (**A**) selon la direction de jeu du moment.

- L'équipe blanche compte 3 joueurs à l'intérieur représentant un milieu défensif (**MD**), un défenseur central (**DC**) et un milieu de terrain central (**MC**).

- L'équipe en possession se concentre sur les combinaisons rapides et le jeu en soutien intelligent.

- L'équipe rouge en défense est également toute positionnée à l'intérieur et travaille ensemble (pressing) pour fermer les angles de passe et tenter de récupérer.

- Si les rouges parviennent à récupérer le ballon, ils changent de rôle avec l'équipe blanche et le jeu continue avec les rouges gardant la possession et les blancs défendant.

Source: Séance de pré-saison du Sassuolo Calcio de Roberto De Zerbi à Vipiteno, Italie - 16 juillet 2019

Séances de Roberto De Zerbi: Jeux de Possession en Position

2. 5v5 (+4) Jeu de Possession en Position avec Joueurs de Soutien au Milieu et aux Opposés

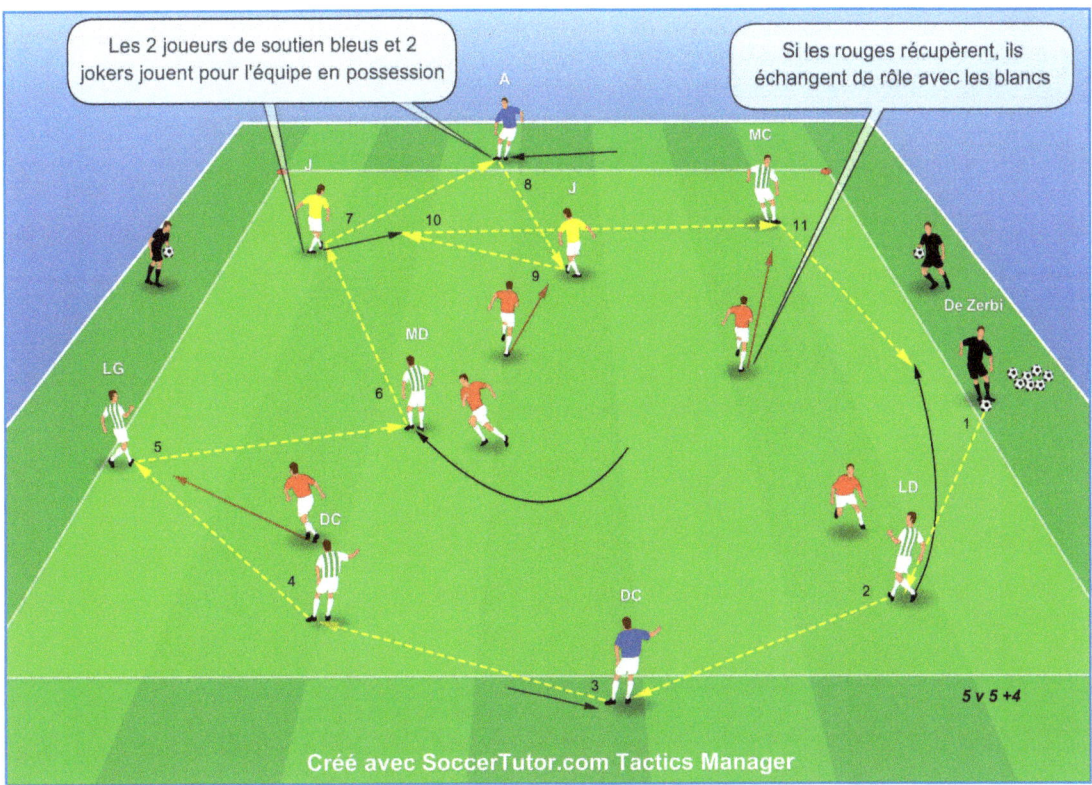

Description de l'Exercice

- Dans un carré de 13 mètres, il y a 5 joueurs blancs contre 5 rouges + 2 jokers jaunes à l'intérieur et 2 joueurs bleus à l'extérieur qui jouent avec l'équipe en possession.

- L'équipe blanche compte 5 joueurs à l'intérieur représentant un arrière central (**DC**), un arrière gauche (**LG**), un arrière droit (**LD**), un milieu défensif (**MD**) et un milieu de terrain central (**MC**). Les joueurs bleus représentent l'autre défenseur central (**DC**) et l'attaquant (**A**).

- L'objectif est de conserver la possession et de déplacer le ballon d'un bout à l'autre, et vice-versa.

- Les défenseurs rouges sont tous positionnés à l'intérieur et travaillent ensemble (pressing) pour fermer les angles de passe et tenter de récupérer le ballon.

- Si les rouges parviennent à récupérer le ballon, ils échangent de rôle avec l'équipe blanche et le jeu continue avec les rouges gardant la possession et les blancs défendant.

Source: Séance de pré-saison du Sassuolo Calcio de Roberto De Zerbi à Vipiteno, Italie - 20 juillet 2018

Séances de Roberto De Zerbi: Jeux de Possession en Position

3. 4v4 (+3) Jeu de Possession Positionnelle au Centre du Terrain

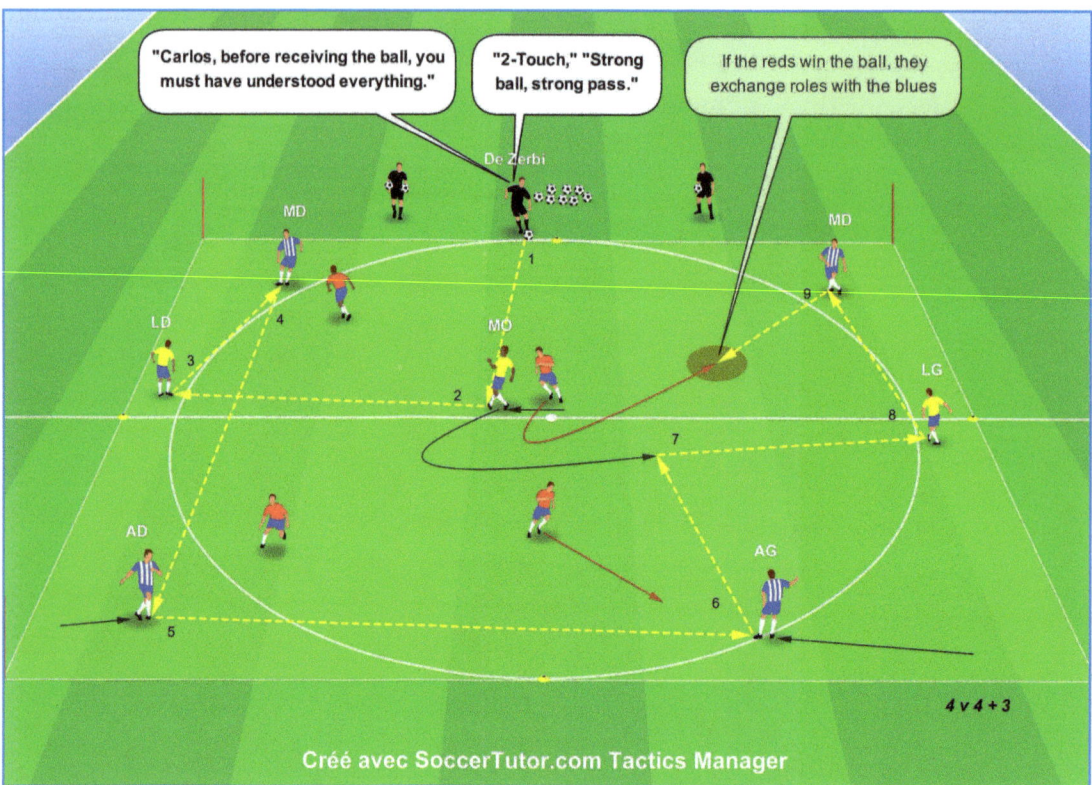

Description de l'exercice

- Dans la zone montrée, nous avons 4 joueurs bleus avec 2 milieux défensifs (**MD**) et 2 ailiers (**AG** & **AD**) contre 4 joueurs rouges.

- L'équipe en possession (bleus) est soutenue par les 3 joueurs jaunes, qui jouent avec l'équipe en possession du ballon : l'arrière droit (**LD**), l'arrière gauche (**LG**), et le milieu offensif (**MO**).

- Le jeu commence par une passe de De Zerbi et l'équipe bleue (avec l'aide des jaunes) cherche à conserver la possession contre le pressing des joueurs rouges.

- Les 7 joueurs en possession font des mouvements pour soutenir comme montré mais doivent conserver leur poste initial.

- Les rouges travaillent tous ensemble (pressing) pour fermer les angles de passe et essayer de récupérer le ballon.

- Si les rouges récupèrent le ballon, ils échangent leurs rôles avec les bleus et le jeu continue: les rouges sont aidés par les jaunes, et les bleus défendent.

Source: Séance de Roberto De Zerbi au Elite Football Performance Centre de Brighton - 2022

Séances de Roberto De Zerbi: Jeux de Possession en Position

4. 4v4 (+4) Jeu de Possession en Position au Centre du Terrain

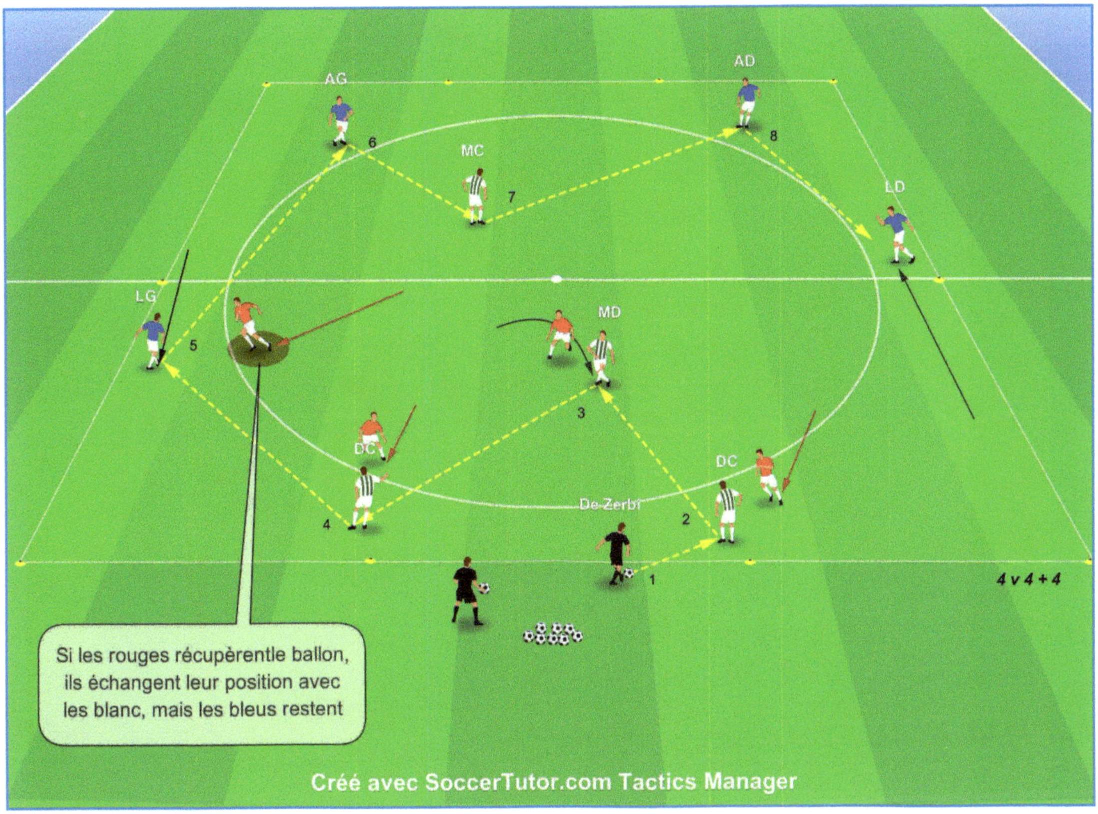

Si les rouges récupèrent le ballon, ils échangent leur position avec les blanc, mais les bleus restent

Description de l'Exercice

- Dans la zone représentée, il y a 3 équipes de 4 joueurs (blancs, rouges et bleus).
- Les blancs ont 2 défenseurs centraux (**DC**), un milieu défensif (**MD**) et un milieu de terrain central (**MC**).
- Les bleus ont un arrière gauche (**LG**), un arrière droit (**LD**), un ailier gauche (**AG**) et un ailier droit (**AD**).
- Le jeu commence avec une passe de De Zerbi et les blancs et les bleus gardent le ballon face au pressing des rouges.
- Les 8 joueurs en possession effectuent des mouvements de soutien, en particulier les arrières latéraux (indiqué).
- Les rouges en défense travaillent tous ensemble (pressing) pour fermer les angles de passe et tenter de récupérer le ballon.
- Si les rouges parviennent à récupérer le ballon, ils changent de rôle avec l'équipe blanche et le jeu continue avec les rouges et les bleus gardant la possession et les joueurs blancs défendant.

Source: Séance de pré-saison du Sassuolo Calcio de Roberto De Zerbi à Vipiteno, Italie - 16 juillet 2019

Séances de Roberto De Zerbi: Jeux de Possession en Position

5. 6v6 (+4) Jeu de Possession en Position pour Construire au Centre du Terrain

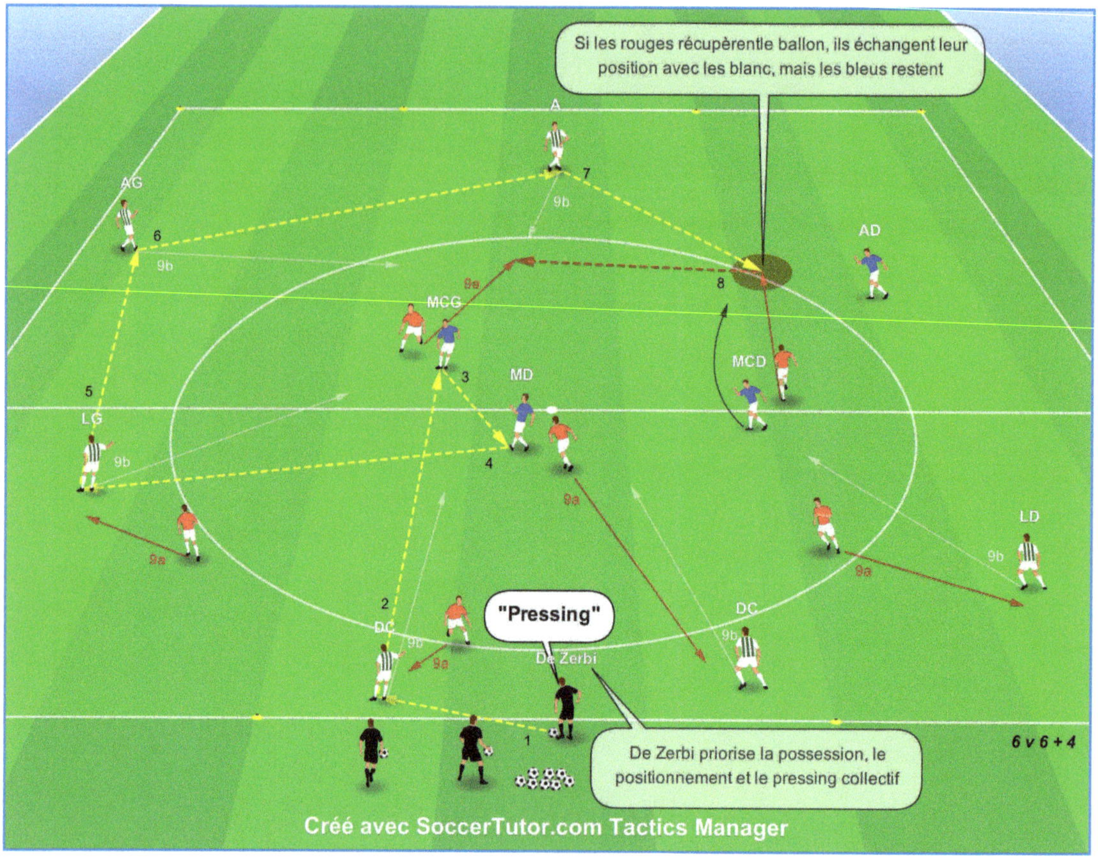

Description de l'Exercice

- Les Blancs ont 6 joueurs avec 2 défenseurs centraux (**DC**), l'arrière gauche (**LG**), l'arrière droit (**LD**) et l'ailier gauche (**AG**).

- Les Bleus comptent 4 joueurs avec le milieu défensif (**MD**), 2 milieux centraux (**MCD** & **MCG**) et l'ailier droit (**AD**).

- Les blancs et les bleus gardent la possession face au pressing des 6 joueurs rouges.

- **De Zerbi** coache les joueurs et donne la priorité à la possession, au jeu en appui, au positionnement et au pressing.

- L'équipe rouge en défense travaille collectivement (pressing) pour fermer les angles de passe et tenter de récupérer le ballon.

- Si les rouges récupèrent, ils échangent de rôle avec les blancs et le jeu continue (rouges gardant la possession avec soutien des bleus et blancs défendant).

Source: Séance de pré-saison du Sassuolo Calcio de Roberto De Zerbi à Vipiteno, Italie - 16 juillet 2019

Séances de Roberto De Zerbi: Jeux de Possession en Position

6. 7v7 (+2) Jeu de Possession en Position pour Construire au Centre du Terrain + GB aux Opposés

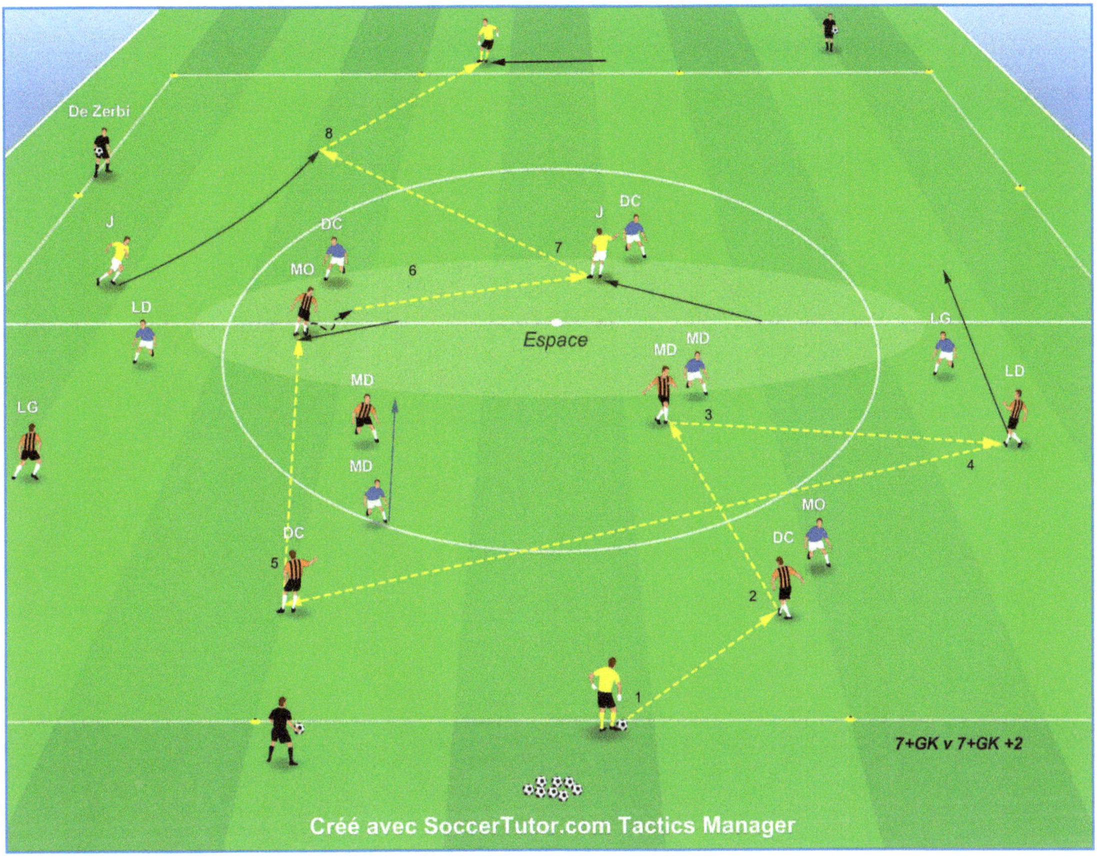

Description de l'Exercice

- Dans la zone délimitée représentée, nous avons 2 équipes de 7 joueurs et 2 Jokers jaunes à l'intérieur de l'aire de jeu + 2 GB en joueurs finaux du circuit.

- Les équipes orange et bleue ont leurs 4 défenseurs, 2 milieux défensifs et 1 milieu offensif (du 4-2-3-1). Les 2 Jokers prennent les positions d'ailier et d'attaquant pour l'équipe en possession (équipe orange sur schéma exemple).

- Le GB initie le jeu et le but est de garder la possession et de jouer à travers l'équipe en défense pour que le GB à l'extrémité opposée reçoive. Il passe ensuite à un défenseur bleu, et les bleus ont le même but en sens inverse. Les 2 Jokers deviennent l'ailier et l'attaquant des Bleus.

- Si une équipe récupère le ballon de ses adversaires, elle joue sur le GB pour réinitialiser et recommencer la construction.

Source: Séance du Shakhtar Donetsk de Roberto De Zerbi au complexe sportif Sviatoshyn - 2021

Construction du Jeu

Directement tirées des séances de Roberto De Zerbi

"Pour montrer leurs qualités, il faut les mettre dans les bonnes situations. Nous contruisons notre jeu, car nous devons trouver nos N°7, 8, 9, 10 et 11 dans une bonne situation."

Séances de Roberto De Zerbi: Construction du Jeu

1. Construction Verticale des Centraux par le Centre + Passe Diagonale Finale dans la Profondeur (5+GB v1)

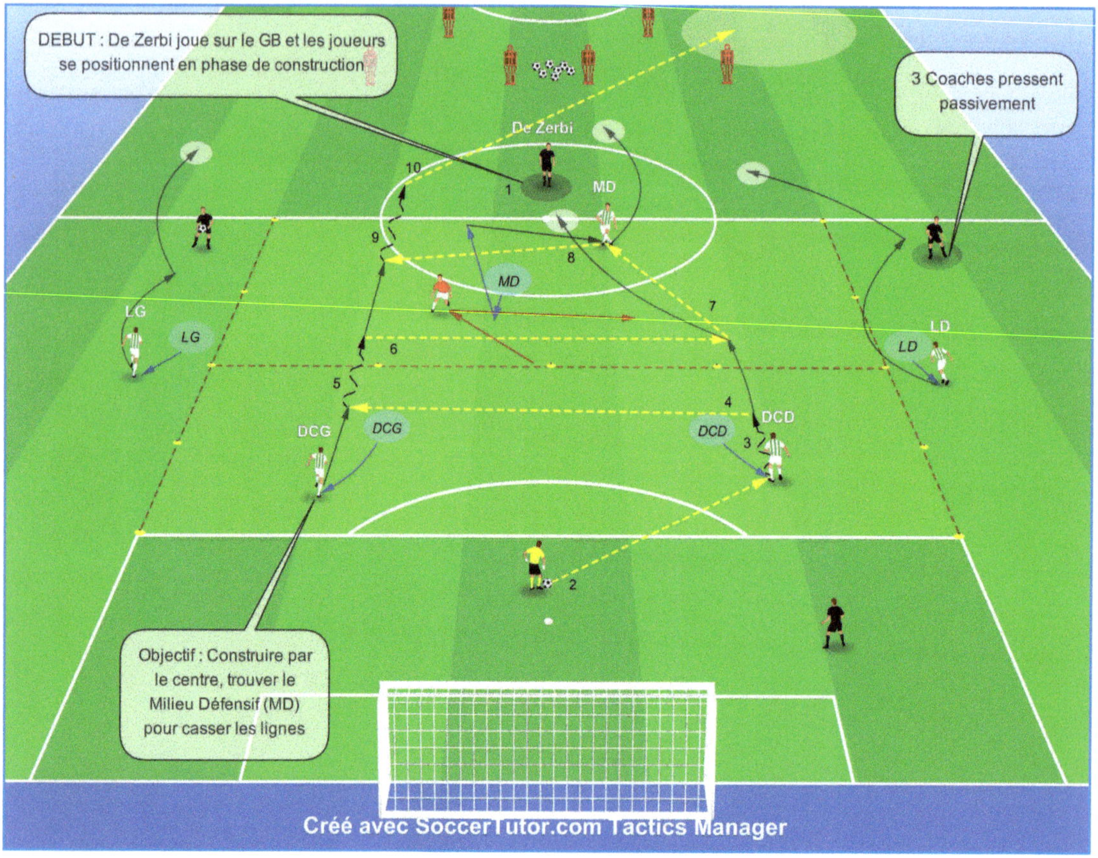

Les cercles bleus : positions de départ.

Description de l'Exercice

1-6. **De Zerbi** fait une passe aérienne vers le gardien. Le **GB** passe au défenseur central droit (**DCD**). Il passe au défenseur central gauche (**DCG**), qui porte le ballon vers l'avant dans la deuxième zone centrale. Le joueur rouge bloque la passe vers l'avant, de sorte que **DCG** passe en arrière pour le **DCD** arrivant, qui entre aussi dans la deuxième zone centrale.

7-8. **DCD** est pressé par le joueur rouge et passe au milieu de terrain défensif (**MD**), qui se décale pour recevoir et passe pour le **DCG** arrivant face à lui.

9-10. **DCG** passe en biais dans l'espace entre les mannequins (pronfondeur).

Note: Les latéraux font des courses de soutien. Ils sont impliqués dans la variante 5+GB v2 qui suit.

Source: Séance de pré-saison du Sassuolo Calcio de Roberto De Zerbi à Vipiteno, Italie - 16 juillet 2019

Séances de Roberto De Zerbi: Construction du Jeu

2. Construction Verticale des Centraux par le Centre + Passe Verticale Finale dans la Profondeur (5+GB v1)

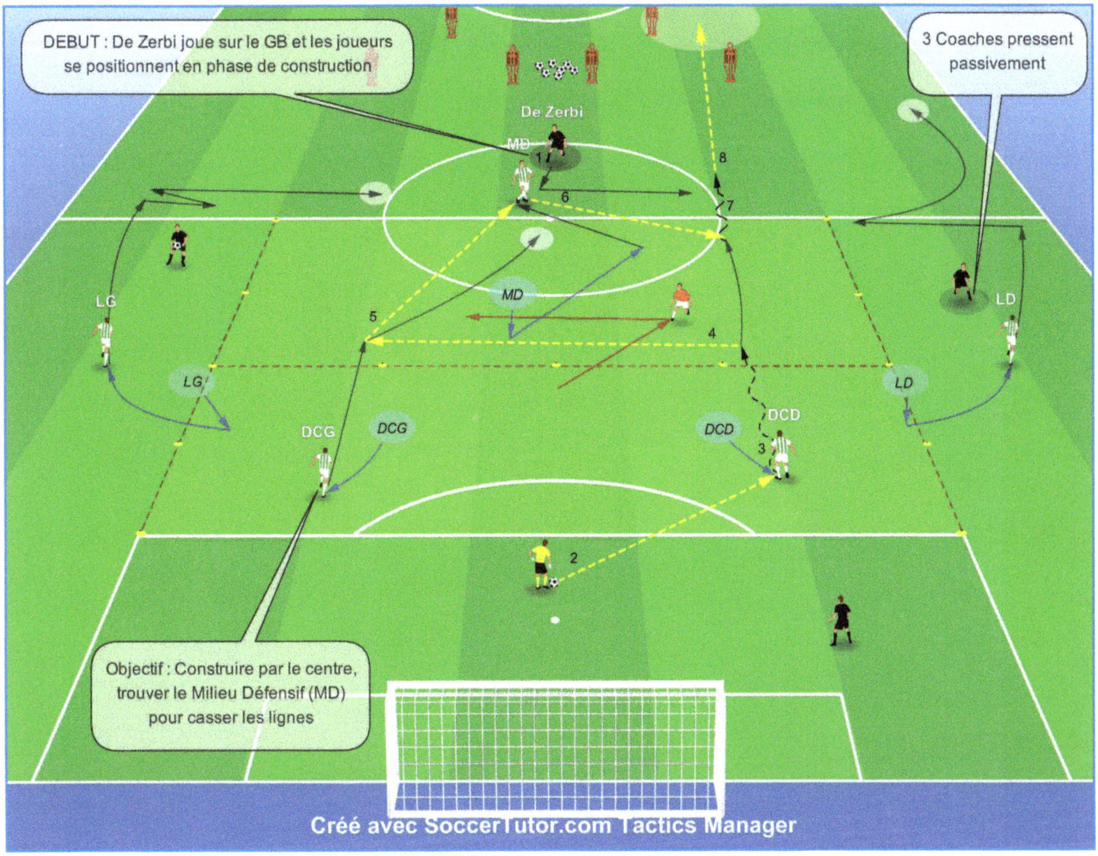

DEBUT : De Zerbi joue sur le GB et les joueurs se positionnent en phase de construction

3 Coaches pressent passivement

Objectif : Construire par le centre, trouver le Milieu Défensif (MD) pour casser les lignes

Les cercles bleus : positions de départ.

Description de l'Exercice

1-5. **De Zerbi** commence par une passe aérienne vers le gardien. Le **GB** passe au défenseur central droit (**DCD**). Il porte le ballon dans la deuxième zone centrale mais le joueur rouge bloque la passe vers l'avant, de sorte qu'il passe au défenseur central gauche (**DCG**), qui s'est avancé pour recevoir. **DCG** passe au milieu de terrain défensif (**MD**) dans l'axe.

6-7. **MD** s'est déplacé pour recevoir (dos au but) et remet le ballon au **DCD** qui arrive de face et conduit le ballon au-delà de la ligne médiane.

8. **DCD** passe vers l'avant dans l'espace entre les mannequins du défenseur central et latéral (passe en profondeur).

Note: Les arrières latéraux font des courses de soutien tout au long du jeu. Ils sont impliqués dans la variante 5+GB v2, qui suit dans cette section.

Source: Séance de pré-saison du Sassuolo Calcio de Roberto De Zerbi à Vipiteno, Italie - 16 juillet 2019

Séances de Roberto De Zerbi: Construction du Jeu

3a. Mouvements de Pressing + Réinitialiser le Positionnement pour Construire depuis le GB (5+GB v2)

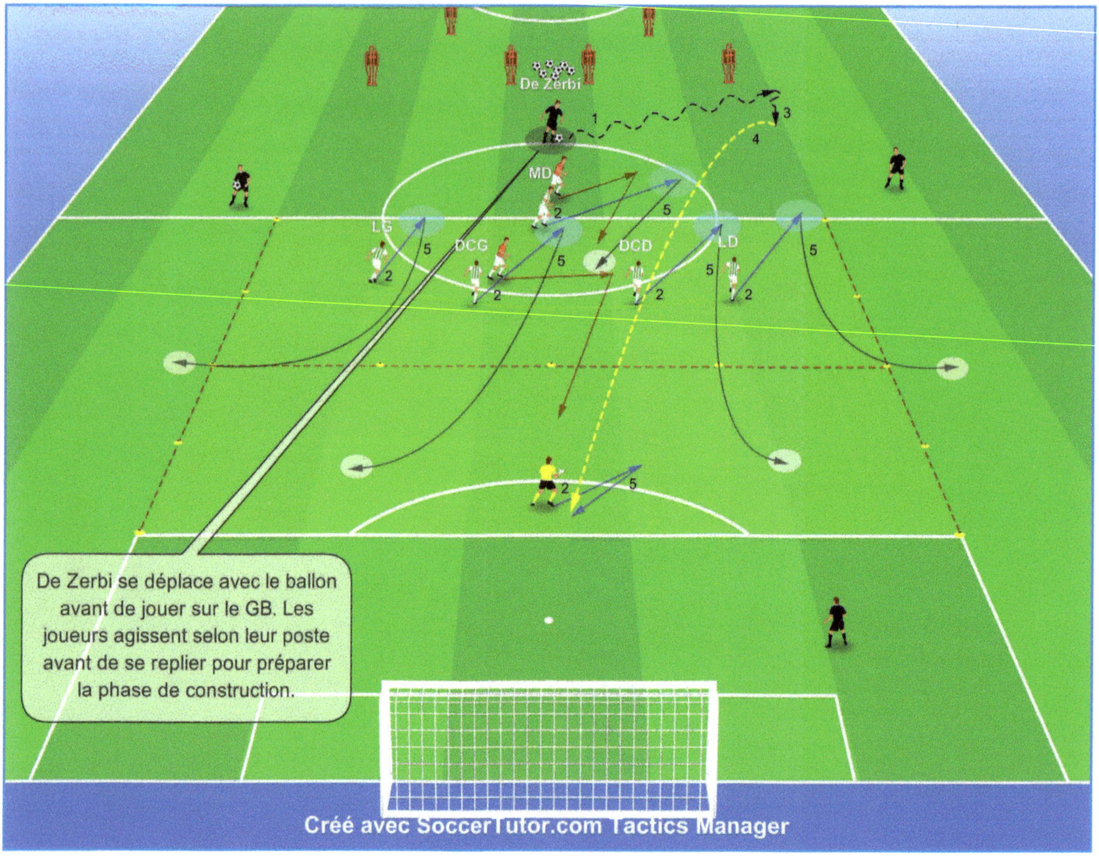

De Zerbi se déplace avec le ballon avant de jouer sur le GB. Les joueurs agissent selon leur poste avant de se replier pour préparer la phase de construction.

Description de l'Exercice

1-2. **De Zerbi** conduit le ballon vers un côté du terrain. Les joueurs blancs font tous des mouvements de pressing par rapport à la position du ballon (voir flèches et cercles bleus). Les joueurs rouges se déplacent comme pour offrir des options de passe.

3-4. **De Zerbi** tourne ensuite pour aller vers l'avant avec le ballon et joue une passe aérienne vers le **GB**.

5. Le **GB** reçoit, et les joueurs blancs reviennent dans des positions pour construire le jeu à partir du **GB**. Les 2 joueurs rouges avancent prêts à perturber le jeu de construction.

→ Le modèle/la séquence de construction suit à la page suivante **(3b)**.

Note: Les défenseurs centraux se replient bas, de chaque côté du GB et les latéraux sont dans des positions plus écartées à l'extérieur de la surface, comme montré.

Source: Séance de pré-saison du Sassuolo Calcio de Roberto De Zerbi à Vipiteno, Italie - 16 juillet 2019

Séances de Roberto De Zerbi: Construction du Jeu

3b (1). Attirer le Pressing et Progresser la Construction au Bon Moment face au Pressing Haut d'Attaquant (5+GB v2)

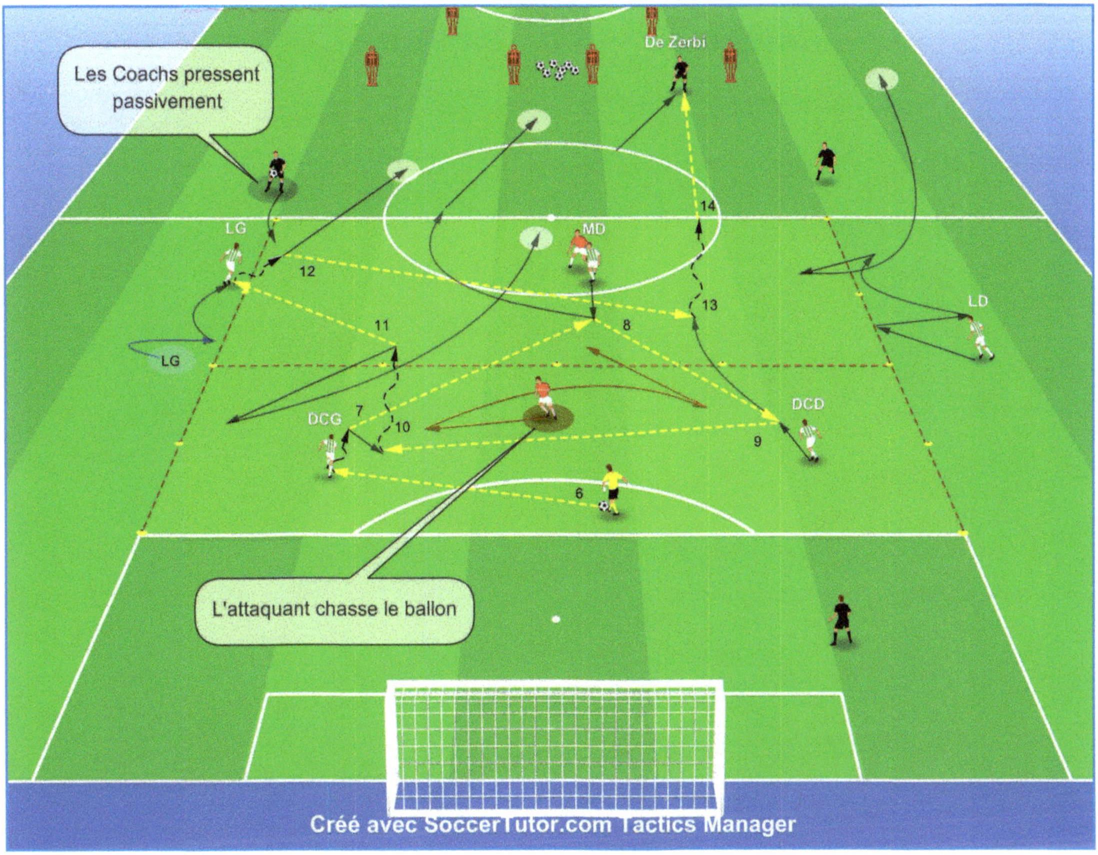

Description (Suite...)

6-8. Le **GB** passe au défenseur central gauche (**DCG**), qui contrôle vers l'avant et passe au milieu défensif (**MD**), qui est marqué par derrière par le milieu de terrain rouge. **MD** décroche pour recevoir et passe au défenseur central droit (**DCD**).

9-12. **DCD** passe à **DCG** qui est pressé par l'attaquant rouge. Il reçoit, avance avec le ballon dans la 2ème zone centrale et passe à l'arrière gauche (**LG**). **LG** s'avance pour recevoir, contrôle et passe en diagonale à travers le terrain pour le **DCD** arrivant dans l'espace.

13-14. **DCD** dribble vers l'avant jusqu'à la ligne médiane et passe à **De Zerbi**, qui complète la séquence/le modèle.

Note: Les autres joueurs font tous des mouvements pour faire monter l'équipe et soutenir l'attaque avec différentes options de passe.

Source: Séance de pré-saison du Sassuolo Calcio de Roberto De Zerbi à Vipiteno, Italie - 16 juillet 2019

Séances de Roberto De Zerbi: Construction du Jeu

3b (2). Attirer le Pressing et Progresser la Construction au Bon Moment face l'Attaquant qui Décroche (5+GB v2)

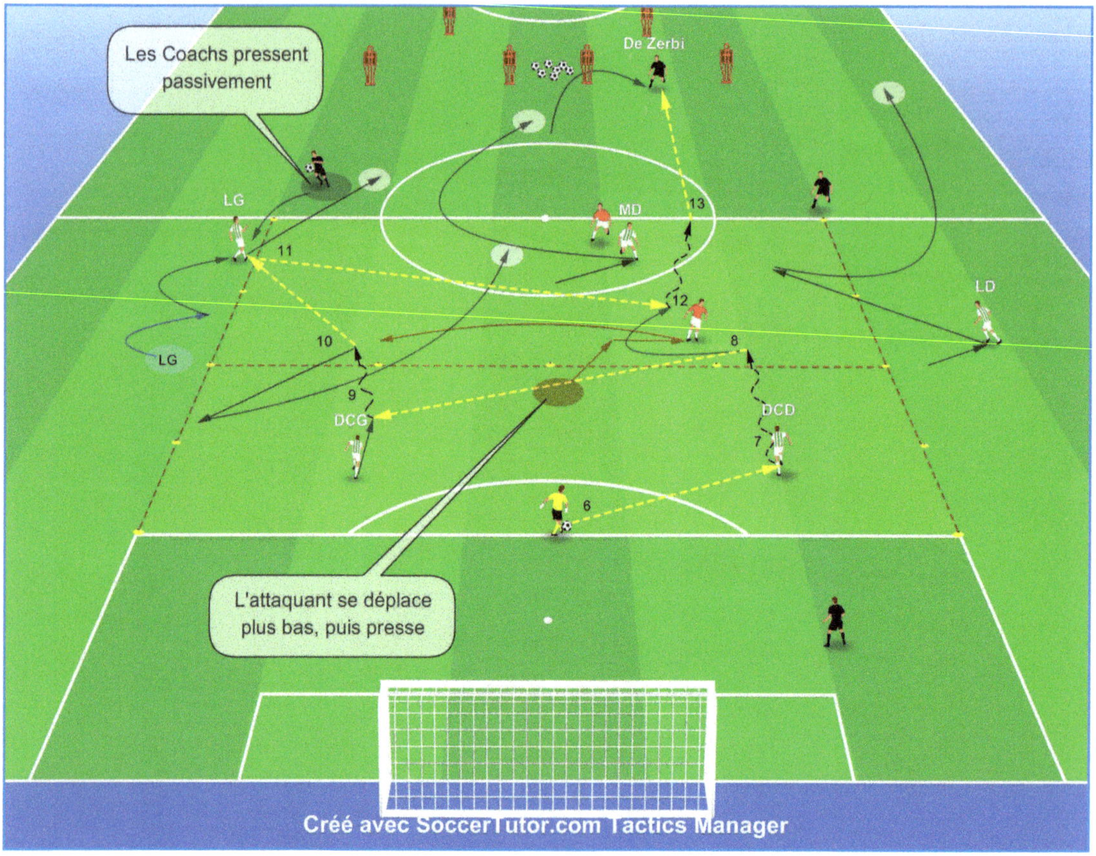

Description (Variation)

6-8. Le **GB** passe au défenseur central droit (**DCD**), qui n'a pas d'adversaire près de lui. Il dribble jusqu'à la 2e zone centrale, où il est ensuite gêné par l'attaquant rouge. À ce moment-là, il passe de l'autre côté et vers le défenseur central gauche (**DCG**).

9-10. DCG dribble également dans la 2e zone centrale, puis passe à l'arrière gauche (**LG**), qui a déjà effectué 2 mouvements vers l'avant (diagramme).

11. LG passe diagonalement en retrait de l'autre côté du terrain pour **DCD** lancé.

12-13. DCD dribble vers l'avant jusqu'à la ligne médiane et passe à **De Zerbi**, qui complète la séquence/le modèle.

Note: Les autres joueurs font tous des mouvements pour faire monter l'équipe et soutenir l'attaque avec différentes options de passe.

Source: Séance de pré-saison du Sassuolo Calcio de Roberto De Zerbi à Vipiteno, Italie - 16 juillet 2019

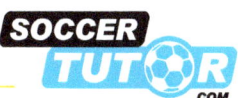

4. Schémas Spécifiques de De Zerbi pour Jouer de l'Arrière à Travers les 1ère et 2e Lignes de Pression (8+GB v6)

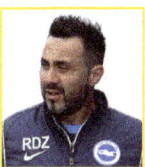

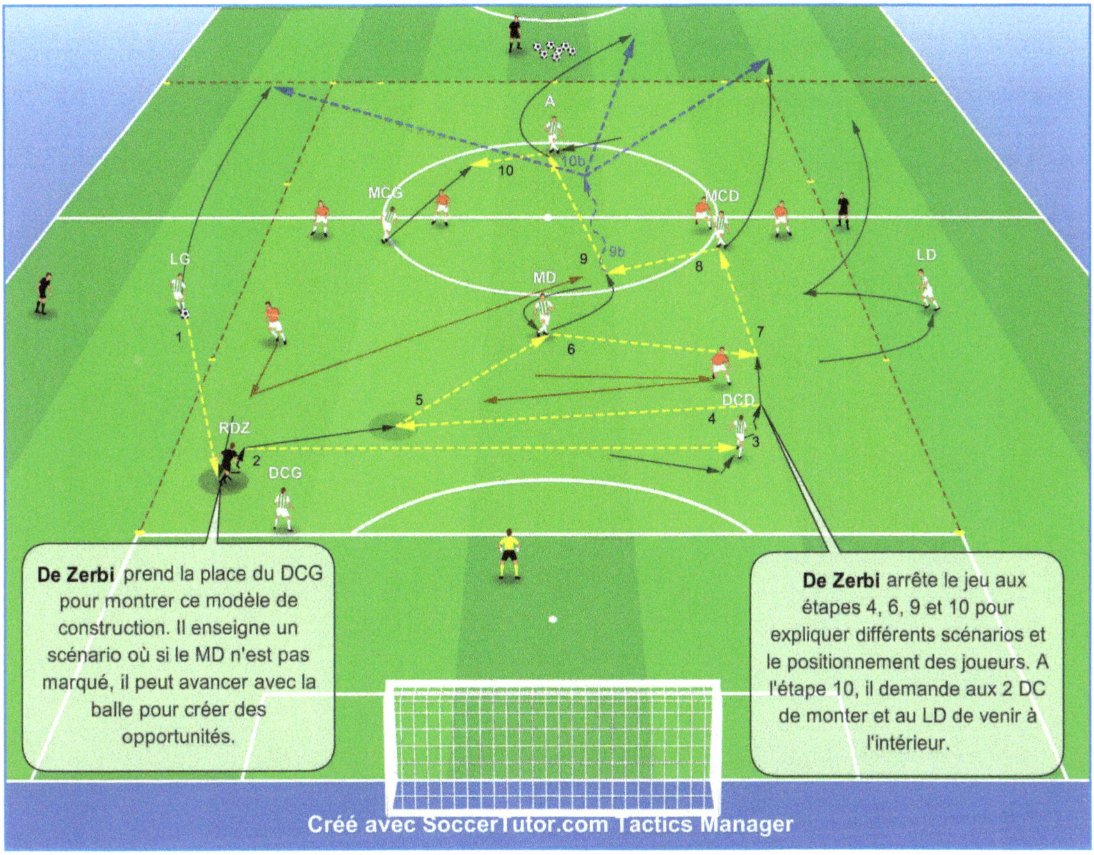
A
10
10b
MCG
MCD
LG
9
9b
8
LD
MD
1
6
7
5
DCD
4
RDZ
3
2
DCG
De Zerbi prend la place du DCG pour montrer ce modèle de construction. Il enseigne un scénario où si le MD n'est pas marqué, il peut avancer avec la balle pour créer des opportunités.
De Zerbi arrête le jeu aux étapes 4, 6, 9 et 10 pour expliquer différents scénarios et le positionnement des joueurs. A l'étape 10, il demande aux 2 DC de monter et au LD de venir à l'intérieur.
Créé avec SoccerTutor.com Tactics Manager

Description de l'Exercice

1. L'arrière gauche (**LG**) passe à De Zerbi (**RDZ**), qui prend le rôle de défenseur central gauche (**DCG**) pour enseigner aux joueurs.

2-6. **RDZ** passe au défenseur central droit (**DCD**), qui est pressé par l'attaquant rouge alors qu'il contrôle vers l'avant. **DCD** repasse à **RDZ**. **RDZ** se déplace à l'intérieur pour recevoir la passe et passe au milieu défensif (**MD**), qui donne en retrait à **DCD** qui arrive.

7-10. **DCD** passe au milieu central droit (**MCD**) qui est marqué par derrière, et remet à nouveau le ballon à **MD**. **MD** passe à l'attaquant (**A**), qui est dos au but et remise pour le milieu de terrain central gauche (**MCG**) qui arrive.

Variation (9b-10b). Au lieu de passerà **A**, le **MD** peut conduire le ballon vers l'avant, puis jouer une passe en profondeur au-delà de la ligne balisée.

Source: Séance de pré-saison du Sassuolo Calcio de Roberto De Zerbi à Vipiteno, Italie - 18 juillet 2018

Séances de Roberto De Zerbi: Construction du Jeu

5. Construction du GB vers l'Attaquant avec Remise pour MD en 3e Homme pour Casser Ligne du Milieu (8+GB v6)

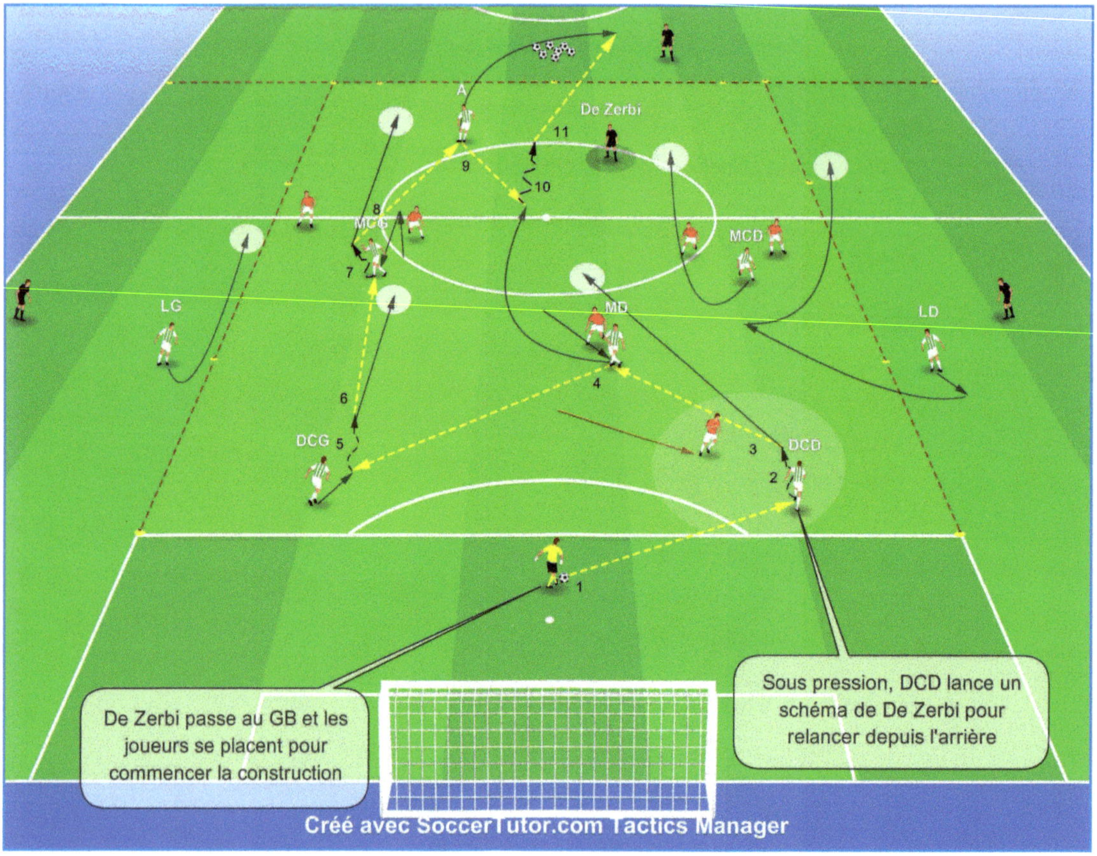

De Zerbi passe au GB et les joueurs se placent pour commencer la construction

Sous pression, DCD lance un schéma de De Zerbi pour relancer depuis l'arrière

Description de l'Exercice

Départ. **De Zerbi** passes au **GB**, et les joueurs se mettent en position pour relancer.

1-5. Le **GB** passe au défenseur central droit (**DCD**), qui fait un contrôle vers l'avant sous la pression de l'attaquant rouge. Il peut passer au **MD**, qui est marqué et repasse à **DCG** dans l'espace.

5-7. DCG avance avec le ballon et passe au milieu de terrain central gauche (**MCG**), qui doit se retourner et échapper au milieu de terrain rouge derrière lui.

8-9. MCG est ensuite capable de passer à l'attaquant (**A**), qui joue dos au but, et remet le ballon en retrait pour la course en profondeur du **MD**.

10-11. MD avance avec le ballon et passe au-delà de la ligne balisée pour la course incurvée de **A** en profondeur.

Source: Séance de pré-saison du Sassuolo Calcio de Roberto De Zerbi à Vipiteno, Italie - 18 juillet 2018

De Zerbi passe au GB, et les joueurs se positionnent pour débuter la construction

DCD avance le ballon quand il n'est pas pressé

Description de l'Exercice

Début. **De Zerbi** passe au **GB**, et les joueurs se mettent en position pour construire.

1-2. Le **GB** passe au défenseur central droit (**DCD**), qui **qui avance avec le ballon car il n'est pas pressé par l'attaquant rouge**.

3-4. **DCD** passe au latéral droit (**LD**), qui passe à l'intérieur au milieu défensif (**MD**).

5. **MD** s'était déplacé sur le côté droit pour recevoir et effectue ensuite une passe à travers la ligne du milieu des rouges pour l'attaquant (**A**), qui se déplace également sur le côté droit.

6. Le milieu central droit (**MCD**) fait une course de 3e homme au-delà de la ligne matérialisée par les plots jaunes pour recevoir une déviation de **A** derrière la ligne défensive.

Séances de Roberto De Zerbi: Construction du Jeu

7. Construire depuis le GB et Patience pour Casser Lignes avec Double Permutation et Jeu en Soutien (8+GB v6)

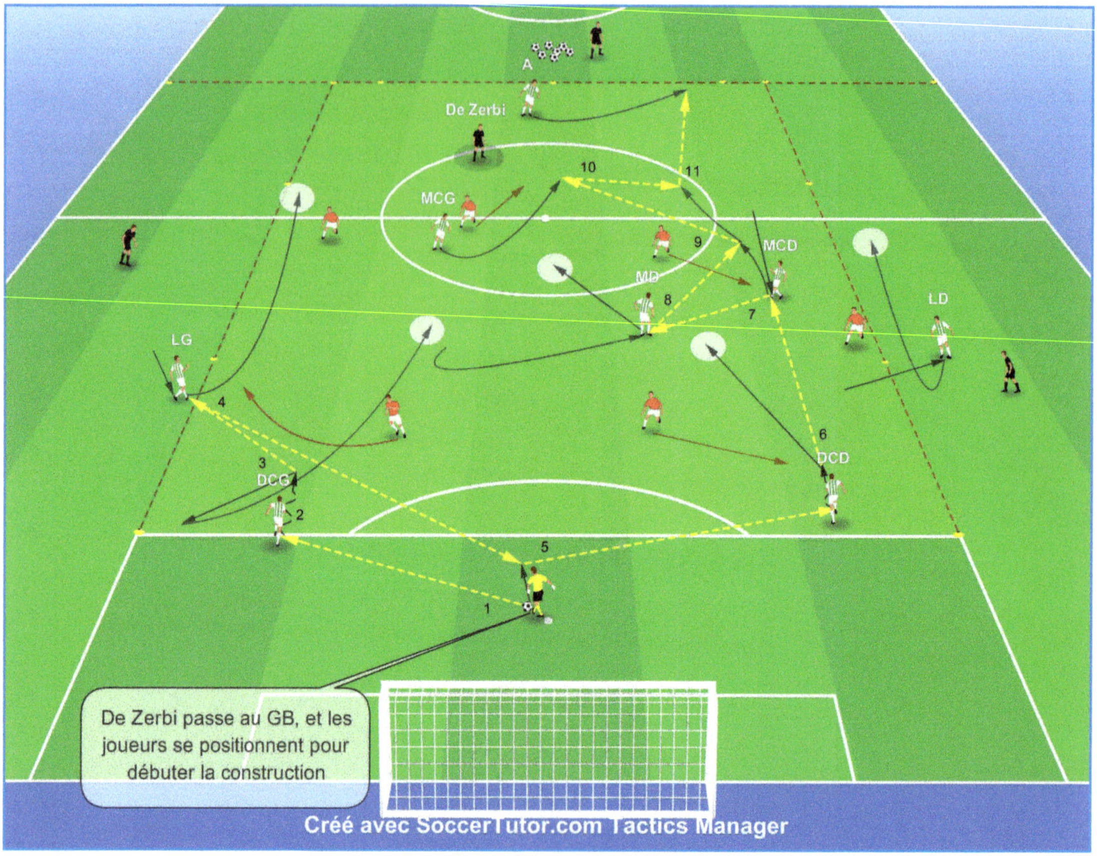

De Zerbi passe au GB, et les joueurs se positionnent pour débuter la construction

Description de l'Exercice

Début. De Zerbi passe au **GB**, et les joueurs se mettent en position pour construire.

1-4. Le gardien passe au défenseur central gauche (**DCG**), qui fait un contrôle vers l'avant et passe à l'arrière gauche (**AG**), qui repasse au **GB** lorsqu'il est pressé par l'attaquant rouge.

5. GB passe ensuite au défenseur central droit (**DCD**), qui est pressé par l'autre attaquant rouge alors qu'il contrôle.

6-8. DCD passe au milieu central droit (**MCD**), qui recule pour recevoir. **MCD** joue un une-deux rapide avec le milieu défensif (**MD**) pour éliminer l'adversaire rouge.

9-10. MCD joue un autre une-deux avec le milieu central gauche (**MCG**), qui avance pour passer devant son adversaire.

11. MCD termine la séquence avec une passe dans la course de l'attaquant (**A**) vers le côté droit.

Source: Entraînement de pré-saison du Sassuolo Calcio de De Zerbi à Vipiteno, Italie - 18 juillet 2018

Séances de Roberto De Zerbi : Construction du Jeu

8. Construire depuis le GB, Une-Deux pour Casser Ligne du Milieu et Jouer dans Course de l'Attaquant (8+GB v6)

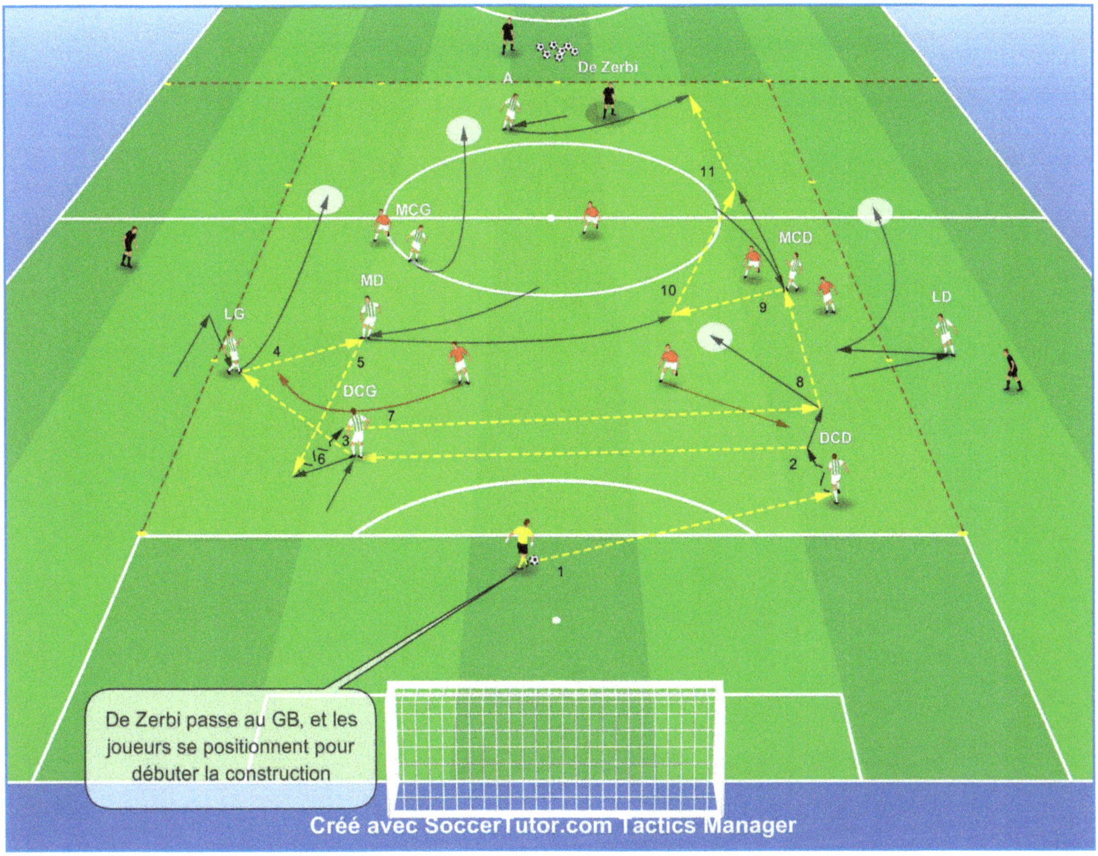

De Zerbi passe au GB, et les joueurs se positionnent pour débuter la construction

Créé avec SoccerTutor.com Tactics Manager

Description de l'Exercice

Début. **De Zerbi** passe au **GB**, et les joueurs se mettent en position pour construire.

1-2. Le **GB** passe au défenseur central droit (**DCD**), qui contrôle vers l'avant et passe sur le côté au défenseur central gauche (**DCG**). L'attaquant rouge presse.

3-4. **DCG** passe au latéral gauche (**LG**), qui passe au milieu défensif (**MD**) qui décroche pour fournir du soutien.

5-7. **MD** passe en retrait à **DCG**, qui reçoit et passe à **DCD**.

8-9. **DCD** passes au milieu central droit (**MCD**), qui joue à l'intérieur sous la pression des adversaires rouges, pour **MD**, qui fait une longue course latérale pour fournir un soutien.

10-11. **MD** remet le ballon (passe & va) à **MCD** pour briser la ligne du milieu et terminer la séquence avec une passe dans la course de l'attaquant (**A**).

Source: Séance pré-saison du Sassuolo Calcio de Roberto De Zerbi à Vipiteno, Italie - 18 juillet 2018

Séances de Roberto De Zerbi: Construction du Jeu

9. Construire depuis Touche sur le Côté Gauche avec Central qui Reçoit dans l'Espace et Avance (8+GB v6)

Description de l'Exercice

1. L'arrière gauche (**LG**) effectue une remise en jeu vers le milieu défensif (**MD**), qui est marqué par derrière.

2-4. **MD** remet à **LG**, qui conduit le ballon vers l'arrière et passe dans l'espace central au défenseur central droit (**DCD**). Le défenseur central gauche (**DCG**) s'était écarté pour éloigner l'attaquant rouge du ballon et ouvrir de l'espace pour que **LG** puisse jouer à l'intérieur.

5. **DCD** profite du grand espace (en surbrillance) au centre pour progresser avec le ballon.

6-7. Pour éloigner le défenseur rouge et créer de l'espace pour le **DCD**, le milieu central droit (**MCD**) fait un appel sur le côté, ce qui emporte son marqueur avec lui. **DCD** passe à l'attaquant (**A**), qui se décale pour s'éloigner de son marqueur, et passe pour le mouvement en 3e homme de **MCD** pour terminer la séquence.

Source: Séance de pré-saison du Sassuolo Calcio de Roberto De Zerbi à Vipiteno, Italie - 18 juillet 2018

Séances de Roberto De Zerbi: Construction du Jeu

10. Construire depuis Touche sur Côté Droit avec Défenseur Central qui Reçoit dans l'Espace et Avance (8+GB v6)

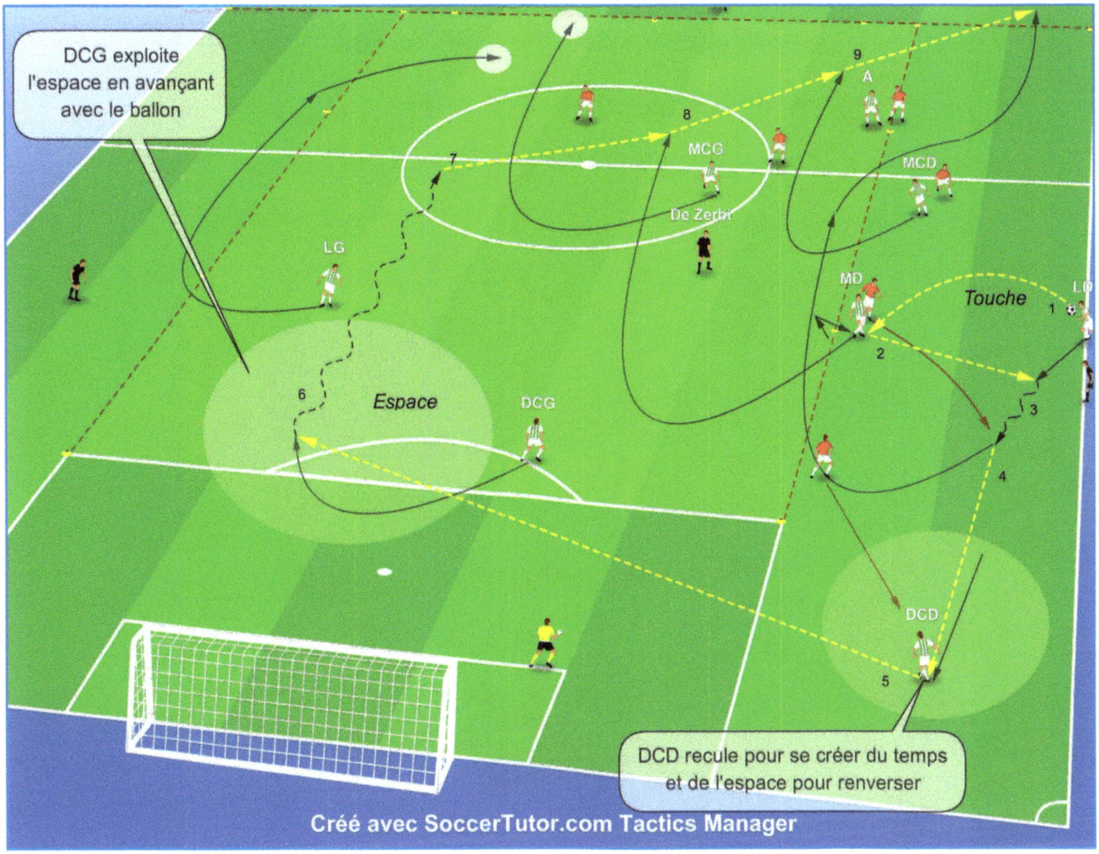

Description de l'Exercice

1. L'arrière droit (**LD**) effectue une remise en jeu vers le milieu défensif (**MD**), qui est marqué par derrière.

2-5. **MD** passe en retrait à **LD**, qui reçoit et passe en retrait au défenseur central droit (**DCD**) alors qu'il est mis sous pression. **DCD** a reculé pour avoir du temps et de l'espace pour recevoir, puis renverse vers l'autre défenseur central (**DCG**), qui s'ouvre vers le côté gauche.

6. **DCG** profite du grand espace (en surbrillance) au centre pour progresser avec le ballon. Tous les joueurs font des courses vers l'avant pour le soutenir.

7-8. **DCG** passe à l'intérieur vers le **MD** qui arrive, puis passe au mileu central droit (**MCD**).

9. La dernière passe est jouée par le **MCD** vers le **LD**, qui a fait une longue course pour recevoir derrière la ligne en dédoublant, terminant la séquence.

Source: Séance de pré-saison du Sassuolo Calcio de Roberto De Zerbi à Vipiteno, Italie - 18 juillet 2018

Séances de Roberto De Zerbi: Construction du Jeu

11. Construire au Centre du Terrain à 5v3 pour Jouer à Travers le Milieu et Finir dans les Petites Cages

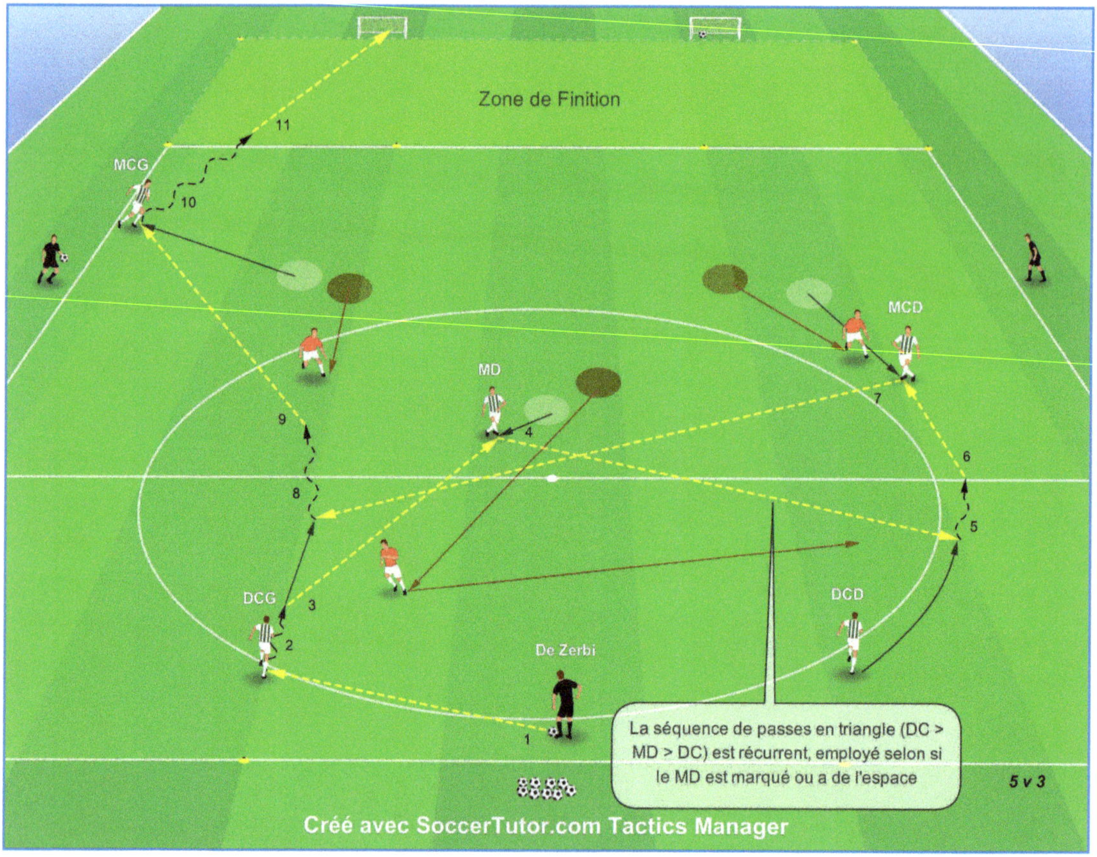

La séquence de passes en triangle (DC > MD > DC) est récurrent, employé selon si le MD est marqué ou a de l'espace

Description de l'Exercice

Départ. L'équipe blanche comprend 2 défenseurs centraux et 3 milieux. Les rouges ont 3 milieux. Leurs positions de départ respectives sont indiquées par les cercles en surbrillance. L'objectif est de développer le jeu, de casser la ligne du milieu avec une passe à **MCG** ou **MCD**, puis de marquer dans les petits buts.

1. De Zerbi passe à un **DCG** et les joueurs utilisent différentes combinaisons.

2-4. Cette séquence de passes en triangle est la plus utilisée (**DCG → MD → DCD**), selon que le milieu de terrain défensif (**MD**) est marqué ou a de l'espace.

5-7. DCD fait un contrôle vers l'avant et passe au milieu droit (**MCD**), sous pression. **MCD** passe sur le côté à **DCG**.

8-11. DCG avance et enfermé par le joueur rouge. Il passe à **MCG**, qui conduit jusqu'à la "Zone de Finition" pour marquer.

Source: Séance de pré-saison du Sassuolo Calcio de Roberto De Zerbi à Vipiteno, Italie - 23 juillet 2019

Séances de Roberto De Zerbi: Construction du Jeu

12. Possession, Renversement, et Jeu sur les Ailes en 10v6 (+4) Construire puis Finir

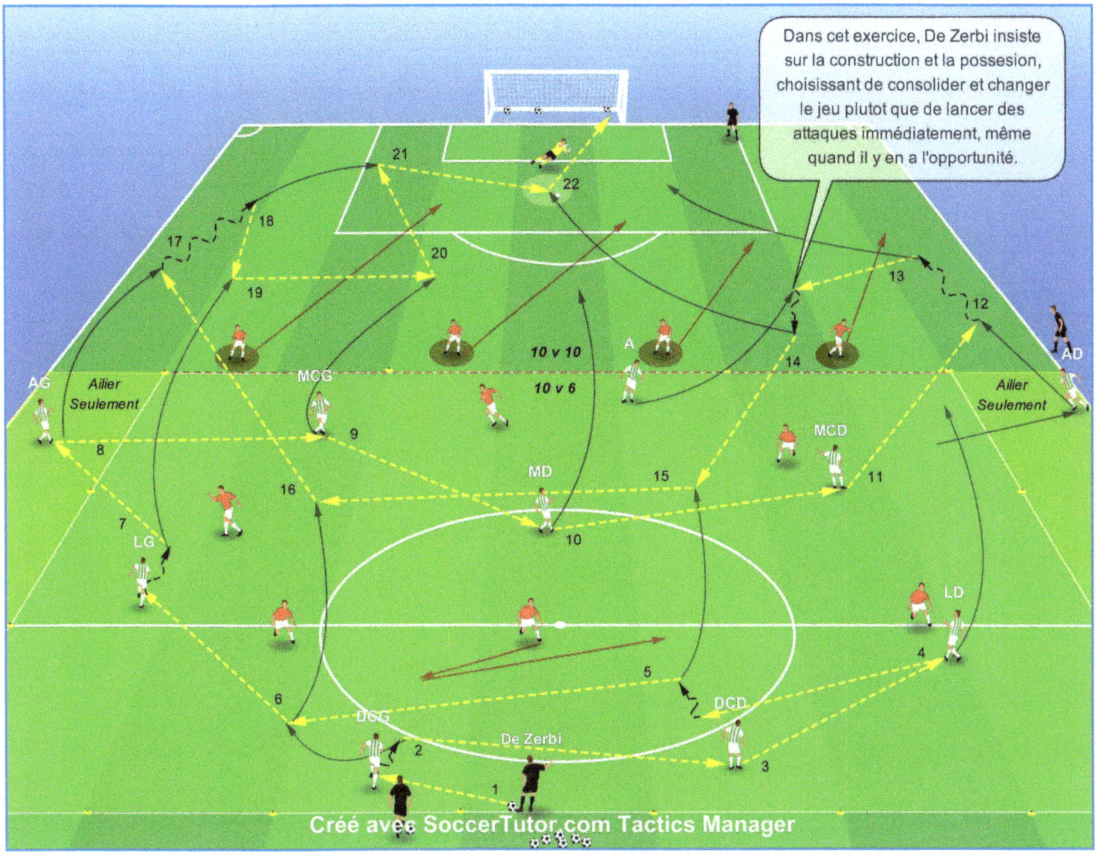

> Dans cet exercice, De Zerbi insiste sur la construction et la possession, choisissant de consolider et changer le jeu plutôt que de lancer des attaques immédiatement, même quand il y en a l'opportunité.

Description de l'Exercice

- L'équipe blanche a 10 joueurs de champ dans une formation 4-3-3. Les rouges défendent en 4-3-3 + GB. Il y a 2 zones principales divisées par la ligne rouge et il y a aussi 2 zones « *Ailiers uniquement* » délimitées dans la zone basse.

- L'objectif est de construire le jeu et de marquer. Cependant, **De Zerbi et les adjoints se concentrent également sur la conservation et le renversement du jeu**.

- Les joueurs ne se lancent donc pas dans des attaques immédiates avant d'avoir assuré la possession en premier ou d'avoir changé le jeu, même lorsque des opportunités se présentent.

- Dans cet exemple, il y a un double changement de jeu d'un ailier à l'autre.

- Une fois le ballon joué dans la 2e zone, les 4 défenseurs rouges se replient et deviennent actifs. Les blancs combinent rapidement pour marquer.

Source: Séance de pré-saison du Sassuolo Calcio de Roberto De Zerbi à Vipiteno, Italie - 23 juillet 2019

Séances de Roberto De Zerbi: Construction du Jeu

13. Exercice de Construction pour Casser les Lignes et Finir dans un 10v6

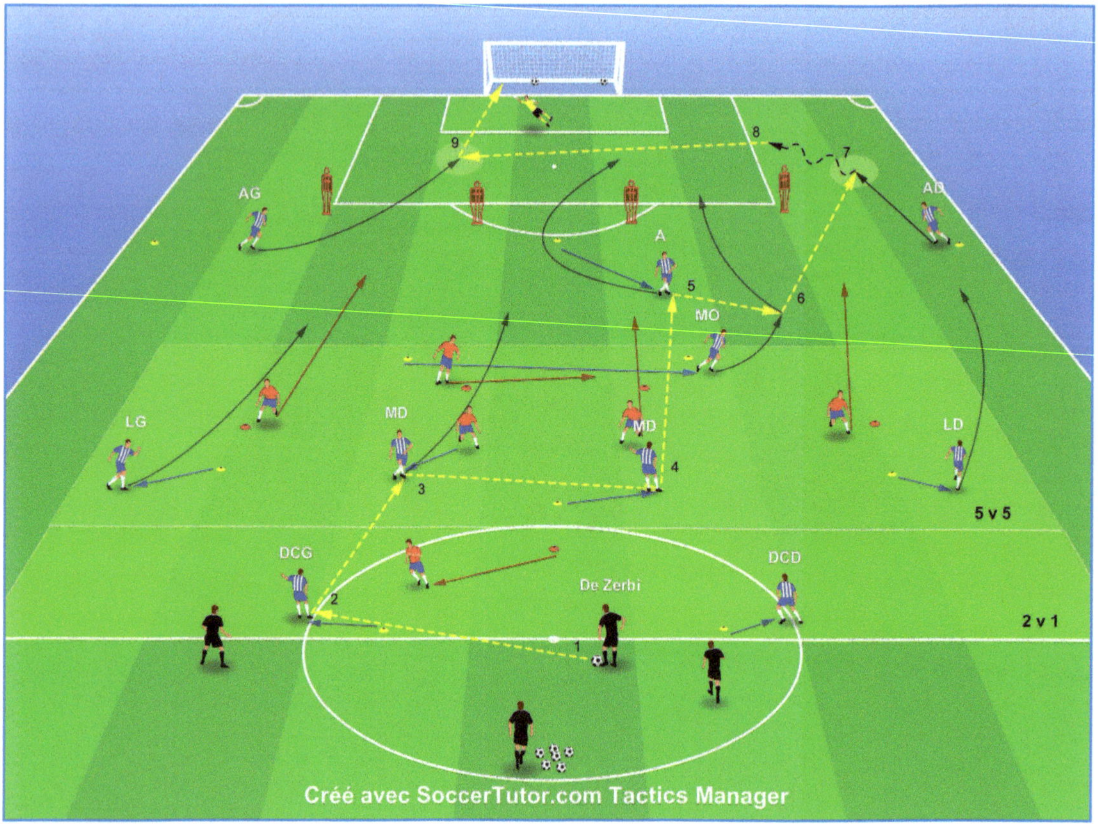

Description de l'Exercice

- Dans la zone basse délimitée, les bleus ont leurs 4 défenseurs, 2 milieux défensifs et 1 milieu offensif contre 6 adversaires rouges. Les 2 ailiers et l'attaquant sont à leurs positions habituelles plus haut sur le terrain où se trouvent 4 mannequins qui représentent la ligne défensive de l'équipe rouge.

- La position initiale de chaque joueur se trouve à côté de son cône/marqueur respectif. **De Zerbi** passe pour démarrer.

- Les bleus doivent garder la possession et trouver l'attaquant (**A**), comme indiqué. **A** remet le ballon à un joueur bleu lancé face au but (**MO** sur le schéma).

- À partir de là, tous les joueurs bleus, à l'exception des défenseurs centraux, rejoignent l'attaque. Le but est de finir rapidement malgré 4 adversaires rouges qui reviennent pour défendre.

- Ici, **MO** joue sur l'ailier droit (**AD**), qui dribble vers l'avant et délivre un centre à ras de terre pour **AG** qui marque.

Source: Séance de Roberto De Zerbi au Elite Football Performance Centre de Brighton - 19 décembre 2022

Séances de Roberto De Zerbi: Construction du Jeu

14. Construire à Travers les 3 Zones avec Surnombres dans un Jeu à 10v9

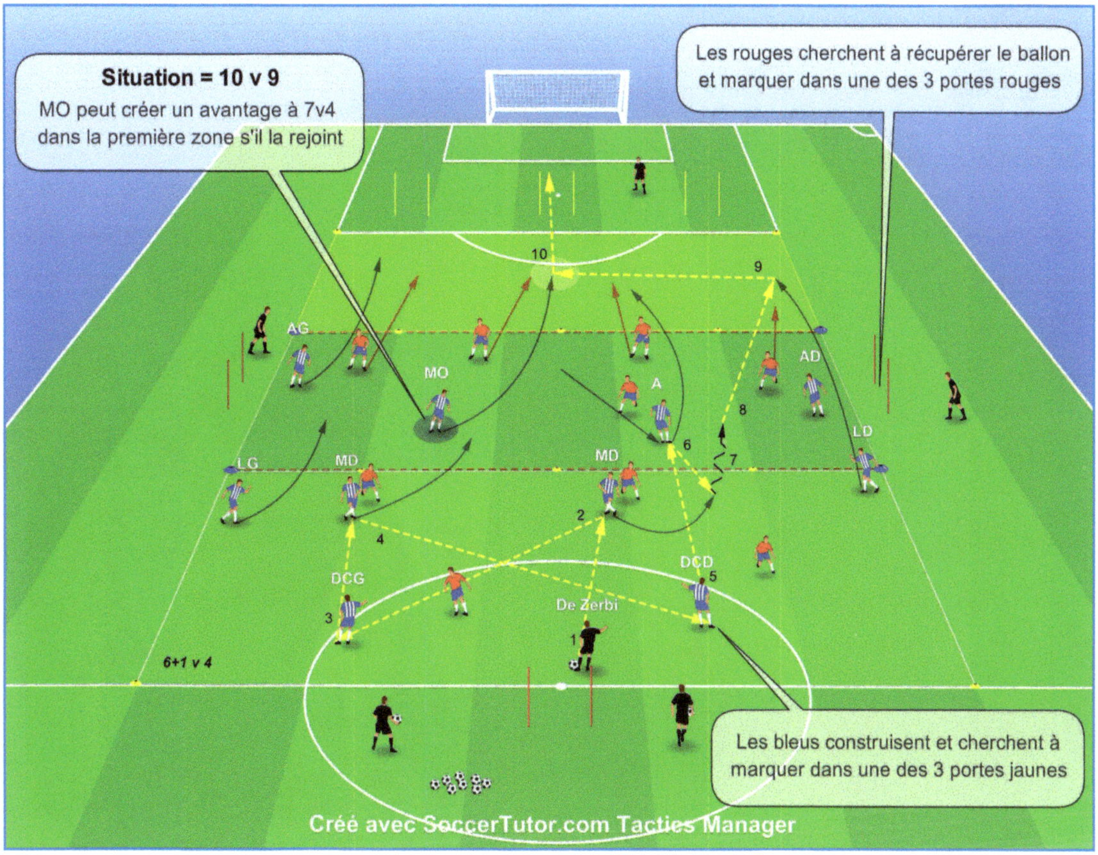

Situation = 10 v 9
MO peut créer un avantage à 7v4 dans la première zone s'il la rejoint

Les rouges cherchent à récupérer le ballon et marquer dans une des 3 portes rouges

Les bleus construisent et cherchent à marquer dans une des 3 portes jaunes

Description de l'Exercice

- Il y a 3 zones délimitées comme indiqué avec une situation totale de 10v9. Il y a du 6v4 en zone 1 et du 4v5 en zone 2.
- Les bleus visent à construire du jeu à travers les zones 1 et 2, à jouer une passe en profondeur pour un joueur lancé dans la zone 3, puis à marquer à travers l'une des 3 portes jaunes.
- Les rouges restent dans leur zone excepté les 4 défenseurs, qui peuvent se replier une fois le ballon joué en zone 3.
- Le milieu de terrain offensif (**MO**) peut descendre en zone 1 pour créer un avantage à 7v4 et aider à la construction initiale. Une fois que le ballon est en zone 2, les joueurs bleus de la zone 1 peuvent tous avancer (sauf les **DC**).
- Ici, les bleus consolident la possession en zone 1, le **MD** reçoit une remise de **A** en zone 2, et (**LD** appelle en profondeur pour passer à **MO** qui finit en zone 3.

Source: Séance d'entraînement de Roberto De Zerbi à Brighton à l'AMEX Stadium - 11 avril 2023

Schémas de Jeu Offensif

Directement tirées des séances de Roberto De Zerbi

Séances de Roberto De Zerbi: Schémas de Jeu Offensif

"Tout le monde sait ce que nous devons faire à notre poste, et il attend des choses différentes de chaque poste. Il vous donne assez d'informations pour prendre la bonne décision. C'est bien en tant que joueur. Vous pouvez voir quelle décision vous convient."

Alexis Mac Allister

Liverpool, Argentine, et ancien Milieu de Brighton

Séances de Roberto De Zerbi: Schémas de Jeu Offensif

FORMATION EN 4-3-3 DU SASSUOLO DE ROBERTO DE ZERBI

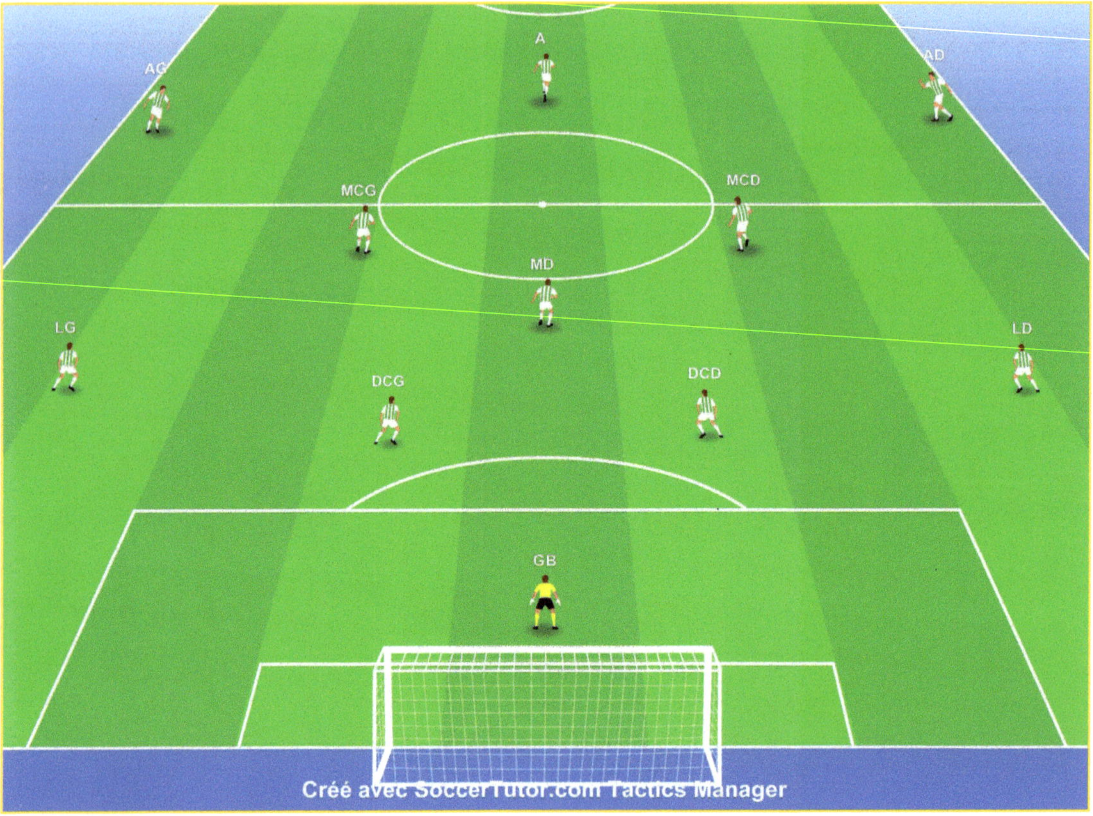

- **GB:** Gardien de But
- **DCG:** Défenseur Central Gauche
- **DCD:** Défenseur Central Droit
- **LG:** Latéral Gauche
- **LD:** Latéral Droit
- **MD:** Milieu Défensif
- **MCG:** Milieu Central Gauche
- **MCD:** Milieu Central Droit
- **AG:** Ailier Gauche
- **AD:** Ailier Droitr
- **A:** Attaquant

FORMATION EN PHASE D'ATTAQUE 2-3-2-3 DE ROBERTO DE ZERBI

Roberto De Zerbi a adapté son style de jeu au cours de sa carrière, mais a utilisé des variantes de 2-3-2-3 en phase offensive. Les exemples à suivre proviennent de ses premières séances avec Sassuolo en 4-3-3.

DEFENSEURS: Les **défenseurs centraux** (**DC**) assurent la stabilité défensive. Les **latéraux** (**LD** et **LG**) forment la deuxième ligne et aident à construire le jeu dans les zones centrales, mais sortent également de ces positions (courses vers l'avant) pour fournir de la largeur et délivrer des centres.

MILIEUX: Le **milieu défensif** (**MD**), positionné bas dans la deuxième ligne, joue un rôle essentiel pour maintenir la possession, faire circuler le ballon et organiser le jeu au centre. Les **milieux centraux** (**MCD** & **MCG**), en 3e ligne, lient les phases en recevant entre les lignes et en créant des occasions pour les attaquants

AILIERS: Les **ailiers** (**AD** & **AG**) occupent des positions larges pour étirer l'opposition, centrer ou rentrer à l'intérieur pour créer des occasions de but.

ATTAQUANT: L'**attaquant** (**A**) a un rôle central, il doit garder le ballon, relier les ailiers et les milieux, et marquer des buts.

Séances de Roberto De Zerbi: Schémas de Jeu Offensif

SCHEMAS DE JEU MISE EN PLACE 1 (FORME PHASE OFFENSIVE EN 3-2-3)

- Ce diagramme montre la configuration de Roberto De Zerbi **pour pratiquer des schémas de jeu de position offensive avec Sassuolo** en utilisant 9 joueurs (pas de défenseur central).

- Il y a des entraîneurs à différents postes. Leur rôle est de jouer de nouveaux ballons et de presser les joueurs/d'appliquer une pression pour bloquer les lignes de passe à certains endroits afin de rendre les schémas de jeu réalistes, avec une certaine résistance défensive.

- Il y a 2 positions où il y a des ballons avec lesquelles recommencer.

- Il y a 9 mannequins rouges qui représentent l'opposition dans une formation défensive compacte en 4-5.

- A chaque poste, il y a 2 joueurs (figurants en dossard orange), qui forment 2 équipes de 10 joueurs de champ pour pratiquer les schémas.

- Les 2 équipes **exécutent alternativement les schémas tracés par De Zerbi**. Quand une a terminé, l'autre prend sa place.

Source: Séance de pré-saison du Sassuolo Calcio de Roberto De Zerbi à Vipiteno, Italie - 16 juillet 2019

"Plus la pression est forte, plus la construction est verticale. Moins il y a de pression, plus notre contrôle du jeu et la possession seront importants."

Séances de Roberto De Zerbi: Schémas de Jeu Offensif

1. Renversement de Jeu vers l'Ailier et Course de Dédoublement du Latéral dans la Surface

Description de l'Exercice

1. L'arrière droit (**LD**) effectue une touche vers avant avec le ballon, est mis sous pression par De Zerbi, puis passe au milieu central droit (**MCD**).

2-3. **MCD** remet vers le milieu défensif (**MD**). Le **MD** est mis sous pression par le Coach, fait une touche vers la gauche, et passe en biais au milieu gauche (**MCG**).

4. **MCG** reçoit et passE sur le côté à l'ailier gauche (**AG**).

5. **AG** reçoit et passe dans la surface pour l'arrière gauche (**LG**), qui effectue une longue course de dédoublement dans la profondeur à l'intérieur du mannequin pour recevoir derrière la ligne défensive.

6-7. L'ailier opposé (**AD**) a effectué une course dans le bon timing sur le côté. **LG** délivre un centre à terre à travers la surface pour qu'il marque. Les milieux de terrain centraux (**MCG** et **MCD**) et l'attaquant (**A**) effectuent également des courses dans différentes zones de la surface pour offrir des options alternatives.

Source: Séance de pré-saison du Sassuolo Calcio de Roberto De Zerbi à Vipiteno, Italie - 16 juillet 2019

Séances de Roberto De Zerbi: Schémas de Jeu Offensif

2. Renversement vers l'Ailier et Dédoublement du Latéral dans la Profondeur et dans la Surface

Description de l'Exercice

1. L'arrière droit (**LD**) avance avec le ballon, est mis sous pression par De Zerbi, puis passe au milieu central droit (**MCD**).

2. **MCD** se démarque d'abord, puis recule pour recevoir et passe au milieu défensif (**MD**).

3. **MD** est mis sous pression par l'entraîneur et passe en diagonale au milieu central gauche (**MCG**), qui s'est démarqué et a reculé pour recevoir.

4. **MCG** reçoit et passe à l'ailier gauche avancé (**AG**).

5-6. **AG** reçoit, conduit vers l'intérieur vers le mannequin latéral, puis passe dans la surface pour la course de dédoublement en profondeur de l'arrière gauche (**LG**).

7-8. L'attaquant (**A**) fait une course dans le bon timing vers le premier poteau. **LG** centre en retrait pour qu'il puisse marquer. Les deux milieux centraux (**MCG** et **MCD**) et l'ailier opposé (**AD**) font aussi des courses dans la surface pour offrir des options alternatives.

Source: Séance de pré-saison du Sassuolo Calcio de Roberto De Zerbi à Vipiteno, Italie - 16 juillet 2019

Séances de Roberto De Zerbi: Schémas de Jeu Offensif

3. Renversement vers l'Ailier, Course dans la Profondeur du Milieu Central pour Recevoir + Centre en Retrait

Description de l'Exercice

1. L'arrière gauche (**LG**) avance avec le ballon, est mis sous pression par **De Zerbi**, puis passe au milieu central gauche (**MCG**), qui décroche pour recevoir.

2. **MCG** passe en retrait au milieu défensif (**MD**), qui se démarque avant de bouger pour recevoir au centre.

3. **MD** est mis sous pression par l'entraîneur et passe en diagonale vers le milieu de terrain central droit (**MCD**), qui s'est déplacé pour recevoir de 3/4.

4. **MCD** passe au large à l'ailier droit (**AD**).

5-6. **AD** reçoit, conduit à l'intérieur vers le mannequin représentant le latéral, puis passe dans la surface pour la course en pronfondeur du **MCD** derrière la défense et dans la surface.

7-8. **MCD** centre en retrait pour **MCG**, qui fait une course dans le bon timing vers la surface et marque. L'ailier opposé (**AG**) et l'attaquant (**A**) font également des courses dans la surface et le **MD** se met en position à l'entrée de la surface.

Source: Séance de pré-saison du Sassuolo Calcio de Roberto De Zerbi à Vipiteno, Italie - 16 juillet 2019

Séances de Roberto De Zerbi: Schémas de Jeu Offensif

4. Renversement avec Milieu Central qui Décroche pour Recevoir quand 2 Lignes de Passes sont Bloquées

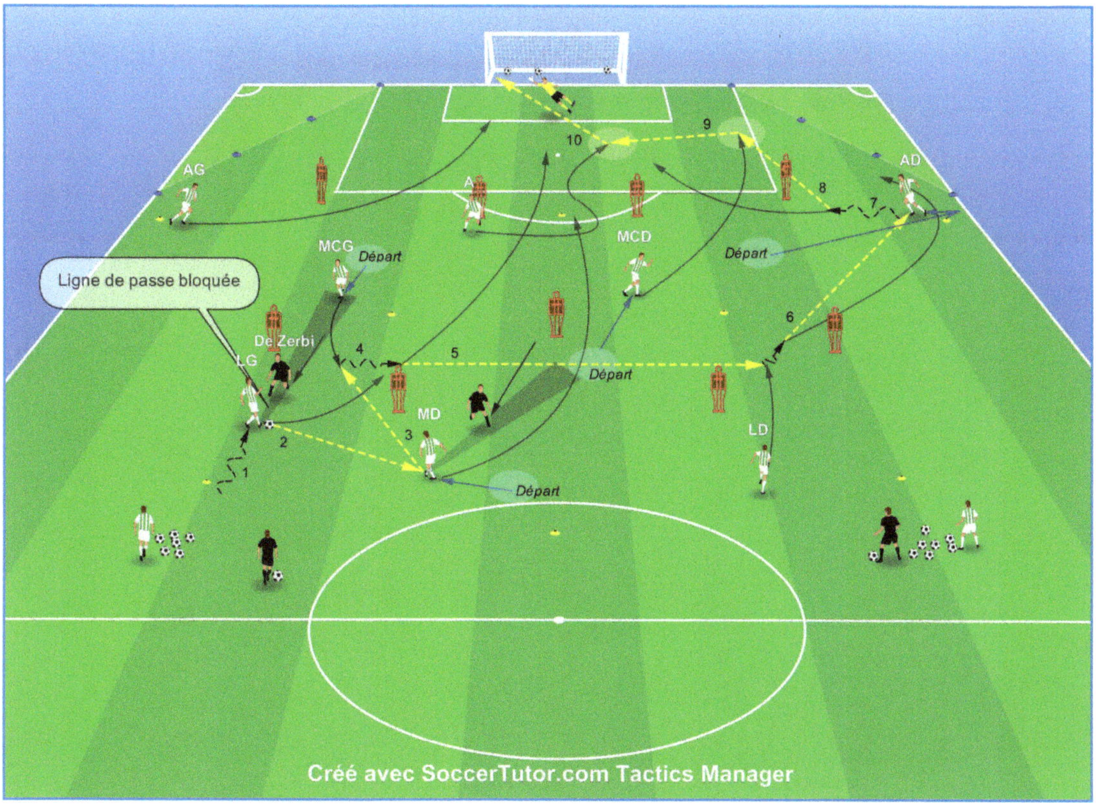

Description de l'Exercice

1-2. L'arrière gauche (**LG**) avance avec le ballon et est pressé par **De Zerbi**, qui bloque la passe vers l'avant. **LG** passe donc au milieu de terrain défensif (**MD**), qui se décale vers l'axe.

3. Le milieu défensif (**MD**) passe vers l'avant au milieu de terrain central gauche (**MCG**), qui se recule pour recevoir.

4-5. **MCG** conduit le ballon vers l'intérieur et passe dans la course vers l'avant du latéral droit (**LD**) derrière le mannequin.

6. **LD** reçoit et passe à l'ailier droit (**AD**), qui s'est déplacé à l'extérieur depuis sa position de départ intérieure.

7-8. **AD** conduit à l'intérieur, vers le mannequin latéral, puis passe dans la surface dans la course pénétrante du milieu de terrain central droit (**MCD**) derrière la défense et dans la surface.

9-10. **MCD** passe sur le côté à l'attaquant (**A**), qui gère sa course pour marquer. Les ailiers (**AG** et **AD**) font aussi des courses dans la surface et le **MD** se met en position à l'entrée de la surface.

Source: Séance de pré-saison du Sassuolo Calcio de Roberto De Zerbi à Vipiteno, Italie - 16 juillet 2019

Séances de Roberto De Zerbi: Schémas de Jeu Offensif

5. Combinaison au Centre avec Courses de Soutien, et Passe en Profondeur vers l'Allier

Description de l'Exercice

1. Le latéral Gauche (**LG**) avance avec le ballon, est mis sous pression par le Coach, mais arrive à passer vers l'avant au milieu central gauche (**MCG**), qui est lui-même marqué par un autre Coach.

2. Marqué de près, **MCG** passe en retrait au milieu défensif (**MD**).

3. **MD** est pressé par De Zerbi, donc l'attaquant (**A**) se place dans la ligne depasse ouverte pour recevoir la passe.

4. **A** remet le ballon pour le milieu central droit (**MCD**) qui arrive.

5. **MCD** joue une passe en profondeur dans la surface dans la course de l'ailier droit (**AD**) sur le côté.

6. **AD** frappe au but pour marquer. Les deux milieux centraux (**MCD** et **MCG**), **A** et l'ailier opposé (**AG**) font des courses dans la surface. Le **MD** se place à l'entrée de la surface.

Source: Séance de pré-saison du Sassuolo Calcio de Roberto De Zerbi à Vipiteno, Italie - 16 juillet 2019

Séances de Roberto De Zerbi: Schémas de Jeu Offensif

6. Jeu Combiné sur le Côté Central Gauche avec Remise de l'Attaquant qui se Tourne pour Marquer (Passe & Va)

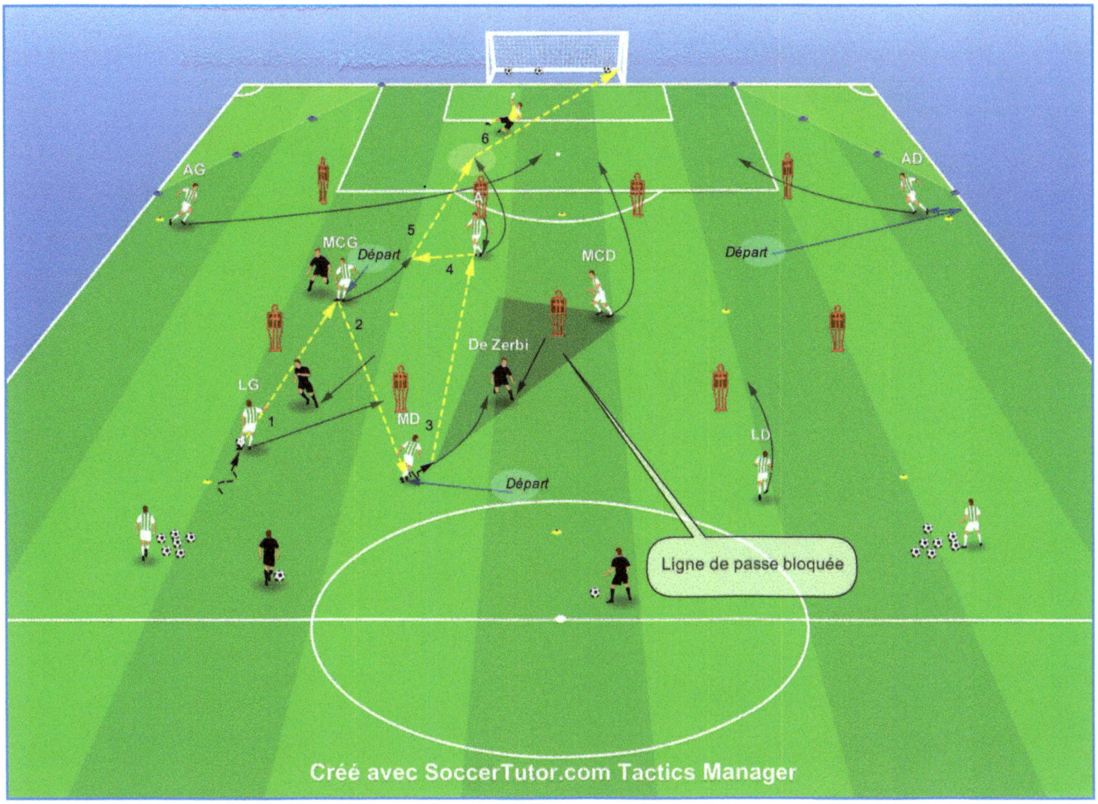

Description de l'Exercice

1. L'arrière gauche (**LG**) avance avec le ballon, est mis sous pression par l'entraîneur, mais parvient tout de même à passer vers l'avant au milieu de terrain central gauche (**MCG**), bien qu'il soit marqué par un autre entraîneur.

2. Alors qu'il est marqué de près, **MCG** passe en retrait au milieu défensif (**MD**).

3. **MD** est pressé par **De Zerbi** qui bloque une passe vers le **MCD** mais laisse ouverte une ligne de passe verticale à l'attaquant (**A**), qui reçoit devant le mannequin du défenseur central.

4-5. **A** remet le ballon pour le milieu central gauche qui arrive (**MCG**), et se défait du marquage. **MCG** fait une passe en profondeur dans la surface pour la course l'attaquant (**A**), qui a tourné autour du mannequin pour recevoir cette passe.

6. **A** essaye de marquer en 1v1 face au **GB**. Les ailiers (**AG** et **AD**) font aussi des courses dans la surface et le **MD** se met en position à l'entrée de la surface.

Source: Séance de pré-saison du Sassuolo Calcio de Roberto De Zerbi à Vipiteno, Italie - 16 juillet 2019

Séances de Roberto De Zerbi: Schémas de Jeu Offensif

7. Jeu Combiné sur le Côté Central Droit avec Remise de l'Attaquant qui se Tourne pour Marquer (Passe & Va)

Description de l'Exercice

1. L'arrière droit (**LD**) avance avec le ballon, est mis sous pression par l'entraîneur, mais parvient tout de même à passer vers l'avant au milieu de terrain central gauche (**MCD**), bien qu'il soit marqué par un autre entraîneur.

2. Alors qu'il est marqué de près, **MCD** passe en retrait au milieu défensif (**MD**).

3. **MD** est pressé par **De Zerbi** qui bloque une passe vers le **MCG** mais laisse ouverte une ligne de passe verticale à l'attaquant (**A**), qui reçoit devant le mannequin du défenseur central.

4-5. **A** remet le ballon pour le milieu central gauche qui arrive (**MCD**), et se défait du marquage. **MCD** fait une passe en profonceur dans la surface pour la course l'attaquant (**A**), qui a tourné autour du mannequin pour recevoir cette passe.

6. **A** essaye de marquer en 1v1 face au **GB**. Les ailiers (**AG** et **AD**) font aussi des courses dans la surface et le **MD** se met en position à l'entrée de la surface.

Source: Séance de pré-saison du Sassuolo Calcio de Roberto De Zerbi à Vipiteno, Italie - 16 juillet 2019

Séances de Roberto De Zerbi: Schémas de Jeu Offensif

SCHEMAS DE JEU MISE EN PLACE 2 (FORME PHASE OFFENSIVE EN 3-2-3)

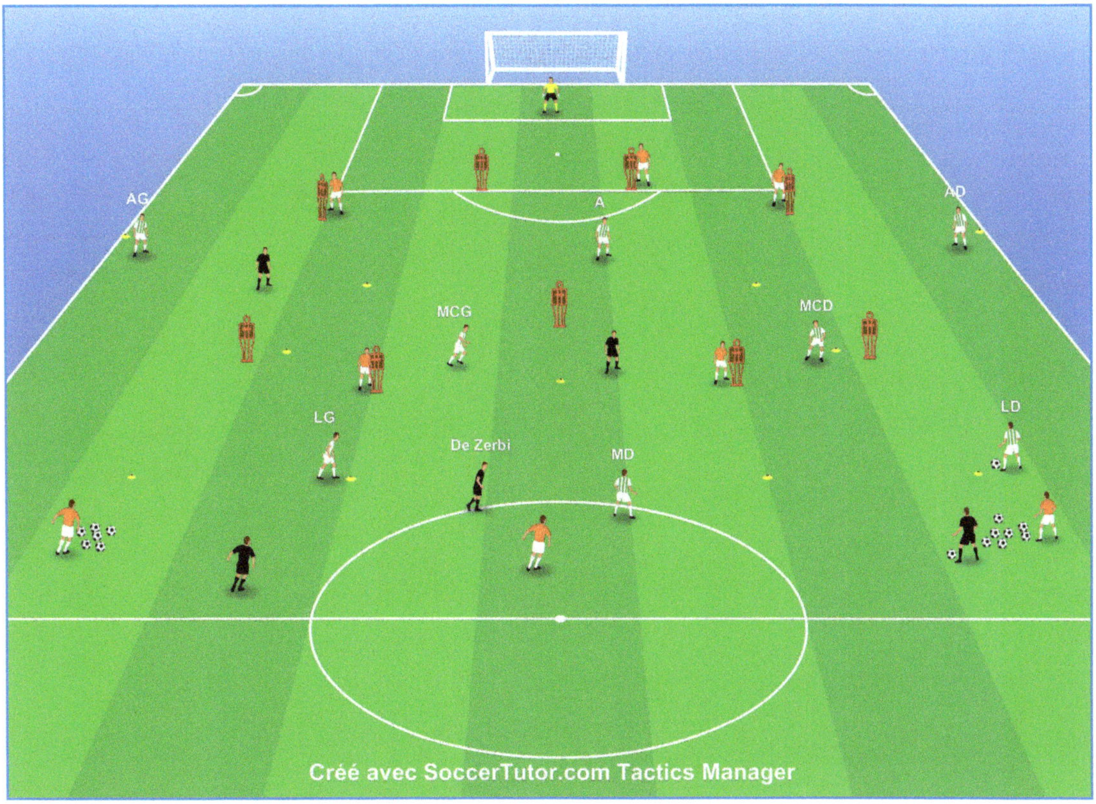

- Ce diagramme montre la deuxième variante de Roberto De Zerbi pour la **mise en place de schémas de jeu offensif avec Sassuolo** utilisant 9 joueurs (pas de défenseur central). Les différentes positions des cônes créent différentes positions de départ.

- Il y a des coachs à différents postes. Leur rôle est de jouer de nouveaux ballons et de gêner les joueurs/d'appliquer une pression pour bloquer les lignes de passe à certains points afin de rendre les schémas de jeu réalistes, avec une certaine résistance défensive.

- A 2 positions, il y a des ballons avec lesquels recommencer. Il y a 9 mannequins rouges qui représentent l'opposition dans une formation défensive compacte en 4-5.

- A chaque poste, il y a 2 joueurs (figurants en dossard orange), qui forment 2 équipes de 10 joueurs de champ pour pratiquer les schémas. Les 2 équipes **exécutent alternativement les schémas tracés par De Zerbi.** Dès qu'une équipe a terminé, elle revient à sa position et l'équipe suivante commence.

Source: Séance de pré-saison du Sassuolo Calcio de Roberto De Zerbi à Vipiteno, Italie - 23 juillet 2019

Séances de Roberto De Zerbi: Schémas de Jeu Offensif

1. Possession sur Côté Fort Avant de Renverser l'Attaque vers l'Ailier avec Course de Dédoublement du Latéral

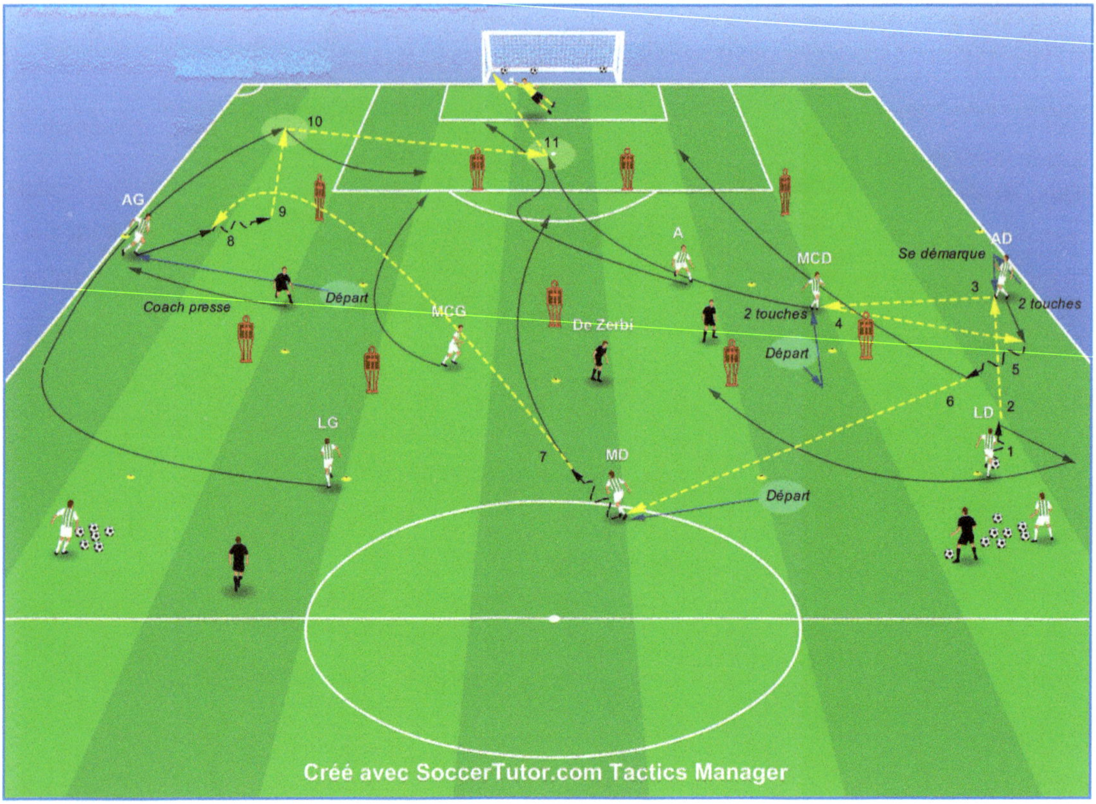

Description de l'Exercice

1-2. Le latéral droit (**LD**) avance avec le ballon et passe verticalement tà l'ailier droit (**AD**).

3. AD passe à l'intérieur au milieu central droit (**MCD**).

4-5. MCD remise le ballon vers **AD**, décroche pour recevoir et conduit vers l'intérieur.

6. AD passe en retrait au milieu défensif (**MD**) à l'intérieur.

7. MD reçoit et conduit le ballon vers l'intérieur, puis fait une passe aérienne pour changer le jeu vers l'ailier gauche avancé (**AG**).

8-9. AG rentre à l'intérieur et passe dans la course de dédoublement intérieur du latéral gauche (**LG**).

10-11. LG centre dans la surface pour l'attaquant (**A**), qui fait une course au centre de la surface pour marquer. Les deux milieux et les deux ailiers font également des courses dans la surface.

Source: Séance de pré-saison du Sassuolo Calcio de Roberto De Zerbi à Vipiteno, Italie - 23 juillet 2019

Séances de Roberto De Zerbi: Schémas de Jeu Offensif

2. Possession sur Côté Fort Avant de Renverser l'Attaque vers Ailier, Course de Dédoublement du Milieu Central

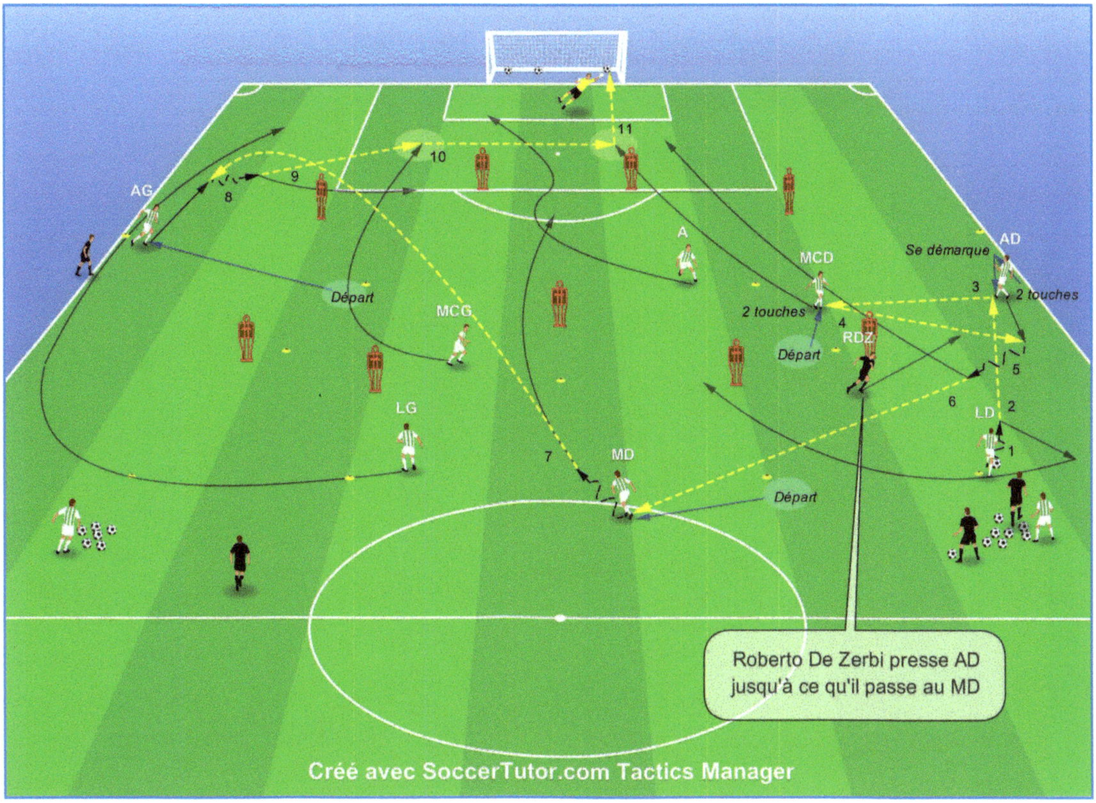

Roberto De Zerbi presse AD jusqu'à ce qu'il passe au MD

Description de l'Exercice

1-2. Le latéral droit (**LD**) avance avec le ballon et passe verticalement tà l'ailier droit (**AD**).

3. **AD** passe à l'intérieur au milieu central droit (**MCD**).

4-5. **MCD** remise le ballon vers **AD**, décroche pour recevoir et conduit vers l'intérieur.

6. De Zerbi presse **AD**, qui passe en retrait au milieu défensif (**MD**) au centre.

7. **MD** reçoit et conduit le ballon vers l'intérieur, puis fait une passe aérienne pour changer le jeu vers l'ailier gauche avancé (**AG**).

8-9. **AG** rentre à l'intérieur et passe dans la course de dédoublement intérieur dans la surface du milieu central gauche (**MCG**).

10-11. **MCG** centre dans la surface pour **MCD**, qui fait une course dans la surface pour marquer. L'attaquant (**A**) et **AD** font également des courses dans la surface.

Source: Séance de pré-saison du Sassuolo Calcio de Roberto De Zerbi à Vipiteno, Italie - 23 juillet 2019

Séances de Roberto De Zerbi: Schémas de Jeu Offensif

3. Possession sur le Côté Fort + Renverser l'Attaque avec Remise et Course de Dédoublement du Latéral

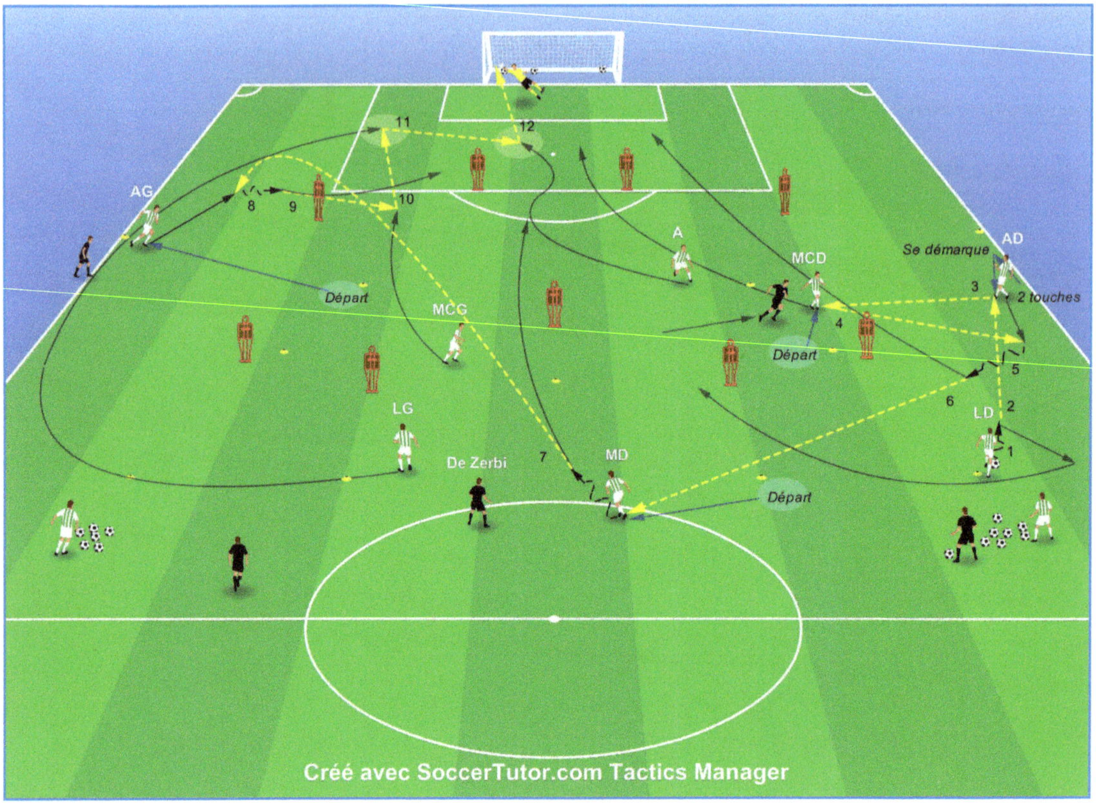

Description de l'Exercice

1-2. Le latéral droit (**LD**) avance avec le ballon et passe verticalement tà l'ailier droit (**AD**).

3. AD passe à l'intérieur au milieu central droit (**MCD**).

4-5. MCD remise le ballon vers **AD**, décroche pour recevoir et conduit vers l'intérieur.

6. AD passe en retrait au milieu défensif (**MD**) à l'intérieur.

7. MD reçoit et conduit le ballon vers l'intérieur, puis fait une passe aérienne pour changer le jeu vers l'ailier gauche avancé (**AG**).

8-9. AG rentre à l'intérieur et passe dans la course de dédoublement intérieur dans la surface du milieu central gauche (**MCG**).

10-12. MCG passe dans la surface pour le dédoublement dans la profondeur du latéral gauche (**LG**). LG centre en retrait pour que l'attaquant marque (**A**). MCD, AD, et AG font aussi des courses dans la surface pour offrir différentes options.

Source: Séance de pré-saison du Sassuolo Calcio de Roberto De Zerbi à Vipiteno, Italie - 23 juillet 2019

Séances de Roberto De Zerbi: Schémas de Jeu Offensif

4. Possession au Centre + Remise de l'Attaquant pour Passe en Profondeur du MC vers Ailier sur Côté Fort

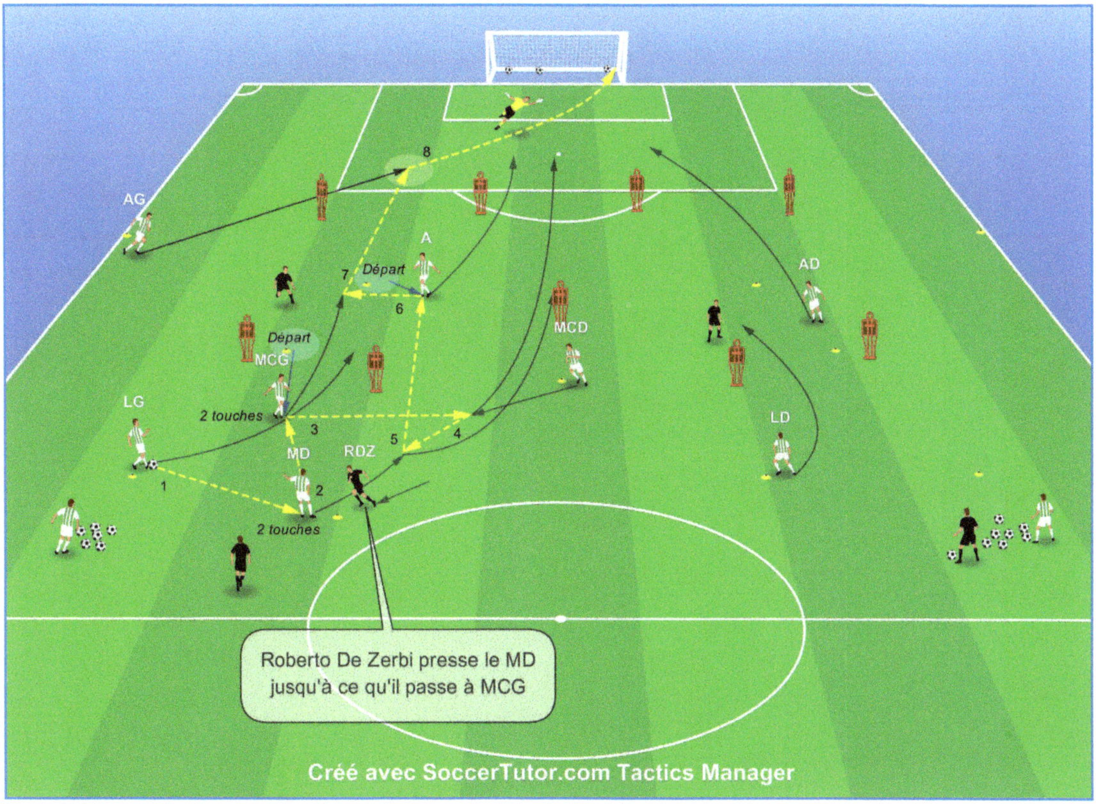

Description de l'Exercice

1. Le latéral gauche (**LG**) passe en retrait au milieu défensif (**MD**).

2. **MD** est préssé par De Zerbi et passe verticalement au milieu central gauche (**MCG**), qui décroche pour recevoir.

3-4. **MCG** passe à l'intérieur à l'autre milieu central (**MCD**), qui se déplace latéralement et donne en retrait à **MD**.

5-6. **MD** passe à l'attaquant (**A**), qui remet le ballon pour **MCG** qui arrive.

7. **MCG** joue une passe en profondeur entre le latéral et défenseur central (mannequins) dans la course de l'ailier gauche (**AG**), qui effectue une course en diagonale soudaine sur le côté.

8. **AG** frappe face au GB et essaye de marquer. **A**, **MCD**, et l'ailier droit (**AD**) font tous des courses dans la surface pour fournir un soutien et une éventuelle option de passe finale.

Source: Séance de pré-saison du Sassuolo Calcio de Roberto De Zerbi à Vipiteno, Italie - 23 juillet 2019

Séances de Roberto De Zerbi: Schémas de Jeu Offensif

5. Possession au Centre + Remise de l'Attaquant pour Passe en Profondeur du MC vers Ailier sur Côté Faible

Roberto De Zerbi presse le MD jusqu'à ce qu'il passe à MCD

Créé avec SoccerTutor.com Tactics Manager

Description de l'Exercice

1. Le latéral droit (**LD**) passe en retrait au milieu défensif (**MD**).

2. **MD** est préssé par De Zerbi et passe verticalement au milieu central droit (**MCD**), qui décroche pour recevoir sous la pression du Coach.

3-4. **MCD** passe à l'intérieur à l'autre milieu central (**MCG**), qui se déplace latéralement et donne en retrait à **MD**.

5-6. **MD** passe à l'attaquant (**A**), qui remet le ballon pour **MCD** qui arrive.

7. **MCD** joue une passe diagonale entre les 2 défenseurs centraux (mannequins) dans la course de l'ailier gauche (**AG**), qui fait sa course à l'intérieur par rapport au latéral mannequin.

8-9. **AG** entre dans la surface pour l'attaquant **A** pour marquer. **MCG** et l'ailier droit (**AD**) font des courses dans la surface pour fournir un soutien et une éventuelle option de passe finale.

Source: Séance de pré-saison du Sassuolo Calcio de Roberto De Zerbi à Vipiteno, Italie - 23 juillet 2019

Séances de Roberto De Zerbi: Schémas de Jeu Offensif

6. Possession au Centre + Attaquant se Retourne et Passe en Profondeur pour l'Ailier Derrière la Défense

Description de l'Exercice

1. Le latéral droit (**LD**) passe en retrait au milieu défensif (**MD**).

2. **MD** est pressé par De Zerbi et passe verticalement au milieu central droit (**MCD**), qui décroche pour recevoir sous la pression du Coach.

3-4. **MCD** passe à l'intérieur à l'autre milieu central (**MCG**), qui se déplace latéralement et donne en retrait à **MD**.

5-6. **MD** passe à l'attaquant (**A**), qui reçoit, se retourne et avance.

7. **A** joue une passe diagonale entre les 2 défenseurs centraux (mannequins) dans la course de l'ailier gauche (**AG**), qui fait sa course à l'intérieur par rapport au latéral mannequin.

8. Dans cet exemple, **AG** tire au but. **A**, **MCG**, **MCD** et l'ailier droit (**AD**) font tous des courses dans la surface pour fournir un soutien et une option de passe au cas où **AG** voudrait les utiliser.

Source: Séance de pré-saison du Sassuolo Calcio de Roberto De Zerbi à Vipiteno, Italie - 23 juillet 2019

Séances de Roberto De Zerbi: Schémas de Jeu Offensif

7. Combinaison, Casser Ligne, Remise de l'Attaquant, Passe en Profondeur du MC et Centre en Retrait pour Ailier

Description de l'Exercice

1. Le latéral droit (**LD**) passe à l'intérieur au milieu défensif (**MD**).

2. **MD** est préssé par De Zerbi et passe verticalement au milieu central droit (**MCD**), qui décroche pour recevoir.

3-4. **MCD** passe à l'intérieur à l'autre milieu central (**MCG**), qui se déplace latéralement et donne en retrait dans la course de **MD** autour de De Zerbi.

5-6. **MD** passe à l'attaquant (**A**), qui remet le ballon pour **MCG** qui arrive.

7. **MCG** joue une passe diagonale en profondeur entre le défenseur central et latéral (mannequins) dans la course de l'ailier gauche (**AG**) dans la surface.

8-9. **AG** centre pour **A** pour marquer. **MCD** et l'ailier droit (**AD**) font des courses dans la surface pour fournir un soutien et une éventuelle option de passe finale.

Source: Séance de pré-saison du Sassuolo Calcio de Roberto De Zerbi à Vipiteno, Italie - 23 juillet 2019

Séances de Roberto De Zerbi: Schémas de Jeu Offensif

8. Renverser vers Latéral qui Dédouble, Retour quand bloqué + Passe & Va du MC pour Recevoir en Profondeur

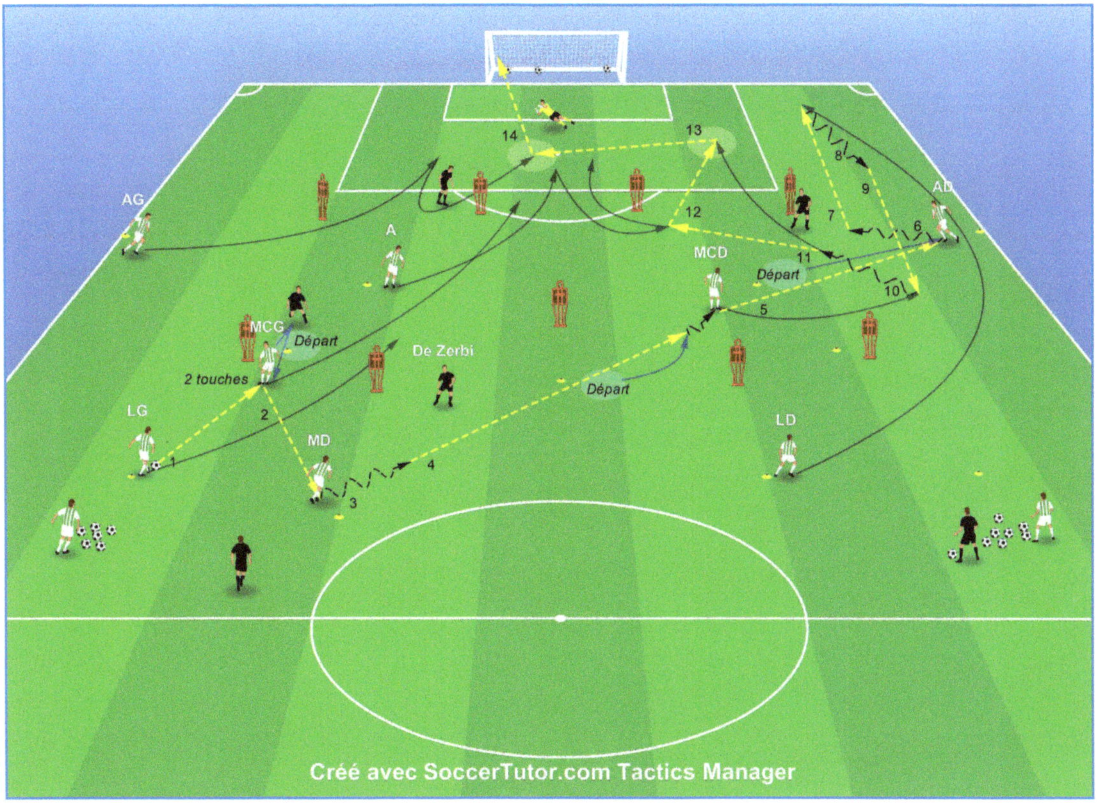

Description de l'Exercice

1. Le Latéral gauche (**LG**) passe au milieu central gauche (**MCG**), qui décroche pour recevoir sous la pression du Coach.

2-3. **MCG** passe en retrait pour le milieu défensif (**MD**), qui conduit vers l'avant et en diagonale.

4. **MD** passe diagonalement au milieu central droit (**MCD**), qui reçoit de 3/4 pour jouer vers l'avant.

5. **MCD** passe au large pour l'ailier droit avancé (**AD**).

6-7. **AD** reçoit, conduit à l'intérieur du latéral mannequin, puis passe au latéral droit (**LD**) qui dédouble.

8-9. **LD** se retourne, conduit vers l'arrière, puis passe à **MCD**, qui s'est déplacé vers la ligne de touche.

10-12. **MCD** dribble vers la surface puis joue un passe & va avec l'attaquant (**A**) qui reçoit dans la surface.

13-14. **MCD** centre en retrait pour **AG** pour marquer. **A** et **MCD** font aussi des courses dans la surface en soutien.

Source: Séance de pré-saison du Sassuolo Calcio de Roberto De Zerbi à Vipiteno, Italie - 23 juillet 2019

Séances de Roberto De Zerbi: Schémas de Jeu Offensif

9. Renversement vers le Latéral Droit qui Dédouble, Retour, et Passe Lobée du Milieu Central dans la Surface

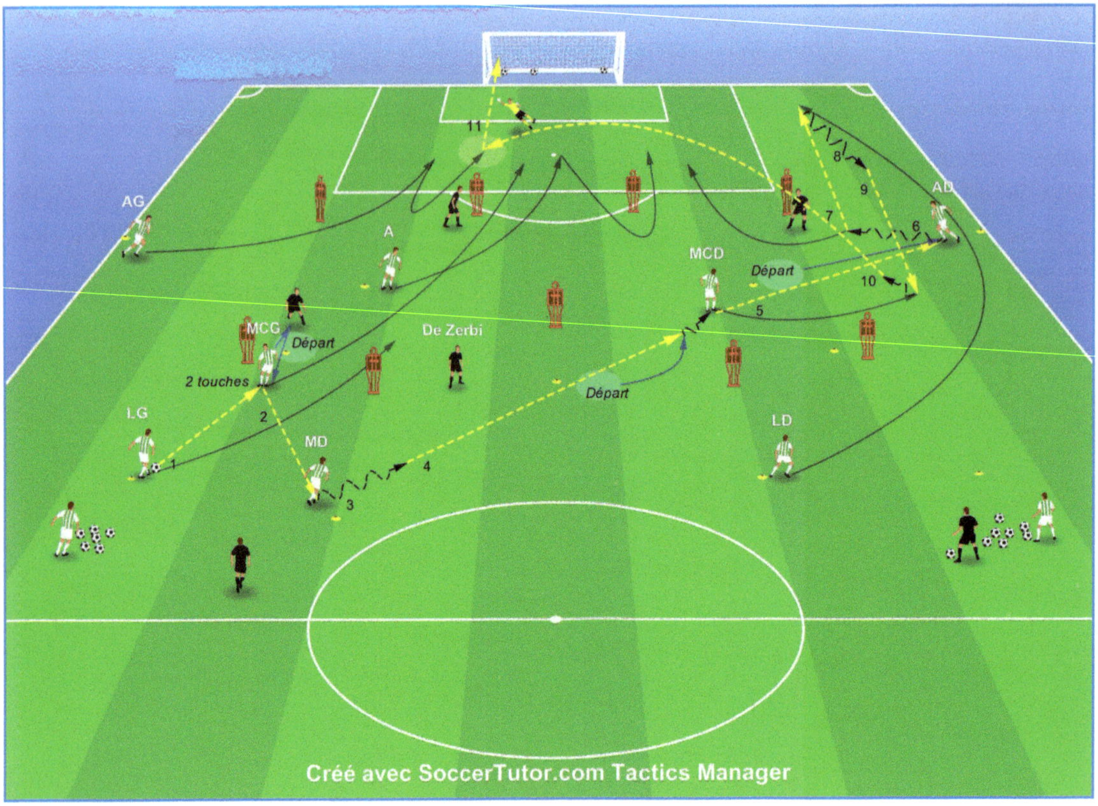

Description de l'Exercice

1-2. Le latéral gauche (**LG**) passe vers l'avant au milieu central gauche (**MCG**). **MCG** se démarque, décroche pour recevoir sous la pression du Coach, puis passe en retrait au milieu défensif (**MD**).

3-4. **MD** se déplace vers l'avant et à l'intérieur avec le ballon, puis passe en diagonale au milieu de terrain central droit (**MCD**), qui reçoit de 3/4 pour jouer vers l'avant.

5. **MCD** passe sur le côté à l'ailier droit (**AD**).

6-7. **AD** reçoit, conduit à l'intérieur du mannequin arrière latéral, puis passe à l'arrière droit (**LD**) qui dédouble.

8-9. **LD** se retourne, conduit vers l'arrière, puis passe à **MCD**, qui s'est déplacé vers la ligne de touche.

10-11. **MCD** reçoit et joue une passe aérienne en diagonale dans la surface dans la course de l'ailier gauche (**AG**) qui essaye de marquer. **A**, **MCG**, et **AD** font aussi des courses dans la surface en soutien.

Source: Séance de pré-saison du Sassuolo Calcio de Roberto De Zerbi à Vipiteno, Italie - 23 juillet 2019

Séances de Roberto De Zerbi: Schémas de Jeu Offensif

10. Renverser vers Latéral Gauche qui Dédouble, Retour quand bloqué, et Passe Lobée du MC dans la Surface

Description de l'Exercice

1. Le latéral droit (**LD**) passes vers l'avant au milieu central droit (**MCD**), qui est mis sous pression par le Coach.

2. **MCD** passe en retrait au milieu défensif (**MD**).

3-4. **MD** avance à l'intérieur avec le ballon puis passe en diagonale au milieu central gauche (**MCG**), qui reçoit de 3/4 pour jouer vers l'avant.

5. **MCG** passe au large à l'ailier gauche avancé (**AG**).

6-7. **AG** reçoit, conduit à l'intérieur du mannequin du latéral, puis passe au latéral gauche (**LG**) qui dédouble.

8-9. **LG** se retourne, conduit le ballon vers l'arrière, puis passe à **MCG**, qui se déplace vers la ligne de touche.

10-11. **MCG** reçoit puis joue une passe aérienne dans la surface pour la course de **MCD** qui tente de marquer. **A** et les deux ailiers (**AD et AG**) font des courses dans la surface pour fournir un soutien et une éventuelle option de passe finale.

Source: Séance de pré-saison du Sassuolo Calcio de Roberto De Zerbi à Vipiteno, Italie - 23 juillet 2019

Séances de Roberto De Zerbi: Schémas de Jeu Offensif

SCHÉMAS DE JEU MISE EN PLACE 3 (FORME PHASE OFFENSIVE EN 2-3-2-3)

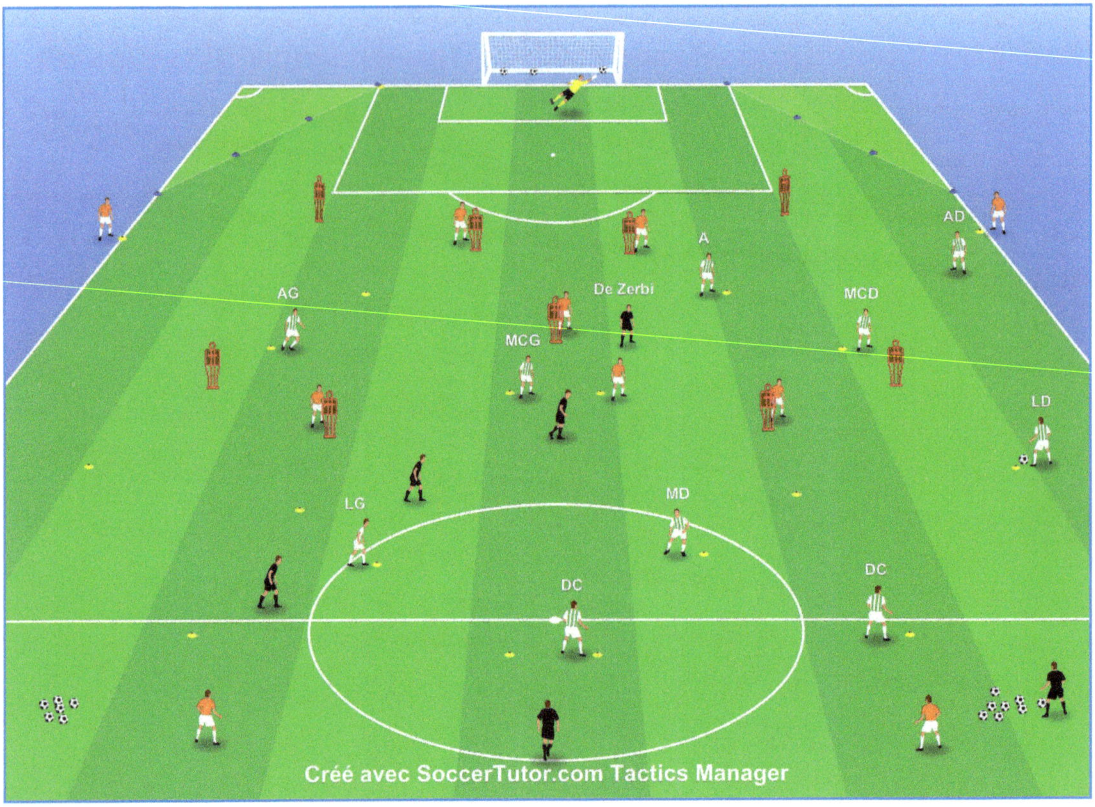

- Ce diagramme montre la configuration de Roberto De Zerbi pour pratiquer **des schémas de jeu offensif avec les 10 joueurs de champ de Sassuolo (4-3-3)**.

- Il y a des entraîneurs à différents postes. Leur rôle est de jouer de nouveaux ballons et de gêner les joueurs/ d'appliquer une pression pour bloquer les lignes de passe à certains points afin de rendre les schémas de jeu réalistes, avec une certaine résistance défensive.

- Il y a 2 positions où il y a des ballons avec lesquels recommencer.

- Il y a 9 mannequins rouges qui représentent l'opposition dans une formation défensive compacte en 4-5.

- A chaque poste, il y a 2 joueurs (figurants en dossard orange), qui forment 2 équipes de 10 joueurs de champ pour pratiquer les schémas.

- Les 2 équipes **exécutent en alternance les schémas tracés par De Zerbi**. Dès qu'une équipe a terminé, elle revient à sa position et l'équipe suivante commence.

Source: Séance de pré-saison du Sassuolo Calcio de Roberto De Zerbi à Vipiteno, Italie - 20 juillet 2019

"J'aime l'ailier qui essaye de battre son adversaire. J'aime ces joueurs qui vivent entre les lignes. J'aime le défenseur central qui essaye de diriger le jeu."

Séances de Roberto De Zerbi: Schémas de Jeu Offensif

1. Jeu Combiné au Large, Retour au Défenseur Central, et Attaque par le Côté

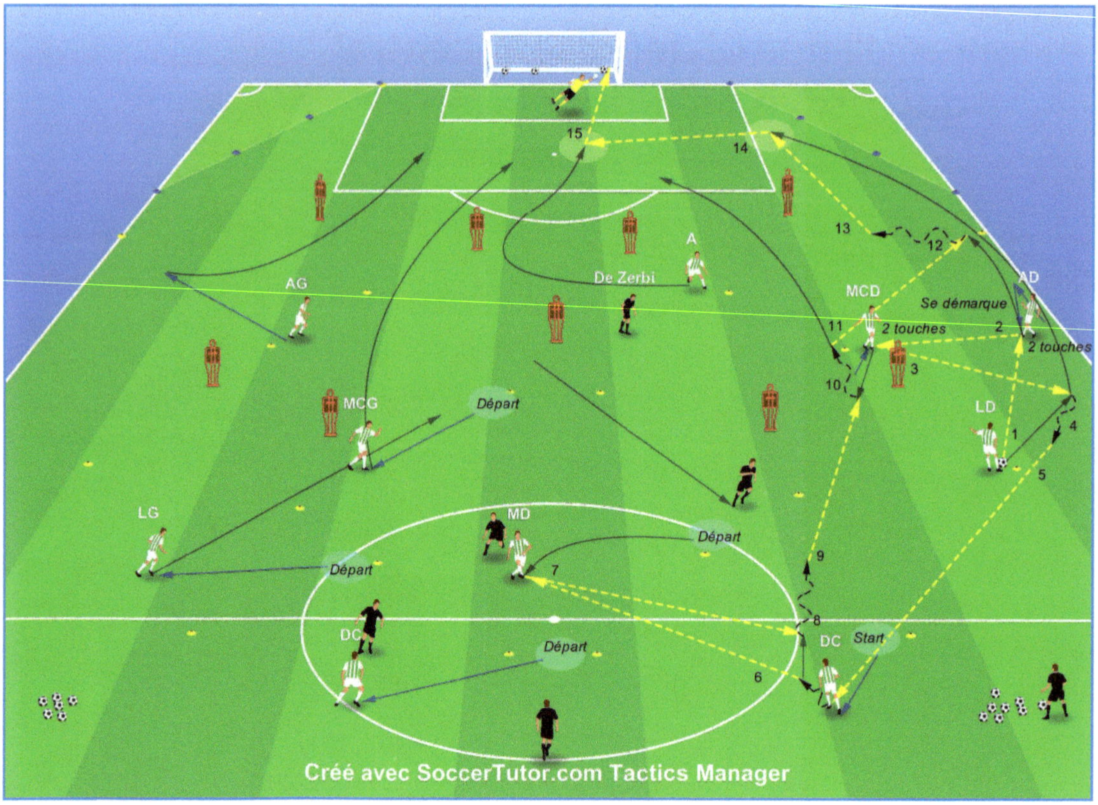

Description de l'Exercice

1-2. Le latéral droit (**LD**) passe vers l'avant à l'ailier droit (**AD**), qui passe à l'intérieur au milieu central droit (**MCD**).

3-5. **MCD** passe au **LD**, qui se retourne et passe au défenseur central (**DC**) pour repartir.

6-7. **DC** joue un une-deux avec le milieu défensif (**MD**), qui est mis sous pression par le Coach derrière lui.

8-10. **MD** avance avec le ballon et passe à **MCD**, qui reçoit et se retourne.

11. **MCD** passe au large à **AG**, qui fait un mouvement vers l'avant pour recevoir.

12-13. **AD** conduit à l'intérieur puis passe derrière la défense pour la course en profondeur de l'arrière droit (**LD**).

14. **LD** centre en retrait pour l'attaquant (**A**) pour marquer. Les deux milieux de terrain centraux (**MCG** et **MCD**) ainsi que l'ailier opposé (**AG**) effectuent également des courses dans différentes zones de la surface pour offrir des options alternatives.

Source: Séance de pré-saison du Sassuolo Calcio de Roberto De Zerbi à Vipiteno, Italie - 20 juillet 2019

Séances de Roberto De Zerbi: Schémas de Jeu Offensif

2. Jeu Combiné au Large, Retour au Défenseur Central, et Attaque par le Centre avec Attaquant Joueur Cible

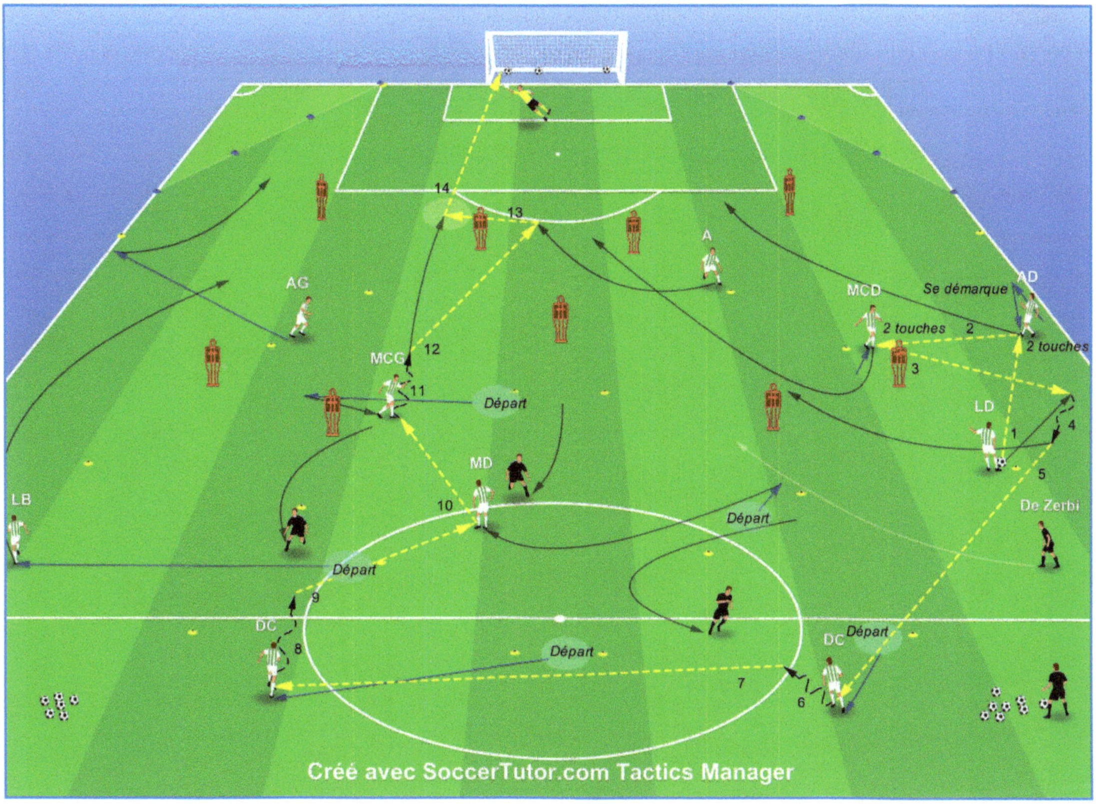

Description de l'Exercice

1-2. Le latéral droit (**LD**) passe vers l'avant à l'ailier droit (**AD**), qui passe à l'intérieur au milieu central droit (**MCD**).

3-5. **MCD** passe à **LD**, qui se tourne et passe en retrait au défenseur central (**DC**) pour repartir.

6-7. **DC** contrôle sous la pression du Coach et passe de l'autre côté à l'autre défenseur central.

8-9. L'autre **DC** avance et est pressé par le Coach, donc passe à **MD**.

10. **MD** est également pressé et passe vers l'avant vers le milieu de terrain central gauche (**MCG**).

11-12. **MCG** se retourne pour aller de l'avant et passe entre les 2 mannequins défenseurs centraux dans le mouvement de l'attaquant (**A**).

13-14. **A** remet le ballon pour **MCG** qui arrive pour compléter la combinaison en une-deux. **MCG** frappe au but.

Source: Séance de pré-saison du Sassuolo Calcio de Roberto De Zerbi à Vipiteno, Italie - 20 juillet 2019

Séances de Roberto De Zerbi: Schémas de Jeu Offensif

3. Repartir du Défenseur Central et Attaquer par le Centre avec Passe en Profondeur du Milieu Central à l'Ailier

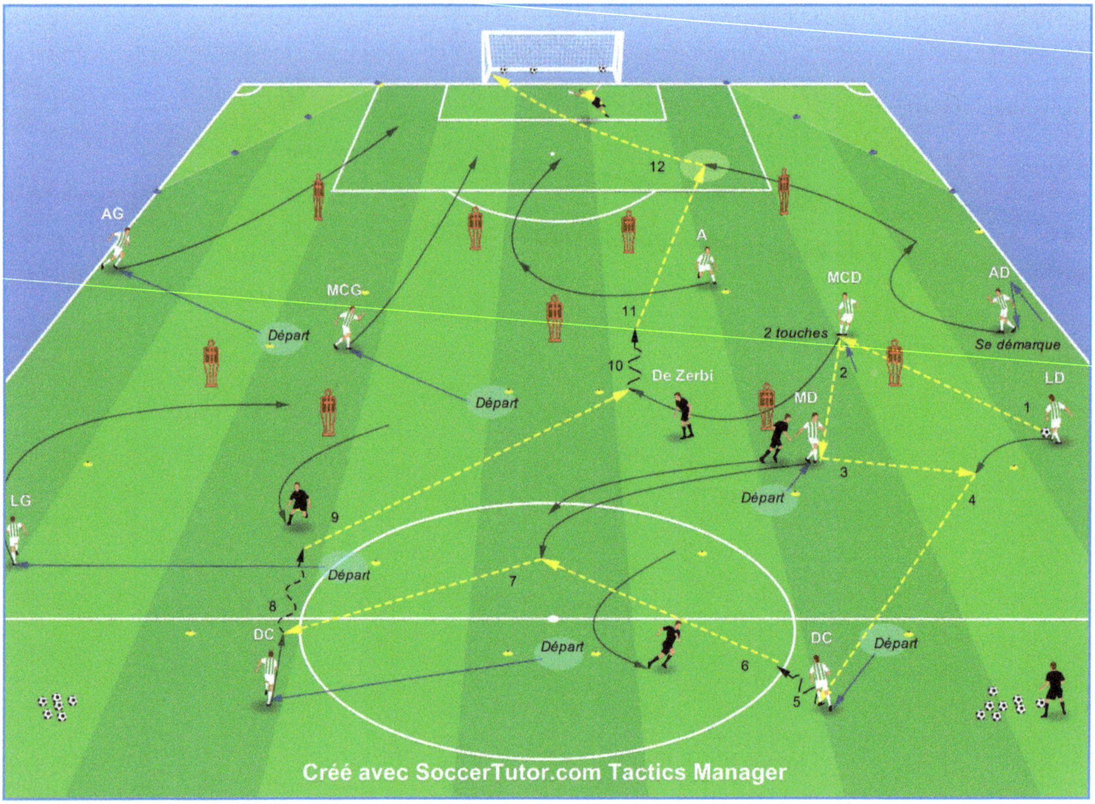

Description de l'Exercice

1-2. Le latéral droit (**LD**) passe au milieu central droit (**MCD**). Il passe en retrait au milieu défensif (**MD**), qui est marqué par le Coach.

3-4. MD passe à **LD**, qui décroche pour recevoir puis passe en retrait au défenseur central (**DC**) pour repartir.

5-6. DC contrôle sous la pression du Coach et passe au **MD**, qui fait une longue course pour recevoir au centre en position reculée.

7. MD passe à l'autre défenseur central.

8-9. DC avance avec le ballon, est pressé par le Coach, et passe au milieu central droit (**MCD**).

11. MCD se retourne vers l'avant et passe entre les mannequins de l'arrière latéral et du défenseur central dans la course de l'ailier droit (**AD**) dans la surface.

12. AD tire face au GB pour marquer. L'attaquant (**A**), le milieu central gauche (**MCG**) et l'ailier gauche (**AG**) font tous des courses dans la surface pour offrir du soutien.

Source: Séance de pré-saison du Sassuolo Calcio de Roberto De Zerbi à Vipiteno, Italie - 20 juillet 2019

Séances de Roberto De Zerbi: Schémas de Jeu Offensif

4. Combiner Rapidement et Renverser Jeu via les 2 Défenseurs Centraux sur Ailier avec Dédoublement du Latéral

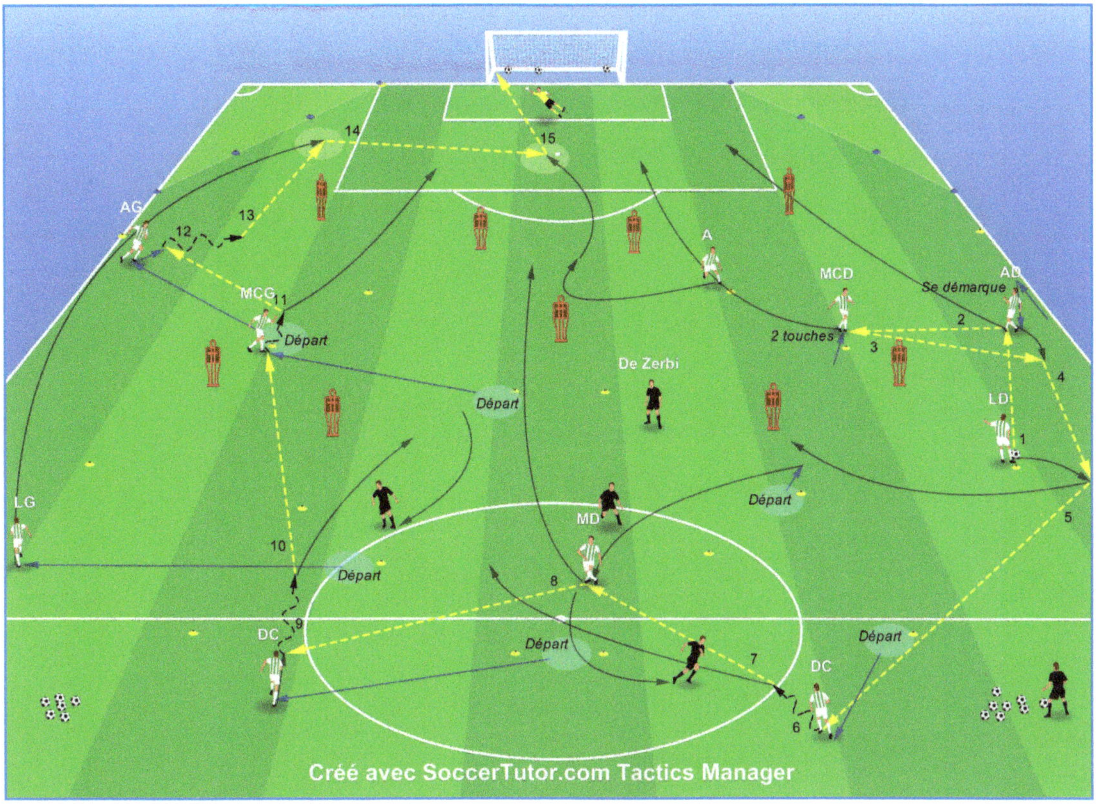

Description de l'Exercice

1-2. Le latéral droit (**LD**) passe vers l'avant à l'ailier droit (**AD**), qui passe à l'intérieur au milieu central droit (**MCD**).

3-4. MCD passe à AD, qui passe en retrait au latéral droit (**LD**), qui recule pour recevoir.

5. LD passe en retrait à DC pour repartir, qui est pressé par le Coach.

6-7. DC fait un contrôle vers l'avant et passe au milieu défensif (**MD**), qui décroche pour recevoir en position basse.

8-10. MD passe en retrait à l'autre défenseur central (**DC**), qui reçoit en mouvement et porte le ballon vers l'avant avant de passer au milieu de terrain central gauche (**MCG**).

11-13. MCG se retourne vers l'avant et passe à l'ailier gauche (**AG**), qui conduit à l'intérieur et passe dans la course de l'arrière gauche (**LG**) qui dédouble.

14-15. AG centre en retrait pour l'attaquant (**A**) qui marque. Les deux milieux (**MCG** & **MCD**) et l'ailier opposé (**AD**) font aussi des courses dans la surface.

Source: Séance de pré-saison du Sassuolo Calcio de Roberto De Zerbi à Vipiteno, Italie - 20 juillet 2019

Séances de Roberto De Zerbi: Schémas de Jeu Offensif

5. Combiner Rapidement et Renverser le Jeu via le Défenseur Central vers l'Ailier avec Dédoublement du Latéral

Description de l'Exercice

1-4. Dans un triangle, les joueurs font 2 touches *(contrôler et passer)*. Le ballon part du latéral gauche (**LG**) vers le milieu défensif (**MD**), puis du milieu central gauche (**MCG**) vers le **MD** à nouveau, qui décroche de son marqueur pour recevoir la quatrième passe de la séquence.

5-7. MD passe latéralement au défenseur central (**DC**), qui s'est avancé après la ligne médiane pour recevoir, porte le ballon vers l'avant et passe à l'ailier droit (**AD**) positionné vers la ligne de touche.

8-10. AD reçoit, conduit à l'intérieur, puis joue un passe & va avec le milieu central droit (**MCD**), qui s'était avancé.

11. AD reçoit derrière la défense centre le ballon dans la surface au second poteau pour l'attaquant (**A**) qui tente de marquer. **MCD** et **AG** font aussi des courses dans la surface pour fournir du soutien et d'autres options de passe.

Source: Séance de pré-saison du Sassuolo Calcio de Roberto De Zerbi à Vipiteno, Italie - 20 juillet 2019

Séances de Roberto De Zerbi: Schémas de Jeu Offensif

6. Combiner Rapidement et Renverser le Jeu via le Milieu Défensif vers l'Ailier avec Dédoublement du Latéral

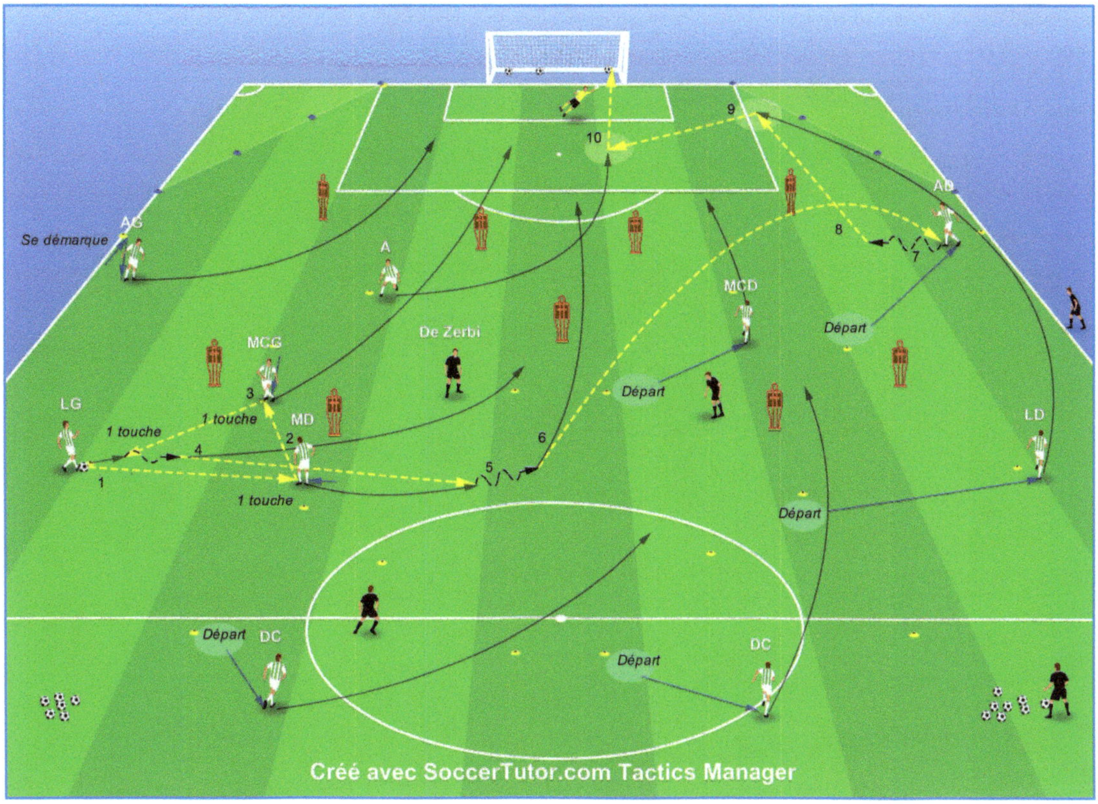

Description de l'Exercice

1-4. Dans un triangle, les passes en une touche vont de l'arrière gauche (**LG**) au milieu défensif (**MD**), au milieu de terrain central gauche (**MCG**), et reviennent au **MD**, qui s'ouvre et laisse passer le ballon pour recevoir dans l'espace la quatrième passe de la séquence.

5-6. **MD** fait basculer le jeu avec une passe aérienne vers l'ailier droit (**AD**) positionné sur la ligne de touche. Tous les autres joueurs effectuent des mouvements de soutien.

7-8. **AD** reçoit, conduit vers l'intérieur, puis passe derrière la défense pour le dédoublement de l'arrière droit (**LD**).

9-10. **LD** centre en retrait pour l'attaquant (**A**) qui tente de marquer. Les deux milieux de terrain (**MCG** & **MCD**) et l'ailier opposé (**AG**) font aussi des courses dans la surface pour fournir du soutien et d'autres options de passe.

Source: Séance de pré-saison du Sassuolo Calcio de Roberto De Zerbi à Vipiteno, Italie - 20 juillet 2019

Séances de Roberto De Zerbi: Schémas de Jeu Offensif

SCHEMAS DE JEU MISE EN PLACE 4 (FORME PHASE OFFENSIVE EN 2-3-2-3)

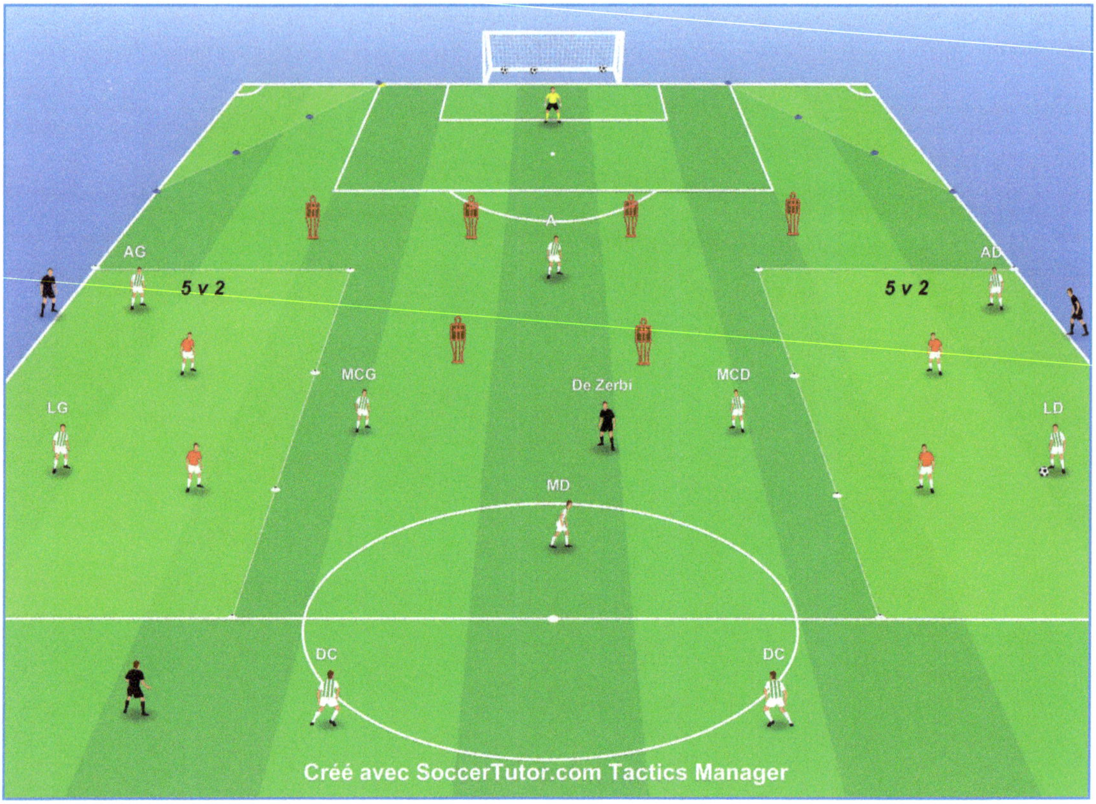

- Ce diagramme montre la configuration de Roberto De Zerbi pour **pratiquer les schémas de jeu offensif (formation 4-3-3)** à Sassuolo avec des zones à 5 contre 2 sur les côtés.

- Il y a 6 mannequins rouges qui représentent les 4 arrières et 2 milieux centraux adverses. De plus, il y a 2 arrières latéraux rouges + ailiers actifs. Cela crée une défense en 4-4-2.

- **Les zones de côté sont marquées comme 5v2** car les joueurs rouges doivent rester dans ces zones et un maximum de 5 joueurs blancs/verts sont autorisés à entrer en même temps, par ex. l'arrière gauche (**LG**), l'ailier gauche (**AG**), le milieu central gauche (**MCG**), le milieu défensif (**MD**) et l'arrière central (**DC**) dans le 1er exemple de la page suivante.

- Les **joueurs exécutent différents schémas, entraînés par De Zerbi**. Dans les pages suivantes, vous trouverez 7 exemples observés pour cette mise en place lors d'une séance d'entraînement à Sassuolo.

Source: Séance de pré-saison du Sassuolo Calcio de Roberto De Zerbi à Vipiteno, Italie - 20 juillet 2018

"C'est une des équipes dont j'essaie d'apprendre beaucoup. Elle est unique comme un restaurant étoilé – en Catalogne, le meilleur chef depuis de très nombreuses années, il a changé la cuisine et je pense que Brighton joue d'une façon unique, spéciale."

Pep Guardiola

Séances de Roberto De Zerbi: Schémas de Jeu Offensif

1. Double Renversement via le Défenseur Central et le Milieu Défensif avec 5v2 sur les Ailes

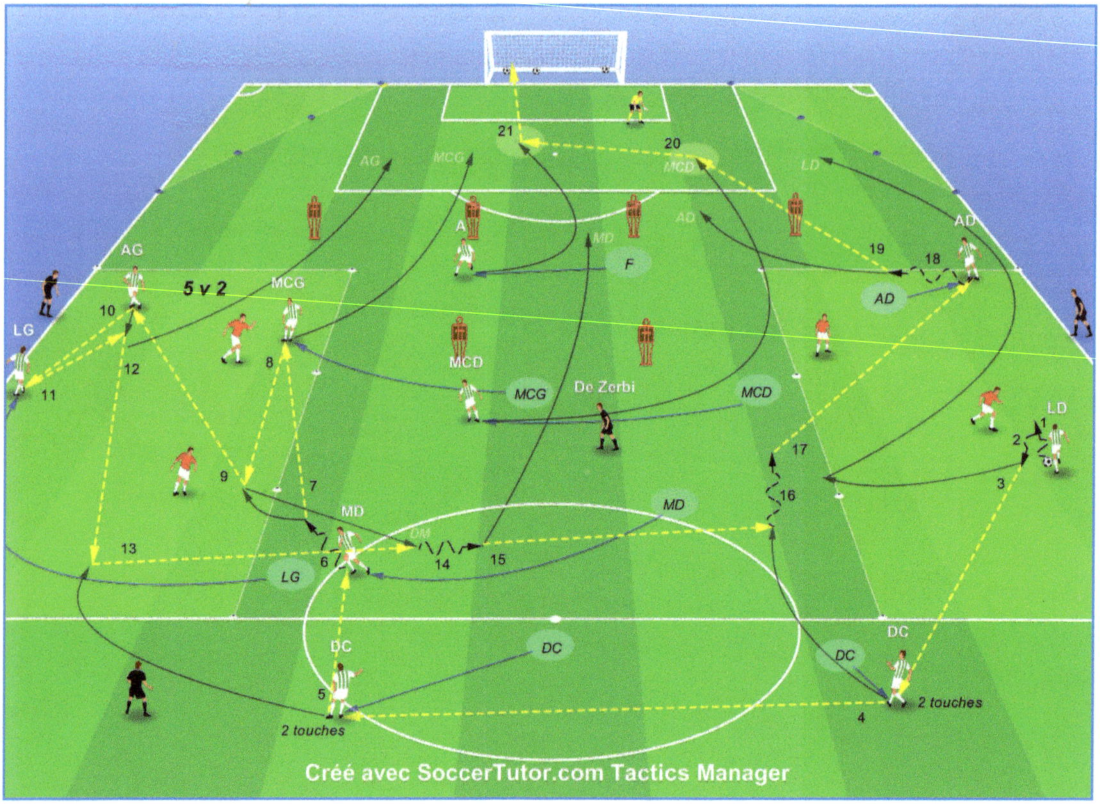

Cercles bleus : positions de départ.

Description de l'Exercice

1-4. L'arrière droit (**LD**) avance, recule et passe au défenseur central (**DC**), qui passe à l'autre défenseur central.

5-8. DC passe à **MD**, qui reçoit, se retourne et passe à **MCG** (milieu central), puis se déplace pour recevoir la passe en retour.

9-13. MD passe à l'ailier (**AG**), qui joue un une-deux avec l'arrière gauche (**LG**). DC se déplace au large dans la zone 5v2 pour recevoir la prochaine passe, puis passe à **MD**.

14-17. MD s'ouvre et passe à **DC**, qui dépasse la ligne médiane pour recevoir en mouvement avant de passer au large à l'ailier droit (**AD**).

18-19. AD rentre à l'intérieur et passe derrière la défense dans la course du milieu de terrain central droit (**MCD**).

20-21. MCD passe à travers la surface pour que l'attaquant (**A**) marque au centre. L'autre milieu de terrain central (**MCG**) et l'ailier opposé (**AG**) effectuent également des courses dans la surface.

Source: Séance de pré-saison du Sassuolo Calcio de Roberto De Zerbi à Vipiteno, Italie - 20 juillet 2018

Séances de Roberto De Zerbi: Schémas de Jeu Offensif

2. Jeu de Possession sur Côté Droit (Zone 5v2), Finir avec Passe Profonde pour Attaquant Derrière la Défense

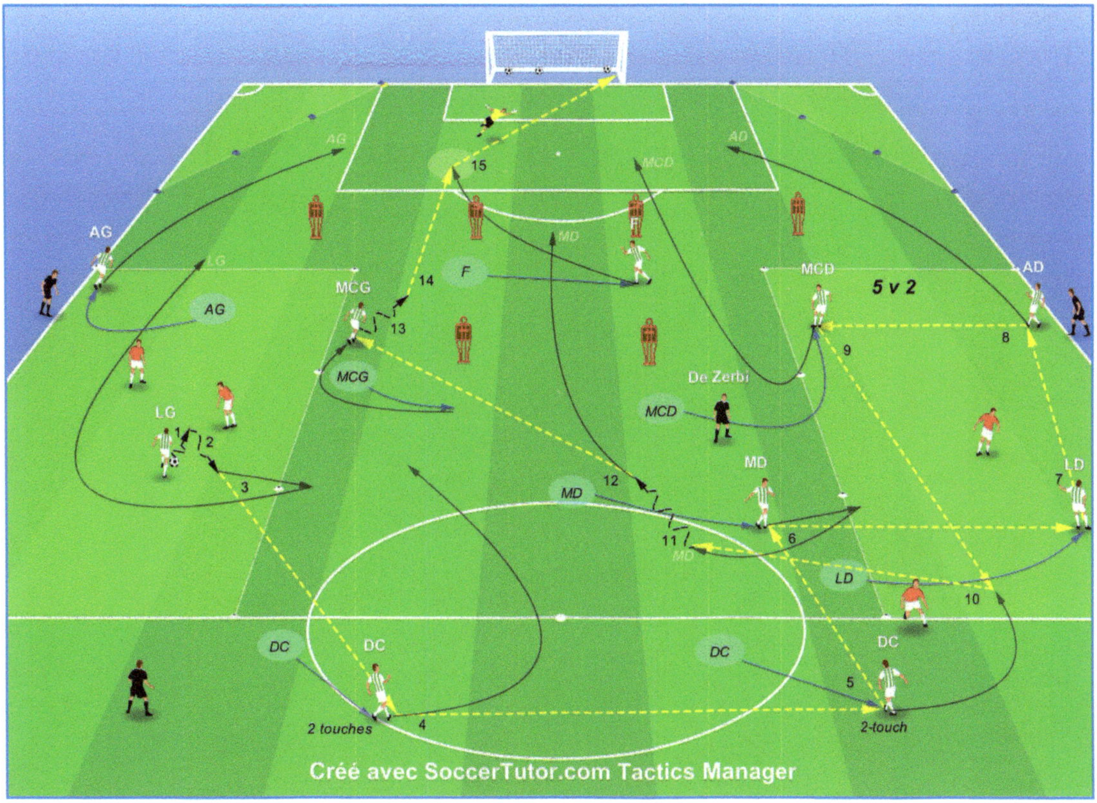

Cercles bleus : positions de départ.

Description de l'Exercice

1-4. L'arrière gauche (**LG**) avance, recule et passe au défenseur central (**DC**), qui passe à l'autre défenseur central.

5-9. DC passe à **MD**, qui décroche pour recevoir. Il passe à l'arrière droit (**LD**), qui passe à l'ailier droit (**AD**). AD passe à l'intérieur au milieu de terrain central droit (**MCD**), qui effectue un mouvement courbe vers l'avant. MCD donne à **DC** pour repartir de l'autre côté.

10-13. DC passe à MD, qui reçoit de 3/4 et porte le ballon vers l'avant. Il passe ensuite en diagonale au milieu central gauche (**MCG**), qui controle avec le pied opposé à la direction d'où vient le ballon.

14-15. MCG passe derrière la défense dans la course de l'attaquant (**A**) entre les 2 mannequins. Les deux ailiers (**AG** et **AD**) et **MCD** effectuent des courses dans la surface pour fournir un soutien et une éventuelle option de passe.

Source: Séance de pré-saison du Sassuolo Calcio de Roberto De Zerbi à Vipiteno, Italie - 20 juillet 2018

Séances de Roberto De Zerbi: Schémas de Jeu Offensif

3. Jeu de Possession sur Côté Gauche (Zone 5v2), Finir avec Passe Profonde à l'Attaquant Derrière la Défense

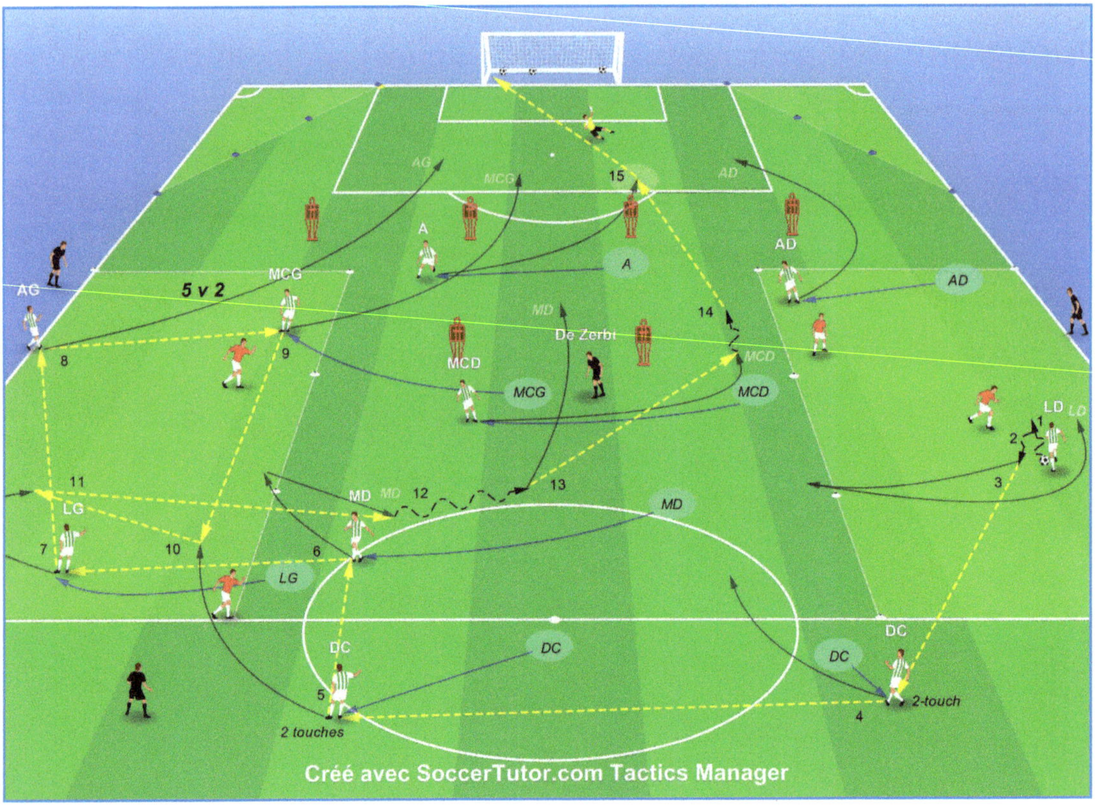

Cercles bleus : positions de départ.

Description de l'Exercice

1-4. L'arrière droit (**LD**) avance, recule et passe au défenseur central (**DC**), qui passe au défenseur central gauche.

5-7. DC passe à **MD**, qui passe au large vers l'arrière gauche (**LG**). **LG** passe ensuite à l'ailier gauche (**AG**) sur la touche.

8-11. AG passe à l'intérieur à **MCG**, qui s'est déplacé du centre vers la zone 5v2. **MCG** repasse à **DC**, qui passe à **LG**. **LG** passe à l'intérieur à **MD**.

12-13. MD s'ouvre et se déplace vers l'autre côté avec le ballon, puis joue une passe en diagonale dans la course prolongée du milieu de terrain central droit (**MCD**).

14-15. MCD effectue un contrôle vers l'avant et passe en profondeur dans la course de l'attaquant (**A**) entre les 2 mannequins. Les deux ailiers (**AG** et **AD**) et **MCG** effectuent des courses dans la surface pour fournir un soutien et/ou une éventuelle option de passe finale.

Source: Séance de pré-saison du Sassuolo Calcio de Roberto De Zerbi à Vipiteno, Italie - 20 juillet 2018

4. Jeu de Possession sur le Côté Droit (Zone 5v2) et Attaque par le Centre avec Passe & Va de l'Attaquant

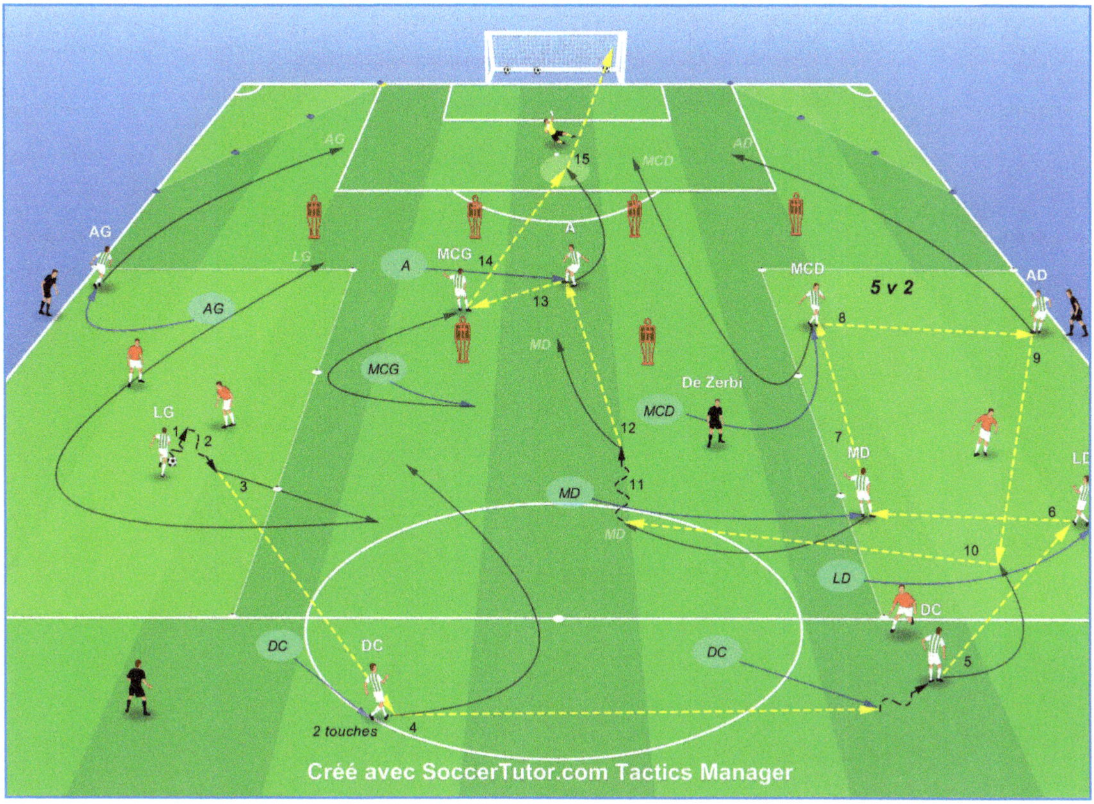

Cercles bleus : positions de départ.

Description de l'Exercice

1-4. Le latéral gauche (**LG**) avance, recule, et passe au défenseur central gauche (**DC**). Il passe au défenseur central droit, qui reçoit et s'ouvre.

5-9. **DC** passe au latéral droit (**LD**), et il passe à l'intérieur à **MD**, qui se déplace pour recevoir. **MD** passe au milieu droit (**MCD**). **MCD** passe à l'ailier gauche (**AG**), qui passe en retrait à **DC** qui a avancé.

10-12. **MD** se déplace encore (vers le centre) pour recevoir la passe suivante de **DC**, porte le ballon et passe à l'attaquant (**A**), qui se décale de l'autre côté pour recevoir dos au but.

13-15. **A** joue un passe & va avec le milieu gauche arrivant lancé (**MCG**), se tourne et fait une course entre les mannequins et dans la surface pour marquer. Les deux ailiers (**AG** et **AD**) et **MCD** font des courses vers l'avant pour proposer du soutien et finir l'attaque.

Source: Séance de pré-saison du Sassuolo Calcio de Roberto De Zerbi à Vipiteno, Italie - 20 juillet 2018

Séances de Roberto De Zerbi: Schémas de Jeu Offensif

5. Jeu de Possession sur le Côté Gauche (Zone à 5v2) et Attaque par le Centre avec Déviation de l'Attaquant

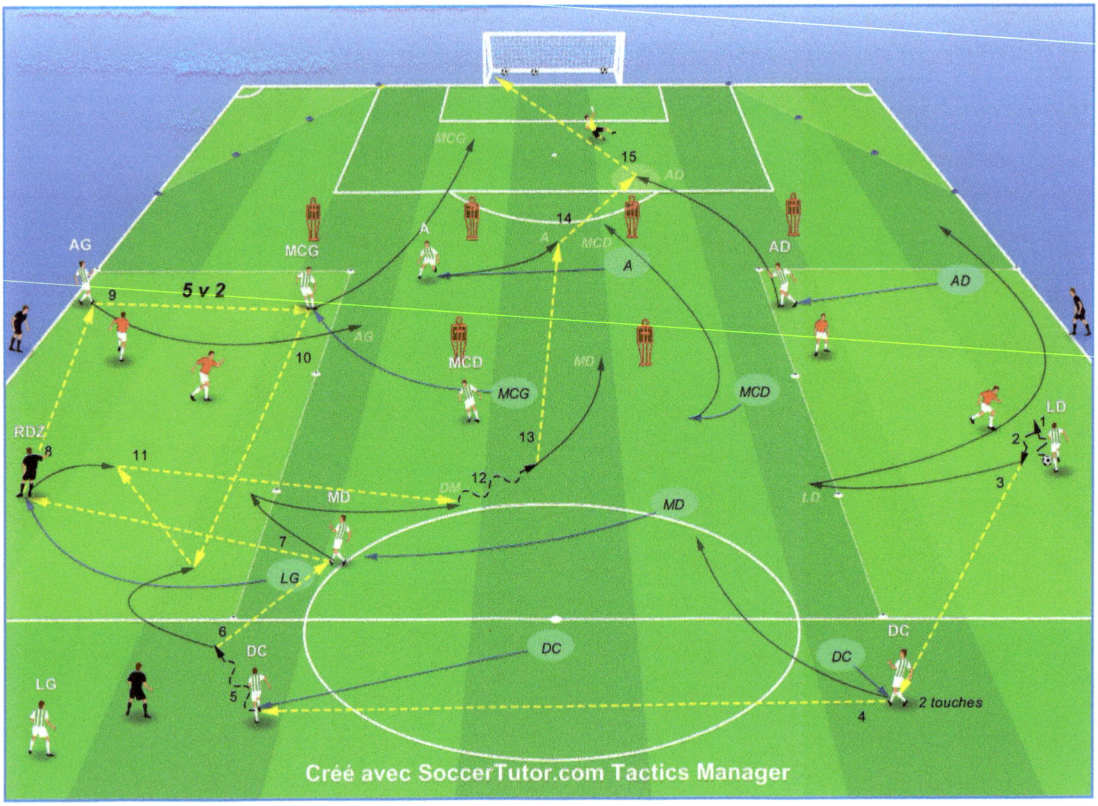

Cercles bleus : positions de départ.

Description de l'Exercice

1-4. L'arrière droit (**LD**) avance, recule et passe au défenseur central (**DC**), qui passe au défenseur central gauche.

5-8. DC avance et passe à **MD**. Il passe au large à De Zerbi, qui est en position d'arrière gauche. Il passe à l'ailier gauche (**AG**) long de la ligne.

9. AG passe à l'intérieur au milieu de terrain central gauche (**MCG**), qui s'est déplacé du centre vers la zone de 5v2.

10-11. MCD passe en retrait au DC qui arrive, et il passe à De Zerbi (**LG**), qui passe au centre au milieu défensif (**MD**).

12-15. MD s'est décalé pour recevoir et s'ouvre, puis se déplace avec le ballon avant de faire une passe verticale à l'attaquant (**A**), qui se déplace pour recevoir. A dévie entre les 2 mannequins défenseurs centraux pour la course de l'ailier droit (**AD**) derrière la défense - il essaie de marquer. Le **MCG** fait une course dans la surface pour fournir un soutien pour terminer l'attaque.

Source: Séance de pré-saison du Sassuolo Calcio de Roberto De Zerbi à Vipiteno, Italie - 20 juillet 2018

Séances de Roberto De Zerbi: Schémas de Jeu Offensif

6. Jeu de Possession sur Côté Gauche (Zone 5v2), Renverser pour que Latéral Droit Reçoive en Dédoublant

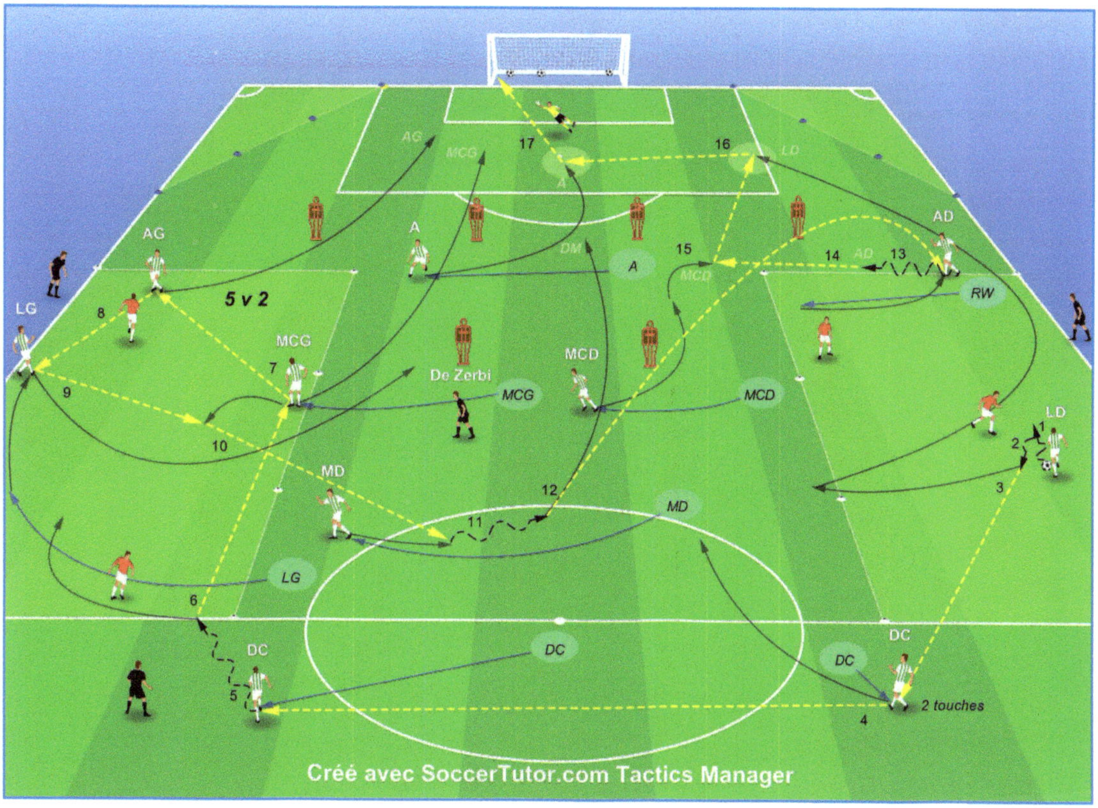

Cercles bleus : positions de départ.

Description de l'Exercice

1-4. L'arrière droit (**LD**) avance, recule et passe au défenseur central (**DC**), qui passe au défenseur central gauche.

5-7. **DC** se déplace dans la zone à 5v2 et passe au milieu de terrain central gauche (**MCG**), qui passe à l'ailier gauche devant lui (**AG**).

8-10. **AG** passe à l'arrière gauche (**LG**) qui arrive. Il passe à l'intérieur à **MCG**, qui repasse au centre à **MD**.

11-12. **MD** s'ouvre, se déplace à l'intérieur et change le jeu avec une passe aérienne à l'ailier droit (**AD**).

13-17. **AD** rentre à l'intérieur et passe au milieu central droit (**MCD**) arrivant, et qui joue une passe en profondeur entre les mannequin représentant le défenseur central et le latéral adverse, dans la course de dédoublement de l'arrière droit (**LD**). Il centre en retrait pour que l'attaquant (**A**) marque. **MCG** et **AG** font également des courses dans la surface pour fournir du soutien.

Source: Séance de pré-saison du Sassuolo Calcio de Roberto De Zerbi à Vipiteno, Italie - 20 juillet 2018

Séances de Roberto De Zerbi: Schémas de Jeu Offensif

7. Passer à Travers la Ligne Défensive, Attaquer par Centre avec Attaquants Intérieurs (Formation en 3-4-3)

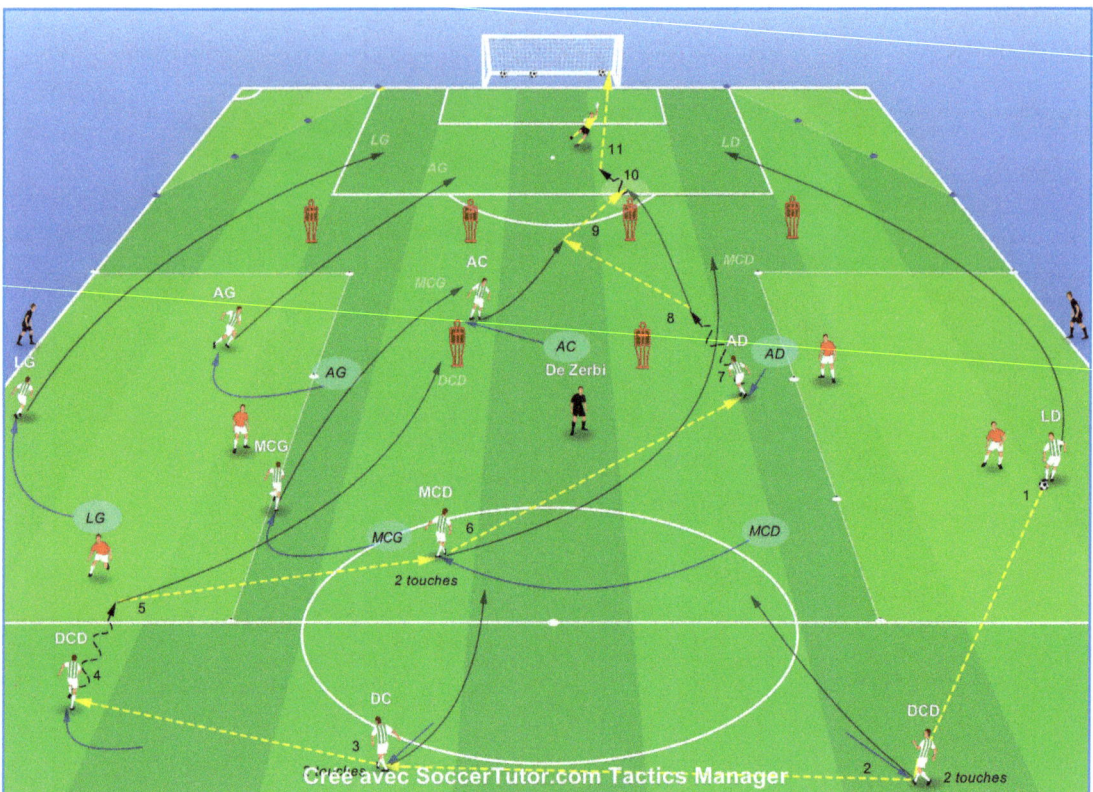

Cercles bleus : positions de départ.

Description de l'Exercice

1-5. L'arrière droit (**LD**) passe en retrait à l'arrière central droit (**DCD**). **DCD** passe au défenseur central (**DC**), qui passe au défenseur central gauche (**DCG**). **DCG** avance avec le ballon et est pressé par l'adversaire rouge, il passe donc à l'intérieur au milieu de terrain central droit (**MCD**), qui s'est déplacé vers le côté gauche. Les 2 autres défenseurs centraux franchissent la ligne médiane.

6-7. **MCD** passe en biais à l'attaquant droit (**AD**), qui avance avec le ballon.

8-11. **AG** joue un passe & va avec l'avant-centre (**A**) pour recevoir derrière la défense et marquer. Les deux arrières latéraux (**LD** et **LG**) et l'attaquant gauche (**AG**) effectuent également des courses dans la surface pour soutenir l'attaque et proposer des options alternatives.

Source: Séance de pré-saison du Sassuolo Calcio de Roberto De Zerbi à Vipiteno, Italie - 20 juillet 2018

Combinaisons Offensives et Finition

Directement tirées des séances de Roberto De Zerbi

Séances de Roberto De Zerbi: Combinaisons Offensives et Finition

"Il [De Zerbi] créé 20-25 occasions en moyenne par match. Il est bien meilleur que les adversaires, il monopolise le ballon d'une manière que je n'ai pas vue depuis très, très longtemps."

Pep Guardiola

Séances de Roberto De Zerbi: Combinaisons Offensives et Finition

1. Combinaison à 3 sur Côté, Passe en Profondeur pour Course du Latéral en 3e Homme, Centre en Retrait + Finition

De Zerbi s'est focalisé sur le côté droit, puis a changé sur le côté gauche

Rotation des positions :
MD > LD > AD > MO > A > MD

Description de l'Exercice

Il a aussi été pratiqué du côté gauche. Les joueurs alternent :
MD → LD → AD → MO → A → MD.

1. Le milieu de terrain défensif (**MD**) passe sur le côté à l'ailier droit (**AD**), qui s'écarte du cône avant de se déplacer pour recevoir.
2. **AD** fait 1 ou 2 touches et met le ballon à l'intérieur dans la course du milieu offensif (**MO**) se démarquant du cône.
3. **MO** joue dans la profondeur pour la course de **LD** entre les deux mannequins.
4. **LD** centre le ballon en retrait au milieu de la surface.
5. L'attaquant (**A**) contourne le cône et gère son timing pour marquer.

Source: Séance d'entraînement de Brighton au Elite Football Performance Center - 2 novembre 2023

Séances de Roberto De Zerbi: Combinaisons Offensives et Finition

2. Combinaison de Jeu d'Attaque au large avec Dédoublement du Latéral, Centre en Retrait + Fintion (1)

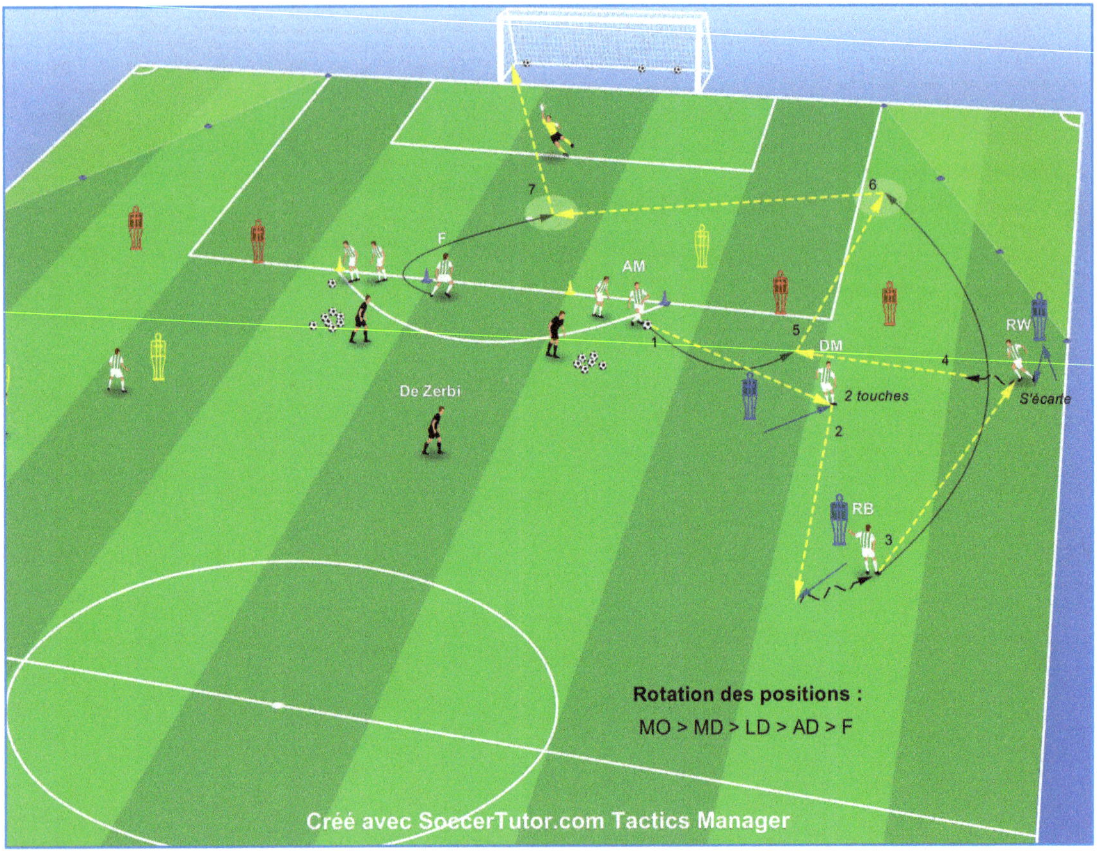

Description de l'Exercice

Il a aussi été pratiqué du côté gauche. Les joueurs alternent MO → MD → LD → AD → A.

1. Le milieu offensif (**MO**) passe au milieu défensif (**MD**), qui s'éloigne du mannequin.

2. **MD** s'est ouvert et passe en retrait au latéral droit (**LD**), qui décroche du mannequin pour recevoir.

3. **LD** effectue une prise de balle diagonale devant le mannequin et passe à l'ailier droit (**AD**), qui s'écarte du mannequin avant de se déplacer pour recevoir.

4. **AD** s'oriente vers l'intérieur et passe dans la course de **MO**.

5. **MO** joue dans la profondeur dans la course de dédoublement derrière le mannequin latéral de **LD**.

6. **LD** centre en retrait au point de penalty.

7. L'attaquant (**A**) est passé derrière le cône et gère bien son timing pour marquer.

Source: Séance de pré-saison du Sassuolo Calcio de Roberto De Zerbi à Vipiteno, Italie - 19 juillet 2018

Séances de Roberto De Zerbi: Combinaisons Offensives et Finition

3. Combinaison de Jeu d'Attaque au large avec Dédoublement du Latéral, Centre en Retrait + Fintion (2)

Description de l'Exercice

Il a aussi été pratiqué du côté gauche. Les joueurs alternent MO → MD → LD → AD → A.

1. Le milieu offensif (**MO**) passe au milieu défensif (**MD**), qui se déplace à l'intérieur par rapport au mannequin
2. **MD** passe en arrière au latéral droit (**LD**), qui décroche du mannequin.
3. **LD** effectue une prise de balle diagonale devant le mannequin et passe à l'ailier droit (**AD**), qui s'écarte du mannequin avant de se déplacer pour recevoir.
4. **AD** fait une prise de balle vers l'intérieur et passe dans la course de **MO**, qui s'est écarté avant de bouger pour recevoir.
5. **MO** joue dans la profondeur dans la course de dédoublement derrière le mannequin de **LD**.
6. **LD** centre en retrait au point de penalty.
7. L'attaquant (**A**) est passé derrière le cône et gère bien son timing pour marquer.

Source: Séance de pré-saison du Sassuolo Calcio de Roberto De Zerbi à Vipiteno, Italie - 19 juillet 2018

Séances de Roberto De Zerbi: Combinaisons Offensives et Finition

4. Combinaison Offensive avec Une-Deux, Prise de Profondeur du Latéral en 3e Homme, Centre en Retrait + Finition

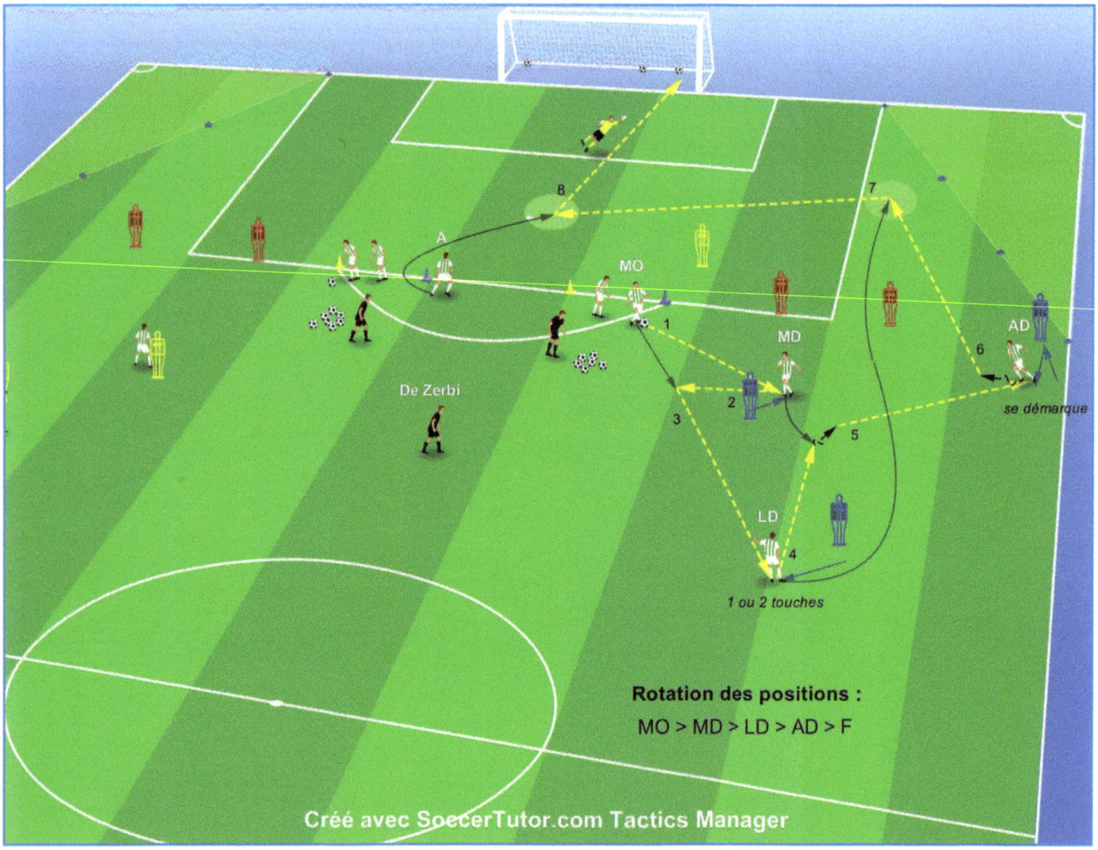

Description de l'Exercice

Aussi pratiqué sur le côté gauche. Joueurs tournent MO → MD → LD → AD → A.

1. Le milieu offensif (**MO**) passe au milieu défensif (**MD**).
2. **MD** remet au **MO** (une -deux).
3. **MO** passe en retrait au latéral droit (**LD**), qui décroche du mannequin.
4. **LD** passe au **MD**, qui se démarque pour recevoir et se tourne.
5. **MD** passe au large à l'ailier droit (**AD**), qui se démarque du mannequin avant de bouger pour recevoir.
6. **AD** contrôle vers l'intérieur puis fait une passe en profondeur pour le dédoublement intérieur de **LD** entre les 2 mannequins.
7. **LD** centre en retrait au point de penalty.
8. L'attaquant (**A**) a contourné le cône et gère le timing de sa course pour marquer.

Source: Séance de pré-saison du Sassuolo Calcio de Roberto De Zerbi à Vipiteno, Italie - 19 juillet 2018

Séances de Roberto De Zerbi: Combinaisons Offensives et Finition

5. Passe au Large, Remise, Passe en Profondeur pour la Course du Latéral en 3e Homme, Centre au Sol + Finition

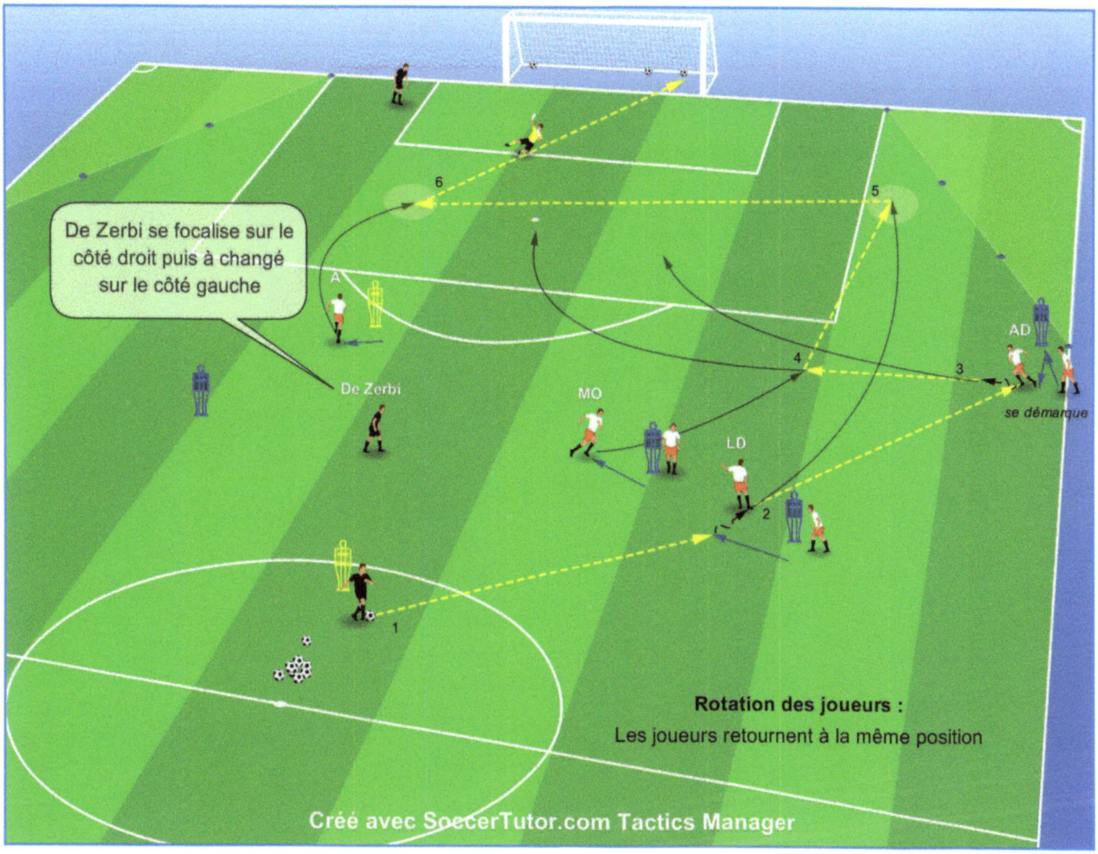

Description de l'Exercice

Il n'y a pas de rotation des joueurs. Chaque joueur revient au même poste pour jouer la même séquence après chaque répétition.

1. Le Coach commence avec une passe au latéral droit (**LD**), qui s'écarte du mannequin pour recevoir.
2. **LD** s'ouvre et passe au large à l'ailier droit (**AD**), qui s'éloigne du mannequin avant de bouger pour recevoir.
3. **AD** fait un contrôle vers l'intérieur et passe dans la course de **MO** qui arrive.
4. **MO** joue en profondeur pour la course en pronfondeur de **LD** en 3e homme.
5. **LD** centre à terre dans la surface.
6. L'attaquant (**A**) a fait une course à l'extérieur du mannequin, et essaye de gérer sa course pour marquer.

→ Après s'être focalisé sur le côté droit, **De Zerbi** passe ensuite au côté gauche.

Source: Entraînement de Roberto De Zerbi au Benevento Calcio à Bénévento, Campanie - 2017

Séances de Roberto De Zerbi: Combinaisons Offensives et Finition

6. Jouer par le Centre avec Remise de l'Attaquant Dos au But, Passe Profonde pour l'Ailier, Centre en Retrait et Finition

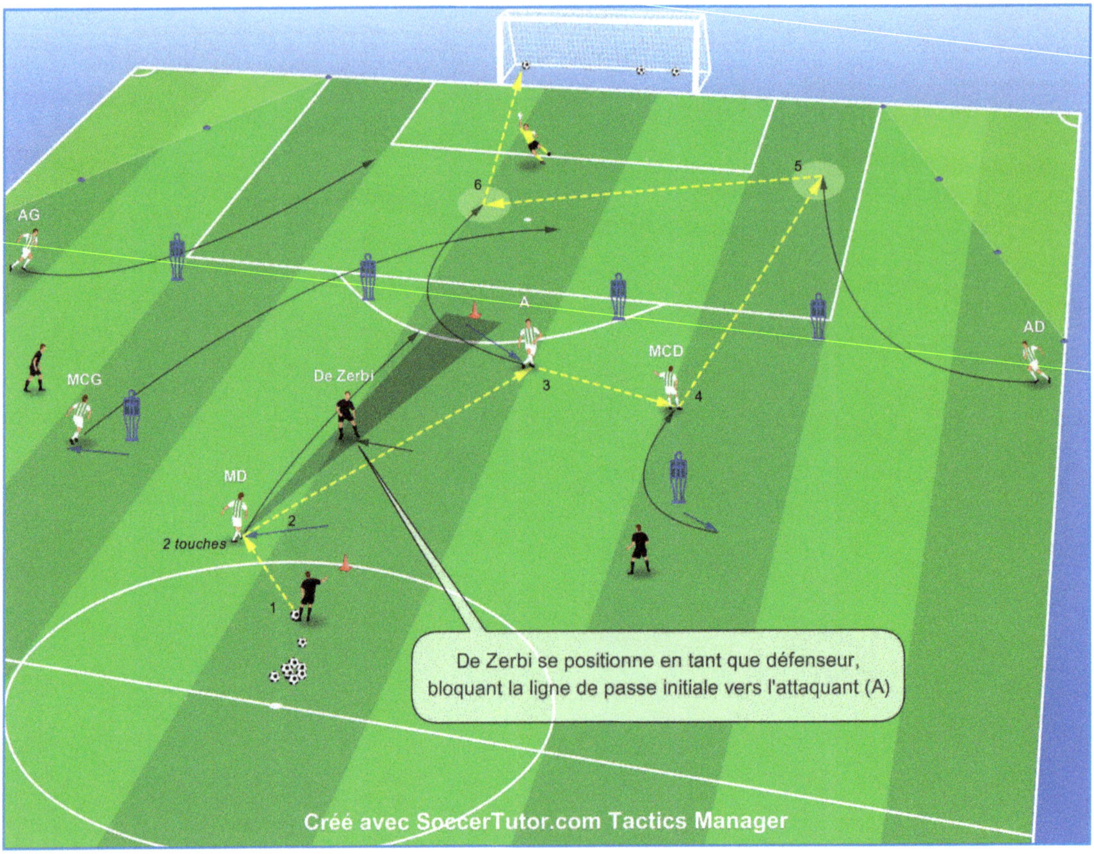

De Zerbi se positionne en tant que défenseur, bloquant la ligne de passe initiale vers l'attaquant (A)

Description de l'Exercice

1. Le Coach passe au milieu défensif (**MD**), qui décroche et s'ouvre pour recevoir. **De Zerbi** se positionne comme défenseur pour bloquer la ligne de passe du **MD** vers l'attaquant (**A**).

2. **A** décroche du cône pour fournir un angle de passe et **MD** lui passe, évitant De Zerbi.

3. **A** remet le ballon pour le milieu central droit qui arrive (**MCD**), qui s'éloigne d'abord du mannequin avant de faire une course courbée vers l'avant.

4. **MCD** fait une passe en profondeur entre le mannequin de l'arrière latéral et du défenseur central dans la course incurvée de l'ailier droit (**AD**) sur le côté.

5. **AD** centre en retrait.

6. L'attaquant (**A**) a contourné le cône, et gère sa course pour marquer. Le milieu central gauche (**MCG**) et ailier (**AG**) font aussi une course dans la surface.

Source: Séance de pré-saison du Sassuolo Calcio de Roberto De Zerbi à Vipiteno, Italie - 18 juillet 2018

Séances de Roberto De Zerbi: Combinaisons Offensives et Finition

7. Jouer par le Centre, Passe en Profondeur dans la Course du Milieu Central en 3e Homme + Finition

Description de l'Exercice

1. Le Coach passe au milieu défensif (**MD**), qui décroche et s'ouvre pour recevoir. **De Zerbi** se positionne comme défenseur pour bloquer la ligne de passe du **MD** vers l'attaquant (**A**).

2. **A** décroche du cône en biais pour fournir un angle de passe et **MD** lui passe, évitant De Zerbi

3. **A** fait une passe diagonale en profondeur entre les 2 défenseurs centraux mannequins pour la course du milieu central droit (**MCD**) en 3e homme dans la surface.

4. **MCD** reçoit et tente de marquer face au GB. Le milieu de terrain central gauche (**MCG**), les deux ailiers (**AG** & **AD**), et **A** font également des courses dans ou vers la surface pour fournir un soutien pour terminer l'attaque.

Source: Séance de pré-saison du Sassuolo Calcio de Roberto De Zerbi à Vipiteno, Italie - 18 juillet 2018

Séances de Roberto De Zerbi: Combinaisons Offensives et Finition

8. Circuit de Combinaisons de Jeu de Passes Courtes et 3 Stations de Finition

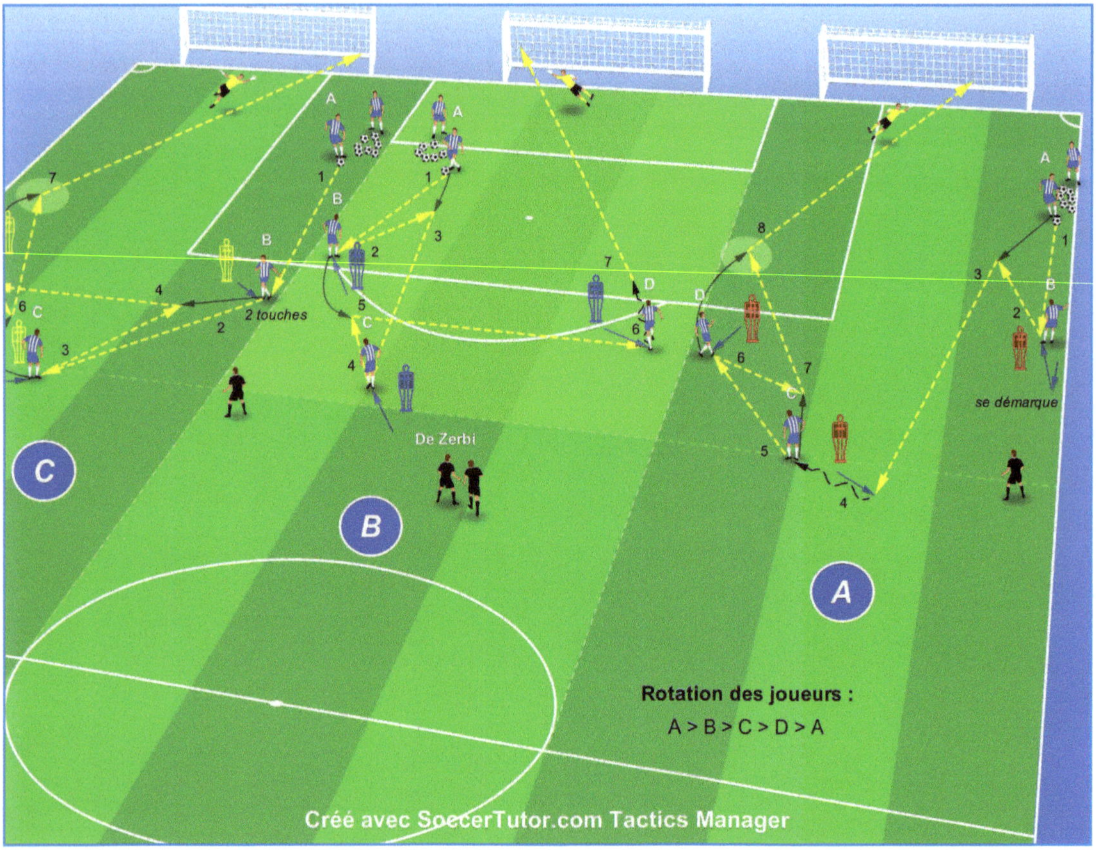

Rotation des joueurs :
A > B > C > D > A

Description de l'exercice

Les joueurs travaillent par groupes de 5 et passent à la station suivante après une période de temps définie.

A. Le joueur **A** joue un une-deux avec **B**, puis passe à **C**, qui se démarque du mannequin pour recevoir. **C** prend le ballon devant le mannequin, joue un une-deux avec **D**, puis transmet le ballon à **D** de l'autre côté du mannequin. **D** tire pour essayer de marquer un but.

B. Le joueur **A** joue un une-deux avec **B**, puis passe à **C**, qui s'écarte du mannequin pour recevoir. **C** remet le ballon pour que **B** le passe à **D**. **D** reçoit, se dirige vers le but et tire.

C. Le joueur **A** passe à **B**, qui joue un une-deux avec **C**. **B** passe de l'autre côté à **D**, qui remet pour **C**. **C** joue ensuite dans la profondeur pour **D** devant le mannequin. **D** tire pour essayer de marquer un but.

Source: Séance de Roberto De Zerbi au Elite Football Performance Centre de Brighton - 21 janvier 2023

Essai gratuit

Spécialiste de l'Entrainement de Football Depuis 2001

Tactics Manager

Créez vos propres Exercices, Tactiques et Séances !

Tactics Manager Appli

SoccerTutor.com

Spécialiste de l'Entrainement de Football Depuis 2001

PEP GUARDIOLA
88 Attacking Combinations and Positional Patterns of Play Direct from Pep's Training Sessions
Vol. 1

PEP GUARDIOLA
85 Passing, Rondos, Possession Games & Technical Circuits Direct from Pep's Training Sessions
Vol. 2

Livres de Coaching Disponibles Imprimés en Couleurs et eBooks !
PC | Mac | iPhone | iPad | Android | Chromebook

 **FREE** Coach Viewer **APP**

SoccerTutor.com

Spécialiste de l'Entrainement de Football Depuis 2001

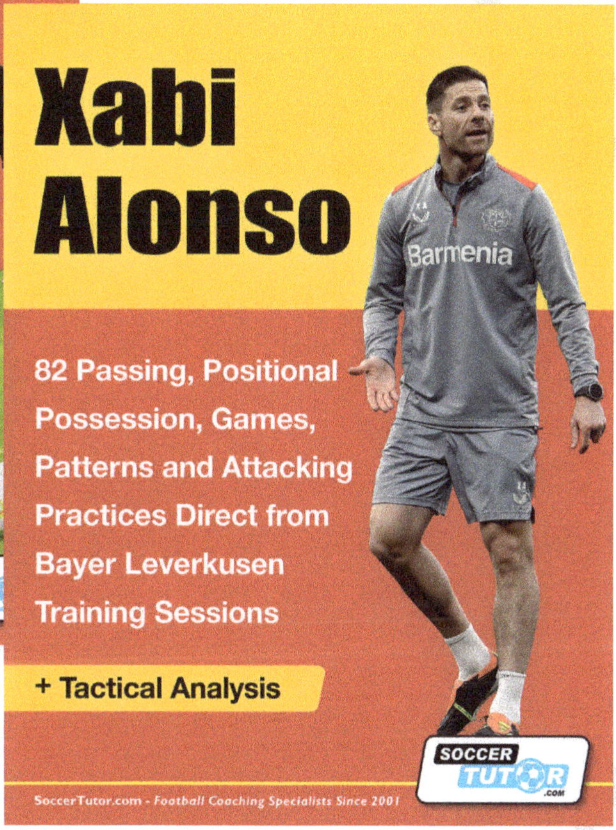

Jürgen Klopp
102 Passing, Counter-pressing Possession Games, Speed & Warm-ups Direct from Klopp's Training Sessions

Vol. 1

Xabi Alonso
82 Passing, Positional Possession, Games, Patterns and Attacking Practices Direct from Bayer Leverkusen Training Sessions

+ Tactical Analysis

Livres de Coaching Disponibles Imprimés en Couleurs et eBooks !
PC | Mac | iPhone | iPad | Android | Chromebook

 **FREE** Coach Viewer **APP**

SoccerTutor.com

www.ingramcontent.com/pod-product-compliance
Lightning Source LLC
Chambersburg PA
CBHW061209230426
43665CB00028B/2960